LES

LANGUES DE LA CHINE

AVANT LES CHINOIS

RECHERCHES SUR LES LANGUES DES POPULATIONS ABORIGÈNES
ET IMMIGRANTES, L'ARRIVÉE DES CHINOIS,
LEUR EXTENSION PROGRESSIVE DANS LA CHINE PROPRE ET LES SOURCES DE
LEUR CIVILISATION,

PAR

TERRIEN DE LACOUPERIE

Docteur en philosophie et lettres ;
Professeur de Philologie Indo-chinoise (Londres) ;
Membre du conseil de la Société Royale Asiatique de Grande Bretagne et d'Irlande
du conseil de la Société Philologique de Londres ; Membre de la Société d'Archéologie Biblique ;
Membre correspondant de l'Académie de Stanislas de Nancy
C. du Musée Guimet (Paris), de la Société Orientale de Péking ; etc. Auteur de *Early history of chinese civilisation* ; *The cradle of the Shan race* ; *The oldest book of the chinese and its authors* ; *Formosa notes* ; *The old Babylonian characters and their early chinese derivates* ; *The Historical catalogue of Chinese money*, etc. Director of *The Babylonian and Oriental Record*, etc.

ÉDITION FRANÇAISE
AVEC
INTRODUCTION, ADDITIONS ET APPENDICES.

PARIS
ERNEST LEROUX, 28, RUE BONAPARTE.
1888

INTRODUCTION.

Cet ouvrage n'est qu'un anneau d'une chaîne déjà longue et appelée à devenir plus longue encore, de travaux successifs, dans lesquels j'expose, par fragments malheureusement trop disséminés (voy. pp. 9, 116, 159 et passim dans ce volume) par suite de circonstances indépendantes de ma volonté, les recherches dans lesquelles je suis engagé depuis longtemps sur les origines chinoises.

J'ai résumé aussi brièvement que possible dans les pages qui suivent les documents linguistiques concernant les populations non-chinoises qui occupaient la Chine propre, avant d'être absorbées, détruites ou repoussées par les Chinois eux-mêmes, dans leur conquête progressive du pays, conquête qui n'a été à peine terminée que sous la dynastie actuelle. J'ai résumé aussi les preuves historiques et philologiques de l'extension graduelle des Chinois depuis leur arrivée et leurs commencements dans un rayon fort peu étendu du Nord-Ouest On y trouvera également une liste des preuves historiques, philologiques et paléographiques sur lesquelles je m'appuie dans d'autres mémoires pour démontrer avec l'approbation d'un grand nombre de savants assyriologistes et sinologistes, les origines occidentales du noyau de la civilisation chinoise vers la fin du troisième millénium avant notre ère.

J'ai pu me tromper sur des points de détail mais les lignes générales sont certainement exactes, car l'ouvrage ne consiste en réalité qu'en un catalogue de faits et le classement qu'ils indiquent eux-mêmes.

*

On cite souvent, même à tout propos, l'originalité de la civilisation des Chinois, leur grande puissance depuis la haute antiquité, et l'état de leur langue soi-disant restée immobile et pour ainsi dire cristallisée depuis son origine, à l'appui des théories les plus diverses relatives à la philosophie de l'histoire, et à l'histoire du langage et de la civilisation en général. Mais en l'absence de faits appuyés de recherches conduites d'une manière strictement scientifique sur ces questions importantes, ces citations ne pouvaient être faites que selon l'une ou l'autre des nombreuses hypothèses mises en avant jusqu'ici pour les résoudre. Or aucune de ces hypothèses n'a pu résister à une investigation sérieuse parce qu'elles ne reposaient pas sur des preuves historiques. En fait la langue chinoise a tout simplement suivi et suit encore le cours de son évolution propre, comme il appert à toutes les langues : la grandeur de la puissance chinoise dans l'antiquité n'est qu'un mirage provenant de misconceptions patriotiques de la part des historiens chinois : et l'originalité de la civilisation de l'Empire au dessous du Ciel se trouve n'avoir été qu'un emprunt ! .. Mais ce nouveau point de vue de la science en réunissant ainsi la Chine aux autres nations civilisées de l'Antiquité, ne saurait exciter qu'un intérêt nouveau, et pour ainsi dire plus humain, en cet immense empire dont le progrès concerne de si près les intérêts du monde civilisé, car il ne faut pas oublier que le monarque qui règne à Peking, a pour sujets, plus d'un quart des habitants du globe.

Les matériaux sur lesquels peut porter l'enquête scientifique sont très peu satisfaisants.

Ils sont singulièrement mélangés et incomplets. Les auteurs chinois des grandes compilations historiques et des histoires générales suivies exclusivement jusqu'ici par les Européens, ont curieusement embouillé les choses et sont eux-mêmes également responsables pour le fatras, les malentendus, les préjugés et les erreurs manifestes, qui ont cours sur la Chine, son histoire, ses langues et ses races. Ce n'est pas mince tâche que de retrouver lorsqu'ils existent encore les documents originaux dont ils se sont servis et ceux qu'ils ont négligés à dessein dans les Annales et anciens ouvrages, et voir clair à travers les confusions, les exagérations et les sophistications sans nombre qu'ils ont commises, soit par aveuglement patriotique soit par manque de critique.

En ce qui concerne la philologie, la tâche est extrêmement compliquée ainsi que nous aurons plus d'une fois l'occasion de le montrer dans le cours de cet ouvrage.

L'atmosphère chinois est peu propre à la critique scientifique et à la méthode de recherche historique telles que nous les entendons dans nos Universités et Académies. Et ainsi que me l'a fait souvent remarquer un savant ami qui a beaucoup vu, lu et retenu, il est une remarque bien singulière et malheureusement trop vraie pour échapper à l'attention du psychologue observateur, c'est que « si les Européens en Chine, amenés par les circonstances et leur position dans la diplomatie, l'administration, les missions ou les affaires, à s'occuper dans leurs loisirs de travaux littéraires, philologiques et historiques, peuvent devenir, et souvent deviennent, avec le précieux secours de leurs *sien-shengs*, d'excellents traducteurs dont nous ne saurions égaler en Europe l'habileté et l'expérience, — d'un autre côté un séjour trop prolongé dans l'Empire du milieu leur fait perdre graduellement la pratique de la critique, et ne leur permet plus de se débarrasser du bagage étouffant d'illusions et d'assertions, la plupart de convention traditionnelle et sans réalité historique, qui forment le milieu chinois ». La tâche de découvrir la vérité de l'histoire à travers les brouillards de la fable ou le mirage de la poésie serait donc, selon ces vues une œuvre qu'on ne saurait voir accomplir dans le Céleste Empire. Mais en attendant, il est un danger dans un avenir peu lointain dont on sent déjà quelques avant coureurs chez certains lettrés chinois et autres. C'est une réaction, sous une influence regrettable, contre le respect exagéré de l'antiquité qui a régné chez eux jusqu'à présent. L'effet opposé serait tout aussi nuisible à la connaissance de la vérité, puisqu'il produirait un mépris irraisonné pour l'antiquité chinoise et ses traditions ; on essayerait momentanément de la nier, qu'elle n'en resterait pas moins l'un des grands tableaux de l'histoire. Toute tentative de ramener cette antiquité à une période plus récente que 2200 ans avant notre ère, on peut le déclarer hautement, est contraire à la vérité historique. Et les découvertes de ces dernières années prouvant que les éléments de la civilisation Chinoise ont été apportés par un noyau d'émigrants venus de l'Ouest où ils avaient été initiés à la civilisation de la Suziane et de la Babylonie, ont singulièrement dissipé ce que les origines Chinoises avaient d'étonnant et d'inexplicable, car le savoir évident des premiers chefs chinois ne pouvait être entièrement mythique.

On m'a demandé maintes fois les causes de ma prédilection pour la philologie comparative dans ses rapports avec l'ethnologie chinoise en général et l'histoire des langues chinoises en particulier. Elle s'est imposée à moi comme elle s'imposera sans doute à ceux qui eux aussi auront été poussés vers la philologie comparative par les besoins de la philosophie de l'histoire Il nous faut avouer que cette science appelée à servir de base à la politique et aux principes de gouvernement est encore à constituer ; or n'est-elle pas de la plus grande importance pour l'avenir des peuples et par conséquent des individus qui les composent, cette science de l'histoire ? puisque ni peuple ni individu ne saurait arriver à son plein épanouissement s'il est conduit en dehors de sa voie.

Or l'une des bases principales de cette science doit s'appuyer nécessairement sur les lois que suit l'esprit humain dans son évolution. Ces lois peuvent être étudiées dans plusieurs de leurs manifestations ; l'histoire comparée des religions, la philosophie historique du droit par exemple, sont autant de moyens. La philologie comparative en est un autre, et ce n'est certainement pas le moindre parce qu'il permet de voir à l'œuvre et de déterminer quelques unes de ces lois, à l'abri du contrôle et de l'intervention de la volonté individuelle. Or en philologie comparée comme en histoire on s'est appuyé beaucoup sur des exemples empruntés aux langues chinoises et surtout au chinois écrit pour justifier certaines des théories provisoires qui ont servi à l'édification de la science du langage. Et lorsqu'il y a plus de vingt ans j'écrivais mon résumé de la science des mots et des langues, je m'aperçus de l'insuffisance et du peu de réalité des exemples en question auxquels était attribuée une si grande importance. Après m'être mis à l'œuvre dans ce département spécial de la science je vis bientôt que le mal était plus grand que je l'avais craint tout d'abord. La tâche est énorme, bien au dessus de mes efforts et je n'ai pu y consacrer que mes loisirs. Aucun autre qu'un philologiste habitué à la stricte discipline scientifique ne peut apprécier le fatras sans valeur dont se composent les données qui ont encore cours sur ces questions concernant l'histoire et les langues de la Chine.

*

L'idéologie comparative que j'ai appliquée dans ce travail à la classification linguistique est une branche nouvelle de la science du langage. Avec les formules syntactiques et les indices idéologiques, purement empiriques auxquels j'ai cru devoir m'arrêter pour en rendre l'emploi pratique et utile, elle se trouve présentée au lecteur plus brusquement que je l'eusse désiré, mais comme je lui ai consacré un ouvrage spécial, il est inutile de m'y arrêter ici.

Quant aux classifications linguistiques et aux tableaux de filiation et de parenté des langues de la souche Turano-scythique et des langues de la souche Indo-Pacifique, ils sont le résultat de recherches et de comparaisons étendues, portant sur leurs grammaires et leurs vocabulaires, dont l'exposition fait l'objet d'un autre ouvrage encore en manuscrit. On remarquera sans doute la distinction très importante faite entre les langues de la Chine et de l'Indo-Chine qui appartiennent à ces deux souches linguistiques d'origine différente, mais dont certains membres ont été amenés à s'entremêler dans le cours des temps par les migrations et les évènements politiques.

*

Cet ouvrage a paru pour la première fois à Londres en Août 1887, aux frais de la Philological society. Il avait été écrit presqu'entièrement dès 1886, pour l'Adresse Présidentielle de l'année, à l'aide des matériaux compilés pour un ouvrage beaucoup plus important sur les sources occidentales et orientales de la civilisation chinoise auquel je travaille depuis longtemps. Partie du manuscrit des Langues de la Chine avant les Chinois fut présentée au nom de la même société au VIIe congrès International des Orientalistes tenu à Vienne en 1886, et dont la quatrième section fit un accueil des plus favorables au résumé verbal qui fut fait de l'ouvrage au meeting du 30 septembre.

Traduit en français sur le Manuscrit original par les soins et aux frais du *Muséon* de Louvain, il parut successivement dans cet important recueil entre Janvier 1887 et Juin 1888, mais sans les caractères chinois qui ont été imprimés dans l'édition anglaise. Le présent volume contient le tirage à part de cette traduction, augmenté d'une introduction (pp. V-IX) de nombreuses additions (pp. 145-165) et de trois appendices (pp. 166-198) qui avec les corrections en font une seconde édition de l'ouvrage original.

Londres, juin 1888.

LES LANGUES

DE LA

CHINE AVANT LES CHINOIS

PREMIÈRE PARTIE.

Les données et leur discussion. § 1-12.

I. Les données.

1. Les langues dont il est fait mention dans ces pages ne sont pas toutes ni les descendantes de toutes les langues qui étaient parlées au *Pays des Fleurs*, lorsque les Chinois firent leur apparition dans cette contrée fertile, il y a quelque quatre mille ans. Les Chinois n'ont effectué leur occupation que lentement et graduellement, et leur envahissement progressif ne s'est arrêté nominalement que dans le cours du siècle dernier. Plusieurs contrées au Sud et au Sud-Ouest dans les provinces de Kweitchou, Szetchuen, Yunnan, Kuangsi et Kuang-toung sont encore habitées par des tribus irrégulières ou autres, représentant, généralement croisées, mêlées et dégénérées, les quelques races primitives qui ont été les premiers occupants du pays. Aussi l'expression de langues pré-chinoises de la Chine comprend-elle un espace énorme de temps qui dure encore, et qui demanderait une immense étude si nous en avions les éléments.

2. Malheureusement, les données n'ont que la plus restreinte étendue. Elles consistent dans les rapports accidentels fournis avec répugnance et dédain dans le cours de leur histoire par les Chinois eux-mêmes, peu disposés à reconnaître l'existence

N. Dans la transcription, *u* = *ou*, *ü* = *u*, *sh* = ch.

de populations indépendantes et non-chinoises, au cœur même de leur Empire. Sans pouvoir nier le fait qu'ils étaient eux-mêmes des intrus dans la Chine proprement dite, ils ont toujours essayé l'emploi de grands mots ou de vagues dénominations géographiques, qui égarent le lecteur trop confiant, et cela, dans le but de faire oublier leurs commencements comparativement bien modestes. Ces observations n'ont pu surgir que de l'examen attentif de leurs anciens documents, tels que leurs histoires, annales et descriptions topographiques, qui, pour ne parler que des annales, méritent d'être lues attentivement, surtout dans les chapitres concernant les pays étrangers. Cet arrangement est quelque peu surprenant, quoique naturel, si nous considérons l'état des choses à un point de vue différent de celui pris à tort par les anciens Sinologues sur l'antiquité et la grandeur prétendument toujours égales de la Chine. Quoique attentifs à inscrire, çà et là, dans leurs annales, tout ce qui était survenu entre eux et les tribus aborigènes, et tout ce qu'ils pouvaient savoir à leur sujet, les Chinois n'étaient pas capables de s'aperçevoir des événements linguistiques et ethnologiques qui eurent lieu au delà de leur domaine. Ainsi, des déplacements d'anciennes races et l'arrivée de nouvelles ont eu lieu dans les contrées non-chinoises, devenues maintenant la Chine propre. L'influence des langues étrangères a aussi contribué à cet état de choses. Mais nous n'en avons d'autre connaissance que celle que l'on peut déduire des traces qu'elles ont laissées après elles. C'est tout ce qui nous permet de distinguer quels étaient leurs caractères particuliers et distinctifs.

3. On a jusqu'ici accordé peu d'attention à la valeur ethnologique et historique des populations aborigènes de la Chine. On a seulement traduit de courtes notices chinoises qui les concernent, ouvrages sans valeur ou albums illustrés, compilations de simple curiosité, concernant les tribus modernes, dernières survivantes de ces populations. On compte parmi ceux qui ont fait ces traductions, chez les Anglais, Bridgeman, Lockhart, Clark, Wells Willams, etc., et Neuman en Allemagne. Des notices plus sérieuses ont été publiées par le Rév. Dr J. Legge et le regretté Dr J. H. Plath concernant des tribus citées dans le *Tso-tchuen* et autres classiques, toutefois sans aucune référence aux tribus encore existant dans les

temps modernes. Mais le premier qui ait reconnu le grand rôle joué par quelques-unes de ces tribus, durant le moyen-âge, c'est le professeur, Marquis d'Hervey de S. Denis, dans un petit mémoire, lu par lui au premier Congrès des Orientalistes, tenu à Paris en 1873.

Rien n'a été fait en vue de tracer les limites des territoires occupés par les différentes races et tribus des temps antérieurs. En sorte que nous aurons à tirer nos renseignements lorsqu'ils nous feront défaut ailleurs, des matériaux compilés par nous en vue d'un ouvrage complet sur la Chine avant les Chinois.

4. Les données linguistiques sont très restreintes et l'existence d'une grammaire quelconque est hors de question. Le tout consiste en 38 simples listes de mots plus ou moins incomplètes. La plus longue comprend 242 mots, et la plus courte *un mot* seulement. Leur valeur intrinsèque est variable, attendu que leurs sources sont très curieusement mêlées, comme peut être en aucun autre document linguistique étudié jusqu'à ce jour. Plusieurs de ces listes sont composées de mots accidentellement cités dans les mémoires chinois d'où nous les avons extraits nous-même : d'autres listes faites à dessein par les Chinois ont été extraites de leurs ouvrages descriptifs et géographiques. D'autres encore ont été recueillies par des voyageurs Européens tels que MM. E. Colborn Baber, P. Suchier, Hosie, le Père Desgodins, le regretté Francis Garnier et autres (1). Par sa précision, le vocabulaire des Lolos de Szetchuen compilé par M. E. C. Baber est le meilleur spécimen entre tous.

5. Quant aux vocabulaires composés par les Chinois, leur valeur ne peut être d'ailleurs qu'indifférente au point de vue scientifique ; leur emploi, en études comparatives, manquant d'exactitude, ne peut en beaucoup de cas isolés, être accepté qu'à défaut d'autres et à titre de données provisoires. En fait, ces vocabulaires sont les pires matériaux qui puissent se rencontrer sous la main du philologue. Écrits avec les symboles idéologiques communs aux Chinois, on les lit maintenant avec la prononciation courante de la langue Mandarine. C'est ainsi qu'ont été transcrits les 14 vocabulaires d'origine chinoise

(1) Comme les sources sont indiquées plus loin, chaque fois qu'il y a lieu, il n'est pas nécessaire de les citer ici.

qui ont été publiés il y a 18 ans, à Fuhtchou par le Rév. J. Edkins. Nous n'avons pas ici, en Europe, l'accès des originaux chinois, et nous sommes forcés de nous fier aux transcriptions de ce missionnaire zélé. Par suite, les erreurs de l'original, les fautes des traducteurs, les erreurs de plume des copistes ajoutées aux méprises des Chinois et des Européens forment, pris ensemble, un total d'erreurs possibles qui ne saurait être sans importance.

6. Mais ce n'est point tout. Il existe une autre source importante d'erreurs dont il faut tenir compte à notre jugement. Ces compilations ont été faites à différentes époques, en différents pays, par des gens différents, ne parlant point le même dialecte chinois ; et nous n'avons pas de renseignements sur le détail de ces circonstances particulières. La portée des caractéristiques dialectales propres aux lieux et aux temps où les transcriptions chinoises en mots et noms étrangers ont été faites, n'a pas encore été comprise jusqu'à ce jour, et sauf en un seul cas, je crains qu'elle n'ait jamais que je sache, été bien appliquée. Ceux qui étudient le Bouddhisme chinois n'ont pas encore devancé les méthodes pré-scientifiques de Stanislas Julien, quoique un grand profit puisse être retiré de cette étude si l'on y joignait celle des particularités des dialectes Prâcrits et de la prononciation des premiers missionnaires bouddhistes en Chine. Cette étude, appliquée aux anciennes notions géographiques contenues dans les mémoires chinois, est à mes yeux, d'une grande valeur. Mais il est souvent difficile d'aller à la source même. Dans l'état actuel des vocabulaires chinois de mots non-chinois, nous ne pouvons dans bien des cas de publications récentes aller à leur source originale. La difficulté n'est cependant que temporaire, et ne concerne que le présent mémoire.

7. Dans les études comparées, la recherche des affinités de chaque mot peut s'exercer sur les variantes de prononciation des principaux dialectes chinois dont l'un peut avoir été employé en leurs temps respectifs, tels que le Pékinois, le Vieux-Mandarinique, le Cantonais. On peut aller au-delà des limites de la prononciation de ces dialectes et admettre telles lettres comme *r*, *v* et les sonantes qui sont généralement omises dans leurs systèmes phonétiques. Bien plus ces dialectes sont atteints de vétusté et de délabrement ; et comme l'âge de ces vocabulaires n'est pas certain, bien qu'ils ne datent généralement pas

d'avant le douzième siècle, il y a encore là une quantité inconnue, sans grande importance, cependant, qui doit être portée en compte. Ainsi, les probabilités sont, sous ce dernier rapport, que la proportion d'affinités découvertes en comparant ces langues, au moyen de documents d'origine chinoise, ne fait que grandir plutôt que diminuer, si l'on n'envisage que les ressemblances lexigraphiques.

II. Méthodes de Classification.

8. Les moyens dont je me servirai pour déterminer les places respectives des dialectes indigènes dans la classification générale des langues, sont leurs affinités de vocabulaire et d'idéologie. Ce second artifice est noté par quelques chiffres qu'il faut ici expliquer brièvement, et donner aussi la définition de l'Idéologie ou plutôt de l'Idéologie comparée et de son but (1).

9. L'idéologie a trait à l'ordre des mots dans la phrase. Le seul point dont elle s'occupe en général est l'ordre de succession dans lequel les idées, en différentes langues, doivent être émises pour aboutir au même but. Car il faut convenir que les langues sont évidemment construites sur plusieurs plans de la pensée humaine dont quelques-uns semblent complètement inexplicables et inintelligibles à nos esprits. Plusieurs d'entre eux peuvent s'expliquer par une différence de point de vue. Une langue, par exemple, considère le mot de l'action comme une qualité passive de l'objet ; tandis qu'une autre langue considère ce nom comme exprimant l'action du sujet sur l'objet ; et dans une troisième, il est qualificatif du sujet. Mais toutes ces subtilités ne détruisent pas le fait que toutes les langues, pour exprimer un même état, se servent de différentes systèmes de pensées et que quelques-uns sont incompréhensibles. Et quelle est donc la raison d'être de ces explications ? Ne sont-elles pas, de fait, viciées par cette raison, que nous introduisons nous-mêmes la difficulté par notre propre manière de penser qui n'est après tout qu'une des six actuellement en existence ? Aussi devons-nous, pour le moment, borner nos recherches à la méthode expérimentale de comparaison.

(1) Cff. mes articles, sur l'Idéologie comparative (Acadèmy 28 août 1886) et mon ouvrage : « Idéologie des langues dans ses rapports avec l'histoire. »

10. L'idéologie comparée rompt avec le préjugé invétéré et injustifiable de l'école Aryenne de philologie, sur la stabilité de la grammaire que la plupart d'entre nous ont été enseignés à considérer comme l'un des axiomes fondamentaux de la science du langage. Le fait (encore inadmissible pour quelques-uns) est que la grammaire varie, quoique avec de plus grandes difficultés que d'autres éléments de la langue.

11. Dans une de mes leçons de l'hiver dernier, au Collège de l'Université « sur la Science du Langage dans le Sud-Est de l'Asie », j'ai eu l'occasion de montrer que l'idéologie comparée pourrait devenir un instrument utile pour les recherches ethnologiques, pour la classification généalogique des langues et pour l'histoire de l'esprit humain. Avec cette thèse en vue, j'ai cherché à réduire les difficultés aux faits les plus simples, en considérant seulement l'arrangement normal de la proposition dans les différentes langues, les positions respectives du nom, du génitif, de l'adjectif, et de l'objet, enfin du sujet et du verbe dans la phrase. Quoique ne satisfaisant pas adéquatement à une exigence rigoureuse, ces termes grammaticaux, s'ils ne répondent pas à la réalité des faits dans les langues où les parties du discours sont disposées différemment d'avec notre syntaxe, peuvent s'employer pour leurs équivalents avec les restrictions ici indiquées.

12. Pour rendre pratique la notation de ces simples faits d'idéologie, et permettre leur comparaison sur une grande échelle, j'ai arrêté les formules suivantes : en chiffres arabes de 1 à 8 pour les questions moins importantes d'ordre dans les mots — les chiffres pairs pour l'ordre direct ; les chiffres impairs pour l'ordre indirect, ainsi qu'il suit :

1. génitif + nom ; 2. nom + génitif ;
3. adjectif + nom ; 4. nom + adjectif ;
5. objet + verbe ; 6. verbe + objet ;
7. verbe + sujet ; 8. sujet + verbe.

Les chiffres romains I à VI pour les arrangements de syntaxe, comme suit :

I. objet + sujet + verbe ;
II. objet + verbe + sujet ;
III. sujet + objet + verbe ;
IV. verbe + sujet + objet ;
V. verbe + objet + sujet ;
VI. sujet + verbe + objet.

Ainsi, les signes idéologiques d'une langue peuvent être exprimés avec cinq chiffres seulement : 4 arabes et un romain. Le détail peut être poussé plus loin avec l'aide de signes diacritiques et de quelques lettres additionnelles dont il serait trop long d'expliquer ici l'usage.

DEUXIÈME PARTIE.

Aborigènes et Chinois. § 13-19.

III. Arrivée des Chinois.

13. La fertilité de la Chine qui a valu à cette contrée le nom de « Pays des Fleurs », et dont elle est redevable à la Loëss limoneuse de formation géologique qui recouvre une grande partie de sa surface, N. O., fut dans tous les temps une cause de grande attraction pour les populations et tribus nomades ou autres arrivant des froides et stériles steppes de l'Asie centrale. Lorsque le noyau primitif des Chinois consistant en une douzaine de tribus Bak, qui venaient de l'Ouest de l'Asie (1), arrivèrent dans cette contrée quelque vingt-trois siècles avant l'ère chrétienne, le pays était déjà occupé par plusieurs races. Des tribus d'origine Altaïque étaient descendues du Nord au Sud, dans le bassin du Fleuve Jaune et étaient tombées au milieu de populations d'origine méridionale. L'arrivée des Chinois ne fut autre que la répétition d'envahissements antérieurs et fut suivie de plusieurs immigrations du même genre. Ils arrivèrent, selon toute probabilité, lentement, en longeant la route Nord-Ouest à travers la province actuelle de Kansuh (2). Mais ils ne purent franchir les rives méridionales du

(1) Quelques inscriptions antiques sur pierre, en Sibérie Méridionale près d'Abalansk, sur les rives du cours supérieur du Yenisseï sont des traces de leur passage vers l'Orient. Ces inscriptions en Chinois encore indéchiffrées sont du genre le plus ancien. Elles ont été publiées par J. Spassky : « De antiquis quibusdam sculpturis et inscriptionibus in Siberià repertis. » Petropoli, 1822.

(2) Le lieu de sépulture de leur premier chef en Chine était près de Ning actuel, sur les limites méridionales et communes du Kansuh et du Shensi.

Fleuve Jaune, empêchés qu'ils en furent par les fortes positions des Jungs, les derniers envahisseurs venus du Nord. Ils durent tourner leur marche vers le Nord et traversèrent le Fleuve, à peu près à la latitude de Tai-Yuen, d'où ils se fixèrent dans le Shansi et le Tchihli occidental, avec le cours oriental du susdit Fleuve pour frontière du Sud pendant plusieurs siècles.

14. Lorsque Shun, le semi-mythologique Empereur (2043-1990 av. J.-C.) (1) dont les exploits forment le second chapitre du *Shu-King*, fit safameuse tournée de surveillance vers le Sud, il n'alla pas plus loin en ce sens, que ne le lui permettaient les rives du Fleuve Jaune. Le pays compris entre les limites extrêmes du Sud-ouest du Shan-si, lorsque les indigènes eurent été expulsés par son prédécesseur Yao (2146-2043 av. J.-C.) devint le séjour favori de leurs chefs successifs. Ils n'atteignirent pas le rivage de la mer, avant le commencement du 18e siècle (av. J.-C.) et la puissance des nouveaux venus ne commence à s'étendre au Sud du Fleuve Jaune que sous le règne de Yü, le Grand, et sur une étendue restreinte, quoique le Fleuve eut été franchi, avant cela, sous le quatrième chef, Kao-sin. Mais nous n'avons pas à faire ici l'histoire des progrès si remarquables, quoique bien lents de la nation chinoise. Nous ne nous en occupons que tout et autant que nous pouvons y trouver des renseignements concernant les langues des premiers occupants du sol. Nous nous intéressons aussi aux langues de la Chine, aussi souvent que, dans les temps anciens et modernes, elles montrent des traces de l'influence des aborigènes.

15. La position des premiers Chinois immigrés (les tribus Bak), vis à vis des populations indigènes, était singulière : elle explique quelques-unes des illusions longtemps entretenues par leurs descendants au sujet de la grandeur supposée de leurs commencements. Il est maintenant bien démontré que lors de leur premier établissement au Sud-Ouest de l'Asie, à l'Ouest de l'Hindukhush, les tribus Bak avaient été soumises à l'influence de la civilisation de la Suziane, et par suite de celle de Babylone. Après des relations de quelque durée, eux, ou du moins leurs chefs, avaient appris les éléments des

(1) Selon la chronologie relevée des Annales des livres de Bambou.

arts, des sciences et du gouvernement, et entre autres choses, leur écriture qui était remarquable, et que nous sommes maintenant à même d'identifier, comme un dérivé de la cursive et non pas des caractères cunéiformes des monuments (1).

16. La supériorité relative de leur civilisation, lorsqu'ils s'établirent dans le Pays des Fleurs et l'excellence de leur organisation qui en résultait, leur eurent bientôt assuré une situation dominante auprès des tribus indigènes qui n'occupaient, pour ainsi dire, qu'un échelon plus modeste de l'échelle de la civilisation. Quelques-unes de ces tribus reconnurent bientôt leur suprématie ; elles fraternisèrent dès le début ; tandis que d'autres s'opposèrent fortement à toute ingérence de la part des nouveaux venus. Leurs noms apparaissent successivement, dans l'histoire, à mesure que les Chinois étendent leur domination politique ou leurs envahissements sous forme de colonies.

Nous ne pouvons ici entrer dans les détails des recherches par lesquelles nous sommes parvenu à établir en beaucoup de cas, avec probabilité, leur place dans une classification. Ceci demande une étude de leurs représentants modernes, jointe à celle des fragments de tradition, des quelques faits historiques, et des rudiments d'enquête recueillis sur les caractères de leurs races et de leurs langues. Un exposé de tout cela forme à lui

(1) Cf. T. de L. : *Early History of Chinese Civilization* (London 1880, in-8). *The Yh-King*, The Athenaeum, 21 Jan. 9, 30 Sept. 1882. *Chinese and Akkadian Affinities*, The Academy, 20 Jan. 1883. *Early Chinese Literature*, ibid 28 Jul. 1883. *The Affinity of the Ten Stems of the Chinese Cycle, with the Akkadian Numerals*, ibid. 1 Sept. 1883. *The Chinese Mythical kings and the Babylonian Canon*, ibid. 6 octob. 1883. *Traditions of Babylonia in Early Chinese Documents*, ibid. 17 nov. 1883. *The Oldest Book of the Chinese, and its Authors*. J. R. A. S. vol. XIV, part. IV, vol. XV, part. II et IV. *Babylonian and Old Chinese Measures*, The Academy, 10 oct. 1885. *Babylonia and China*, ibid. 7 août 1886. *Beginnings of Writing*, I § 50, II, § 114.

Cette découverte, importante pour la philosophie de l'histoire, montrant que la civilisation chinoise n'est pas indigène comme on l'a cru si longtemps, mais au contraire est dérivée, bien qu'indirectement du vieux foyer de culture de la Chaldée par l'entremise de la Suziane, est scientifiquement établie, en général, dans les publications précédentes. Toutefois afin de rendre ce grand fait historique plus clair, et son étude plus accessible que dans ces mémoires dispersés, je me propose de réunir toutes les preuves déjà publiées et un certain nombre d'autres encore inédites dans un volume spécial qui paraîtra dans la collection des *Annales du Musée Guimet*.

seul tout un volume que nous publierons à quelque jour ; aussi sommes-nous forcé ici d'abréger nos remarques, plus que l'intelligence de ces faits ne le demanderait.

IV. Chinois et Aborigènes.

17. La politique chinoise à l'égard des premiers occupants du sol, qui leur fut imposée par les circonstances locales, a beaucoup contribué à la formation de leur caractère national : ils l'ont toujours à peu d'exceptions près, strictement suivie. Ils durent chercher par principe à se faire des alliés, et ne recoururent à la violence et à la conquête, que forcés d'en agir de la sorte par les agressions de quelques tribus. Il doit être admis en faveur de ces dernières, que ce fut la conduite des officiers chinois qui dans les derniers temps, alors qu'elles avaient accepté le protectorat Impérial, motiva souvent leurs révoltes.

Aussitôt arrivés dans le Pays des Fleurs, les Chinois commencèrent à s'avancer individuellement ou par groupes, suivant leur système bien connu d'occupation graduelle par une lente infiltration. Ce fut par ce procédé lent et insensible de colons parmi les populations non-chinoises du pays et leurs rapports à leur gouvernement, que se firent souvent de brillantes descriptions de la domination chinoise sur de grandes étendues de pays sur lesquelles ils n'avaient aucun pouvoir.

18. Si nous nous bornions à considérer comme représentant les populations aborigènes, telles tribus successivement reconnues par les Chinois, à mesure qu'ils s'avançaient à l'Est et au Sud, la principale difficulté ne consisterait que dans la rareté des documents. Mais l'obscurité et les difficultés sont compliquées par l'arrivée continuelle de tribus du Nord. Celles-ci pouvaient se glisser à travers les établissements dispersés et les forteresses des Chinois. Celles d'entre elles qui refusèrent d'accepter le joug des Chinois, furent contraintes de se retirer vers le Sud où elles allèrent grossir le nombre des expulsés et autres mécontents de l'autorité chinoise, ou bien encore elles se joignirent aux tribus indigènes indépendantes.

Celles d'entre ces tribus récemment arrivées, ou autres, qui s'étaient établies le long des postes dispersés et des forteresses chinoises des frontières de l'Empire, simulaient pour satisfaire l'orgueilleuse ambition du Céleste Gouvernement une apparente soumission et reconnaissaient plus ou moins sincèrement sa suzeraineté (1).

19. A l'intérieur les non-Chinois étaient divisés en petites principautés dont les chefs étaient généralement revêtus de titres chinois d'office ou de noblesse, et qui à l'occasion et même souvent pouvaient former une coalition offensive lorsque leur indépendance était mise en danger par l'extension de la grandeur et de la puissance des Chinois. Cette pression devint finalement trop forte et ils durent céder devant les progrès de la Chine, toutefois en cherchant toujours par des compromis ou par la résistance ouverte à conserver leur propre territoire sur un point ou sur un autre, plutôt au Sud qu'au Sud-Ouest. Tous ceux qui s'opposèrent à l'annexion furent en partie détruits, en partie chassés et peu à peu refoulés vers le Sud (2). Quelques-uns furent déportés par leurs vainqueurs et plusieurs tribus maintenant disparues et dispersées à l'écart l'une de l'autre faisaient antérieurement partie d'une même nationalité. Tels sont, par exemple, les Gyarungs, maintenant habitants sur les frontières de la Chine et du Tibet. Leur langue particulière présente de curieuses affinités avec celles de Formose et des Iles Philippines et aussi avec celle des Toungthus de Burma ; et leur position géographique semblerait inexplicable si nous ne pouvions la rattacher à un événement historique bien connu, comme nous le verrons plus loin.

La majorité de la population de l'Indo-chine est composée d'éléments ethniques qui étaient établis primitivement dans la Chine propre. L'ethnologie de la péninsule Indienne ne pourrait être comprise si l'on faisait abstraction de la formation de la Chine, et les difficultés que l'on rencontre d'une part servent souvent à rendre compréhensibles les complications que l'on trouve d'autre part.

(1) L'isolement relatif des Chinois durant une longue période résultait de ce fait qu'ils étaient environnés d'États semi-chinois ou non-chinois qui recevant ou transmettant toutes les communications de l'étranger, faisaient l'effet de barrières à travers lesquelles l'influence extérieure avait à passer avant de pénétrer dans le Royaume du Milieu. Nous sommes dans une obscurité complète, concernant certaines de ces communications, par la disparition ou le manque absolu d'annales propres à ces États frontières.

(2) Cf. T. de L. *The Cradle of the Shan Race*, passim.

TROISIÈME PARTIE.

Les dialectes Aborigènes, la langue chinoise et les anciens livres chinois.

—

V. La langue chinoise affectée par celles des Aborigènes.

20. La succession des races et la transmission des langues, deux faits d'ordres différents, ne permettent qu'avec difficulté de suivre l'histoire linguistique d'un pays quelconque, et souvent laissent indécise la question de savoir si une race qui a continué à parler une même langue est restée identique à elle-même. Dans le cas qui nous occupe, les plus anciens documents sont ethnologiques et les renseignements linguistiques n'existent point au delà de ce que nous pouvons déduire de l'influence des langues indigènes sur la langue des Chinois usurpateurs.

21. La langue des Chinois primitifs (ou des tribus envahissantes Bak) était entièrement distincte de celle des Aborigènes de la Chine ; en exceptant de cette comparaison les langues des tribus du Nord qui les avaient précédés dans le Pays des Fleurs, et qui selon toute apparence appartenaient aux races de l'Altaï ou Turco-Tartares. Ce n'était pourtant pas avec les dialectes Altaïques que la langue des Chinois primitifs avait le plus d'attaches, mais avec ceux de la division Ugrienne de la famille Scythique et dans cette division elle était alliée surtout avec les dialectes Ostiakes. Ses caractères idéologiques étaient

probablement les mêmes que ceux de tous les dialectes Ugro-Altaïques avant leurs changements ultérieurs : 1, 3, 5, 8, III. Mais nous n'avons plus de textes en existence écrits uniformément d'après ces principes idéologiques (1).

22. La formule moderne est 1, 3, 6, 8, VI, dans tous les dialectes Chinois ; mais on trouve des traces accidentelles d'une formule plus ancienne : 1, 3, 5, 8, I, dans les plus archaïques de ces dialectes, tels que ceux de Fuhtchou, de Canton et du Tungking ; et dans les classiques Confucéens et Taoistes, il y a d'assez nombreux restes de l'idéologie primitive 1, 3, 5, 8, V. L'ensemble de l'évolution et de la formation linguistiques de la langue chinoise, n'est cependant point complet avec ces trois formules.

23. Dans quelques textes plus anciens on a des exemples de la formule 2, 3, 6, 7 qui sont très remarquables (2). Les caractéristiques 6, 7 qui indiquent la postposition du sujet, fait très intéressant, apparaît dans les textes anciens de la dynastie des Hia, environ 2,000 ans av. J.-C., nommément dans quelques passages du *Yh-king* (3), et dans le « Calendrier de la dynastie des Hia » (4). Or, ce dernier ouvrage fut compilé à l'époque où

(1) Des exemples de ce IIIe ordre syntactique se rencontrent dans des textes anciens, mais ne présentent le plus souvent que la position des pronoms objectifs placés devant le verbe.

(2) Ils impliquent un indice syntactique IV ou V.

(3) J'ai établi (je crois) d'une manière définitive, que le *Yh-King*, le livre le plus sacré de la Chine, n'est rien moins qu'une collection d'antiques fragments des diverses sortes, lexicographiques, ethnographiques, etc. dont les significations premières avaient été perdues de vue, et qui pour cette raison, regardés comme mystérieux, furent supposés renfermer une science profonde et une connaissance de l'avenir qui les rendaient précieux pour la divination. Ils furent arrangés en conséquence avec l'addition de signes de bonne et de mauvaise fortune au commencement de la dynastie des Tchou. A l'aide des transformations de l'écriture, et de l'évolution idéographique qui eurent lieu après les renouvellements de 820 et de 227 av. notre ère, ayant pour résultat l'addition de signes idéographiques aphones aux mots-caractères phonétiques de l'antiquité, on chercha à trouver des phrases à sens continu dans les séries de caractères du livre sacré ; mais sans aucun résultat satisfaisant, ainsi que le montrent les 2200 commentaires et explications qui ont été tentées en Chine pour résoudre le mystérieux problème. Dix traductions européennes, toutes variant l'une de l'autre, montrent la même impossibilité. Vid. T. de L. *The oldest Book of the chinese and its authors*. (London, 1882-1883) ; *Early history of chinese civilisation*, pp. 23-27, (London, 1880).

(4) Ce calendrier appelé *Hia siao tcheng* a été traduit et annoté par mon ami le prof. R. K. Danglas, *The Calendar of the Hia dynasty* dans mes *Orientalia Antiqua*, I, pp. 1-60 (London, 1882).

le fondateur de cette dynastie poussait comme une pointe au Sud-Est vers l'embouchure du Yang-tze-Kiang, jusqu'où il pénétra vraisemblablement, mais d'où il ne lui fut plus possible de revenir. Le résultat de cette expédition fut, pour un temps, un mélange de la langue des conquérants avec celle des habitants aborigènes. Aussi, ce Calendrier contenant des renseignements usuels, composé et répandu pour l'usage de cette population mêlée, avait été conséquemment écrit de la manière la plus intelligible pour leurs besoins. C'est ainsi qu'il arriva que les discordances qu'il présente avec le pur Chinois de cette époque doivent être attribuées aux particularités linguistiques de cette région. Ces particularités sont propres aux langues Tagalo-Malaises et ne sauraient être méprises, car elles présentent des caractères très saillants. Ainsi, la postposition du sujet après le verbe n'apparaît dans aucune des autres formations qui ont agi sur l'évolution de la langue Chinoise.

24. La postposition du génitif à son nom, qui n'est point rare dans les chants populaires du Livre des Vers, sans qu'elle puisse être regardée comme une licence poétique, appartient à une influence d'origine différente et est commune aux langues Môn et Taïc. La même remarque doit être faite sur la pré-position de l'objet, archaïsme encore actuellement usité dans les dialectes du S.-E. mentionnés plu haut. Quant à la postposition de l'objet au verbe et ce qui concerne l'ordre syntactique de la formule VI, en contradiction avec la formule III non altérée des langues Uralo-Altaïques qu'elle possédait primitivement, il n'y a point de doute que la langue Chinoise en est redevable aux langues indigènes Môn et ensuite Taïc-Shan. De sorte que les formules idéologiques, 1, 3, 5, 8, III ; 1, 3, 6, 7, IV ; 1, 3, 5, 8, I ; 2, 3, 6, 8, VI ; et 1, 3, 6, 8, VI nous permettent de suivre les lignes générales de l'évolution et de la formation de l'idéologie Chinoise. (1)

25. La phonologie, la morphologie et la sématologie de la langue confirment par leur témoignage la grande influence des langues aborigènes. L'appauvrissement des sons, et l'introduction et le développement des tons comme équilibre compensa-

(1) Nous devons aussi mentionner ici la postposition de l'adverbe au verbe qui contrairement à la règle Chinoise, se rencontre fréquemment dans les livres Taoïstes. Je regarde ce fait comme dû à l'influence Taïc-Shan, à laquelle, croyons-nous, le Taoïsme doit beaucoup à l'origine.

teur de ce que lui enlevaient l'usage et la vétusté furent aussi les résultats de cette influence. Dans le cours de la formation des mots, le système usuel de postposer des particules pour spécifier les circonstances de temps et de lieu, d'accord en cela avec les langues Ugro-Altaïques, a été interrompu en Chine, et très fréquemment, le système de placer des préfixes a prévalu sur l'ancienne méthode. Enfin pour ce qui concerne la sématologie, nous avons à signaler aussi comme une influence aborigène sur la langue Chinoise, l'habitude d'employer des auxiliaires numériques ou particules ségrégatives (autrement classificateurs), qui sans être étrangère absolument à l'ancien génie de la langue n'avait point pris la place importante qu'elle occupe dans les dialectes modernes.

26. Les vocabulaires, qui contrairement à l'usage, ne nous ont pas occupé jusqu'ici, subirent les mêmes altérations. L'emprunt de mots se pratiqua de part et d'autre sur une vaste échelle, tant du côté indigène que du côté Chinois et le total des mots échangés devint considérable.

VII. Les langues aborigènes et les annales chinoises.

27. Les documents écrits des Chinois, concernant leurs premiers établissements dans le Pays des Fleurs sont si peu étendus, qu'il serait étonnant d'y trouver des renseignements sur les langues des Aborigènes. Les plus importantes luttes qui eurent eu lieu entre eux sont rapportées en quelques mots et rien de plus. Ce n'est que dans les derniers temps que les annales sont devenues plus explicites et que nous sommes mis à même d'en tirer quelques données linguistiques.

28. Dans la précieuse chronique de T'so Kiu Ming, (un jeune disciple de Confucius) qui accompagne les sèches éphémérides, ou *Tchun-tsiu*, de son maître, il est établi très positivement que plusieurs tribus non-chinoises, dispersées parmi les Chinois dans le territoire restreint qu'ils occupaient alors, y parlaient une langue spéciale. Cette constatation ne concerne que les Jung, l'une de ces peuplades qui parties du Nord avaient pénétré en Chine avant et après l'immigration des tribus Chinoises-Bak. Un de leurs chefs, Kin-tchi, des tribus Kiang-Yung, prit part à un congrès de princes Chinois des principautés de l'Est, auxquels le gouvernement de l'État non-

chinois de *Ngu* (1) avait fait appel pour le secourir contre les invasions de l'État, aussi non-chinois, de Tsu (2).

C'était la 14e année du Duc Siang de Lu, c'est-à-dire 558 av. J.-C. Le Vicomte Kin-tchi de la tribu Jung, avant d'être admis au congrès, dit : « Notre nourriture, notre boisson, « nos vêtements sont tout différents de ceux des États Fleuris. « Nous n'échangeons point de soieries ou autres articles d'im- « portation avec leurs cours. *Leur langage et le nôtre n'ad- « mettent pas de communication entre eux et nous !* » (3) Les Jung, comme race, appartenaient vraisemblablement à ce qui est représenté de nos jours par la majorité des tribus Naga.

29. Quoiqu'il n'y ait point d'autre allusion aussi précise que la précédente, concernant d'autres langues des tribus non-chinoises, il n'y a pas de doute que les autres races ne parlaient pas non plus le Chinois. Quelques-unes d'elles, de même que les Jungs, étaient entremêlées à la population chinoise, non point comme envahisseurs, mais comme premiers occupants du sol. Elles furent plus ou moins complètement soumise au joug des Chinois, auquel elles auraient pu se soustraire en émigrant vers le Sud, comme l'avaient fait plusieurs autres. C'est au contact et au mélange de ces tribus bien disposées qu'il faut attribuer la plus ancienne influence des langues indigènes sur la langue Chinoise. Nous avons vu que cette influence se trouve avoir été celle d'idiomes appartenant à la formation des langues Môn, Siamaises et Tagals-Malaises. Cette influence est pleinement confirmée par d'autres sources d'information (4).

30. Celles qui sur les frontières formaient des États constitués plus ou moins grands, acquirent, grâce à la rivalité et à l'influence de la Chine plus d'importance pour le peuple du Pays des Fleurs. Leur indépendance et leurs agressions continuelles forcèrent les Chinois à prendre connaissance de leurs langues. Tandis que les aborigènes établis au milieu des États Chinois étaient forcés, par respect pour leur autorité d'apprendre à parler le Chinois, outre leur propre langue, comme ce fut le

(1) Maintenant Wu d'après la prononciation mandarine. Il correspondait à peu près aux provinces maritimes de Kiang-su et de Tchehkiang.

(2) Correspondant aux provinces de Honan (Sud), Hupeh, Anhui et Hunan (Nord).

(3) Tso-tchuen, Siang-kung, 14e année § 1. *Chinese classics*. Édit. Legge, vol. V, page 464.

(4) Cf. T. de L., *The Cradle of the Shan race*, pass.

cas pour le vicomte Jung mentionné plus haut, ceux du dehors étaient dans une situation toute différente. Nous savons, par exemple, par le *Li-ki* (1), que sous la dynastie des Tchou (1050-255 av. J.-C.) ou du moins, pendant la seconde partie de cette période, il y avait dans l'administration gouvernementale Chinoise des interprètes spéciaux dont le titre officiel variait selon la région avec laquelle ils étaient en rapport : « Dans les cinq régions des États du Milieu (ou principautés chinoises), dans celle de Y (ou Barbares de l'Est), dans celle de Man (ou Barbares du Sud), dans celle de Jung (ou Barbares de l'Ouest), dans celle de Tek (ou Barbares du Nord) (2)...... les langues du peuple n'étaient pas réciproquement comprises et leurs goûts et leurs instincts étaient différents. Pour faire comprendre ce qu'ils avaient dans l'esprit et pour communiquer leurs goûts et leurs désirs, il y avait des fonctionnaires spéciaux ; dans l'Est, on les appelait intermédiaires ; dans le Sud, représentants ; à l'Ouest, Ti-tis ; et au Nord, interprètes (3). »

31. Pendant la durée de la dynastie mentionnée ci-dessus, au Sud des principautés chinoises, se trouvait le grand État de Tsu, qui avait grandi en civilisation, grâce à l'influence civilisatrice de ses voisins du Nord. Il était cependant resté non-chinois, nonobstant son entrée dans l'espèce de confédération formée par les États-Fleuris, sous la suzeraineté nominale de ladite dynastie. Il couvrait le Sud du Honan, le Hupeh et un territoire incertain et mal délimité alentour. Vers la fin du 4e siècle avant J.-C., Mencius, le philosophe bavard, parlant d'un homme de cet État l'appelle « un barbare du Sud parlant comme une pie-grièche » et dans un autre passage, il fait allusion aux langues de Tsi (Ouest de Shantung) et de Tsu, comme tout à fait différentes l'une de l'autre (4).

32. Ce n'était certainement pas la première allusion qui fut faite à la langue de Tsu. Dans la chronique de Tso, mentionnée plus haut, en 663 avant J.-C., deux mots sont cités à

(1) Le Dr J. Legge vient de publier une complète version de cet important ouvrage, qui compilé, vers l'ère chrétienne, est formé en grande partie de documents plus anciens.

(2) Les explications sont entre parenthèses pour rendre la phrase plus claire. Généralement parlant, les Y correspondaient aux Tagalo-Malais, les Man aux Mons, les Jung aux Nagas, et les Tek aux Turko-Tartares.

(3) *Li-ki*, trad. Legge I, pp. 229-230.

(4) III : 1, 4, 14 ; III : 2, 6, 1.

l'appui d'une intéressante légende, ressemblant à d'autres bien connues ailleurs. La scène est dans le Tsu (c.-à-d. le Hupeh). Un petit garçon jeté par l'ordre de sa mère dans le marais de Mung, y est allaité par une tigresse ; et le fait est constaté par le Vicomte de Yun, pendant une chasse. Lorsqu'il revient chez lui encore tout effrayé, sa femme, dont cet enfant était le fils, lui conte toute l'affaire ; sur ce, il envoie chercher l'enfant et le fait élever. Le peuple de Tsu traduisait allaiter par *tou* ou *nou*, et un tigre par *wu-tu* : de là vint que l'enfant fut appelé « Tou-wutu » et devint dans la suite Tzo-wen, premier ministre de Tsu (1).

33. Les significations qui se rapprochent le plus de ces mots se trouvent dans les vocabulaires Taïc-Shan ou « allaiter » ou « nourrisson » se dit *dut* (Siamois), et un tigre, *htso*, *tso*, *su* (2) etc.

La connexion ici suggérée par ces vocables est poussée plus loin encore par le fait qu'une grande partie des noms propres de ce même État de Tsu sont précédés de *tou* qui semble être une espèce de particule préfixe. C'est aussi une particularité des dialecte Tchungkia de quelques tribus encore existantes au Sud-Ouest de la Chine, et jadis dans le Kiangsi où elles représentaient l'ancienne population principale de l'État de Tsu. Ce dialecte Tchungkia est Taïc-Shan à tel point que des voyageurs parlant le Siamois ont pu le comprendre sans trop de difficultés. Nous aurons encore dans la suite à parler de la langue de Tsu.

34. A l'Est de Tsu, étaient les États de Wu et de Yueh, couvrant les provinces modernes de Kiang-su et de Tcheh-kiang. Il est question du premier, dans l'histoire de la Chine, vers 584 avant J.-C. Il fut conquis par l'État voisin de Yueh au Sud, vers 473 av. J.-C. (3).

La langue chinoise, comme on peut s'y attendre, n'y était point parlée, et quoique nous ne connaissions pas d'annales rapportant le fait, nous en sommes certains par l'apparence non-chinoise des noms de leurs rois. Ce fait n'a pas échappé à l'attention des commentateurs, et l'un d'eux, Kin Li-ts'iang,

(1) Cf. *Tso-chuen*, Tchwang-kung l'an XXX ; et *Siun kung* l'an IV. *Chinese Classics*, édit. Legge, vol. V, p. 117-118, 295 et 297.

(2) Probablement ce sont des formes corrompues. *Wu* est un préfixe.

(3) L'État de Tsu fit la guerre à ces deux États pendant quatre siècles et finit par faire disparaitre celui de Yueh vers l'an 334 avant J.-C.

a remarqué qu'un nom comme celui de Tan-tchih de Yueh doit être lu comme un mot simple, « conformément à la méthode syllabique de l'Ouest » (1).

35. D'un autre côté, il a été également remarqué que les noms des rois de Wu ont une apparence non-chinoise très marquée (2). Leurs finales *ngu*, *ngao*, etc., sont singulièrement rapprochées d'un adjectif connu signifiant « le Grand » et postposé, selon le génie de la langue qui aurait appartenu à la formation linguistique Indo-Pacifique. C'est encore par l'usage du préfixe caractéristique que nous trouvons une preuve à l'appui de cette opinion. Nécessairement, ce n'est que dans le cas de noms propres, car les noms communs ne se rencontrent pas dans ces documents. Nous trouvons *Kon* préfixe des noms de personne KON *ngu* (3), KON *tsien* de ce pays, mentionnés dans les annales chinoises.

36. Mais la plupart de ces noms sont généralement précédés de *wu*, écrit comme dans *wu-tu* « tigre » à Tsu. Ces mots préfixes sont des auxiliaires bien connus qui sont employés pour tous les êtres vivants dans les langues Taïc-Shan et autres apparentées. Ils sont parfois usités dans quelques langues, comme une espèce d'articles ou de pronoms possessifs, mais leur usage est généralement limité au cas d'auxiliaires des nombres inférieurs.

Parmi les langues parlées dans les États limitrophes du Sud-Ouest et Ouest, aucune n'est connue suffisamment pendant la période dont nous nous occupons ici.

VIII. Anciens travaux chinois sur les dialectes aborigènes.

37. L'absorption graduelle, par les Chinois, des tribus Aborigènes disséminées parmi eux, et leur extension progressive sur une grande étendue de pays se fit sentir par l'introduction de mots étrangers, çà et là, dans la langue courante, ainsi que par l'apparition d'expressions provinciales et de prononciations locales d'un certain nombre de mots appartenant à leur vieux vocabulaire. Ce fait ne pouvait manquer d'attirer l'attention

(1) *Chinese Classics*; éd. Legge III, intr. p. 107, n. 2. — Le savant Chinois veut dire qu'il n'y a pas lieu de chercher une signification pour chacun des signes Chinois qui avaient servi à transcrire ces noms étrangers.

(2) Legge, vol. V, introd. pp. 107, 135.

(3) Cfr. Mayers, *Chinese Reader's manuel*, n. 277.

d'un souverain soucieux et jaloux de sa toute-puissance personnelle sur toute l'agglomération chinoise. Vers 820, av. J.-C., durant une phase de renaissance du pouvoir de la dynastie des Tchou, un monarque puissant, Siuen Wang, avec l'aide d'un grand ministre, essaya d'assurer pour toujours l'intelligence des communications écrites, et des ordonnances dans les diverses parties de ses États, quelles que fussent les variantes locales du langage dans les mots ou dans la prononciation. Cette importante réforme (1) qui a laissé pour toujours son empreinte dans la littérature de la Chine, ayant été renouvelée en deux circonstances, dans la suite, d'après les mêmes principes, a exercé indubitablement une grande influence sur l'accroissement ultérieur de son pays par la facilité qui en résulta pour la transmission des ordres du Gouvernement.

Elle consista en une refonte partielle et une simplification des caractères de l'écriture afin de donner un rôle prédominant et plus extensif aux signes idéographiques aphones, exprimant des idées ; on s'en était très peu servi jusqu'ici en les joignant aux groupes de signes phonétiques n'indiquant que des sons par épellation syllabique ou autrement.

38. L'effet produit par cette réforme qui ne put être partout obligatoire, à cette époque, en raison de l'impuissance de l'autorité centrale, ne fut point, comme on l'espérait, de maintenir la langue générale au même niveau, et de prévenir l'introduction de mots étrangers : on dut trouver d'autres moyens pour mettre l'administration centrale au courant de l'introduction graduelle de mots nouveaux, mais les archives du temps sont silencieuses à cet égard. Nous savons seulement que les livres sacrés étaient expliqués dans les divers États, par des messagers spéciaux, envoyés à cet effet, et nous avons connaissance également des plaintes formulées contre l'indépendance que montraient ces États individuellement dans leurs usages comme dans leurs langages.

39. Dans le *Fung su t'ung*, compilation de Yng Shao (2e siècle après J.-C.) il est dit que c'était la coutume chez les Souverains des dynasties de Tchou (1050-255 av. J.-C.) et de Ts'in (255-206 av. J.-C.) d'envoyer des commissaires ou délégués qui voyageant dans des chariots légers, *yeo hien-tchi she*, parcouraient annuellement l'Empire, durant le huitième

(1) Vid. T. de L. *The Oldest Book of the Chinese*, §§ 24, 25.

mois de l'année, pour rechercher les coutumes et formes de langage (ou de mots) employées dans les divers états (1). A leur retour, ces messagers présentaient leurs rapports à l'Empereur. Ceux-ci étaient conservés au dépôt des archives, mais plus tard, ils furent dispersés et perdus (2). L'on n'est pas fixé sur l'époque où cet usage devint régulier ni sur l'emploi, si toutefois on en fit quelqu'un, de ces rapports, contenant, comme ils le devaient, de si intéressantes données pour l'histoire de la langue. Mais, je suis convaincu qu'en une ou plusieurs parties le vieux dictionnaire *Erh-ya* a été composé à l'aide de documents provenant de ces rapports.

40. Le *Erh-ya* est un ouvrage de la dynastie des Tchou ; il est divisé par ordre de matières en 19 sections dont les trois premières tiennent une place à part, à cause de leur importance linguistique. La première section, *Shi Ku*, dont la composition est attribuée, peut-être à bon droit, au fameux Duc de Tchou, qui par son génie et ses capacités administratives fut le fondateur réel de la dynastie, consiste en petites listes de mots arrangés selon leurs significations relatives. La deuxième section *Shi-yen* est aussi composée de listes de mots, dont le dernier donne la signification des autres. La composition de celle-ci est généralement attribuée à Tzehia, disciple de Confucius (3).

La section suivante est faite de couplets arrangés deux à deux avec leur explication. Cette classe de mots doubles qui sont un trait caractéristique des langues Taïc-Shan se rencontre souvent dans les chants populaires du Shi-King, ou Livre des Vers. Pour moi il n'y a aucun doute, qu'ils proviennent de l'influence des dialectes primitifs de cette famille sur la langue des Chinois.

41. Le but de l'*Erh-ya* est de servir de dictionnaire des classiques, mais sa portée dépasse ces limites, et nonobstant la perte d'une portion de ces classiques, il contient nombre de mots qui ne semblent avoir jamais été usités dans les textes chinois proprement dits. Ce sont des mots locaux empruntés à des vocabulaires d'autres langues et ils ne peuvent

(1) Cfr. Mayers, *Chinese R. M.*, n. 918.

(2) Cependant, il est probable qu'ils servirent à quelques savants mais ils ne furent pas conservés dans leur intégrité ni dans leur forme originale.

(3) 507 av. J.-C.

être exprimés dans l'écriture chinoise qu'en recourant à des homonymes, les représentant phonétiquement. Lorsque l'*Erh-ya* fut annoté par Kwoh-p'oh (276-324 de l'ère chrétienne) ce grand savant, bien au courant des mots régionaux, fut à même d'y ajouter bon nombre de remarques sur plusieurs analogies ayant trait à ces mots, ainsi que plusieurs exemples dont il enrichit ce dictionnaire. On y trouve pas moins de 928 mots, ou environ un cinquième du tout complet, qui ne paraissent nulle part ailleurs que dans l'ouvrage même (1).

Cependant il me semble, si ce n'est pas un fait certain, que les compilateurs de ce glossaire se sont servi de listes toutes préparées de mots régionaux, comme ceux qui avaient été réunis par les *yeo hien-tchi she;* c'est à peu près la même chose et cela semble très probable.

42. Mais le plus important ouvrage de ce genre, et, je crois, unique dans l'antiquité, c'est le vocabulaire de mots régionaux compilés par Yang-hiung, (53 av. J.-C. — 18 après J.-C.). Le titre complet est : *Yeo hien she tche tsiüeh tai yü shi pieh kwoh fang yen* que l'on simplifie généralement en disant : *Fang yen*, et que l'on peut traduire : « La langue des anciens âges, d'après les rapports des envoyés en chariots légers, et explication des mots régionaux des divers États. » Ce titre

(1) Selon le *Wu king wen tze*, les Cinq Kings, ou Livres canoniques, contiennent seulement 3335 mots-caractères différents. Ces livres sont : *Yh king*, *Shu king*, *Shi king*, *Liki* et *Tchun tsiu*. En y ajoutant le Sze shu, ou les Quatre Livres, nommément, le *Ta hioh*, le *Tchung yung*, le *Lun yu* et le *Meng tze* le total des mots n'atteint que 4754. La grande collection des treize Kings qui outre les précédents, renferme le *I-li*, le *Tchou-li*, le Hiao-King, le Ko-liang, le Kung-yang et l'Erh-ya donne un total général de 6.544 mots différents comprenant ceux qui apparaissent exclusivement dans ce dernier. Cf. G. Pauthier : *Dictionnaire Chinois-Annamite-Latin-Français*, p. 15. (Paris 1867, 8 vol. La 1re partie seule a été publiée.)

Le fait que l'on ne rencontre pas dans le *Erh-ya* certains caractères modernes qui se trouvent dans quelques livres Taoïstes, tels que le *Tao-tho-king* de Lao-tze n'impliquerait pas que ces livres, où des passages de ces livres renfermant ces caractères, sont d'une date plus récente que le *Erh-ya*. Une cause assez importante peut-être, est que ce vocabulaire appartient aux confucianistes, et par conséquent, une analyse des livres appartenant à d'autres écoles n'aurait pas été faite lors de sa compilation. Une cause encore plus importante est tout simplement que le *Erh-ya* et les livres ci-dessus ont été transcrits indépendamment de leur style primitif d'écriture le *Ta-chuen*, en *Siao-tchuen* et ensuite en caractères modernes. D'où certaines différences. L'obscurité du *Tao-teh-king* peut en partie être expliquée par ce fait ; ainsi les signes *muh* 'œil' et *kien* 'voir' du texte primitif sont tous deux rendus par *kien*.

indiquerait que l'auteur a usé des listes ou du moins de quelques-unes des listes faites par les envoyés dont il a été parlé ci-dessus.

Grande attention était apportée aux mots régionaux à l'époque où vivait l'auteur. Son compatriote, Yen kiün p'ing, de Shuh (Szetchuen), avait collectionné plus de mille mots employés dans les dialectes. Liu-hiang, le savant qui fut chargé de faire le catalogue des livres conservés dans la collection impériale et père de Liu-hin qui acheva le travail (an 7 av. J.-C.) travaillèrent sur le même sujet.

Lin-lü et Wang ju-ts'aï engagés dans les mêmes études se sont servis de ce qu'ils appellent *Keng Kai tchi fah*, ou « Listes générales ». Yang hiung a beaucoup vanté ces documents et a travaillé sur eux pendant 27 ans. Durant la même période, il consulta avec soin nombre de personnes distinguées dans tout le pays et c'est ainsi qu'il put compiler son ouvrage qui contenait 9.000 mots arrangés par ordre de sujets, en 15 sections.

43. Son travail est bien, en réalité, un vocabulaire comparé et nous devons reconnaître en lui un prédécesseur dans la science du langage. Malheureusement, son livre ne nous est point parvenu tel qu'il l'a laissé. Comme nous le possédons maintenant, il n'a que 13 chapitres, et plus de 12.000 mots. Il a donc été augmenté d'un tiers et par conséquent, ce tiers des mots, ou du moins, une bonne partie de ces 3.000 mots, étant des additions d'exemples de temps plus récents, alors que plusieurs changements s'étaient opérés dans la position respective de certaines tribus non-chinoises, présentent de nombreuses inconsistances. Une édition critique, faite par des Européens, conduirait à expurger davantage et à donner une meilleure rédaction. Les Chinois eux-mêmes ont commencé la tâche. Dans l'édition Impériale de la dynastie régnante, les éditeurs ont suivi le texte conservé dans la grande collection du 15e siècle, appelée *Yung-loh ta tien* (1), rétablissant l'ordre et corrigeant les éditions précédentes de l'ouvrage. Le plus précieux commentaire a été celui de Kwoh p'oh, le même savant qui a annoté l'*Erh-ya* et d'autres ouvrages.

(1) C'est une Collection en 22.877 livres avec 60 livres d'Index, conservés dans le Han lin Collège et compilée vers l'an 1407 après J.-C. Elle contient de longs extraits d'ouvrages qui ont maintenant disparu et n'a jamais été imprimée. Cf. F. W. Mayers : *Bibliography of the Chinesse Imperial collections of Literature*, dans la *China Review*, vol. VI. Janv. et fév. 1878.

Yang hiung est parvenu, par ses efforts, à inclure dans son vocabulaire, les mots de plus de quarante-quatre régions (1), dont plusieurs étaient chinoises de nom seulement, et d'autres absolument non-chinoises, quoique comprises dans le territoire de la Chine proprement dite.

44. Les régions dialectales qui se rencontrent le plus fréquemment dans le vocabulaire comparé de Yang hiung portent les noms suivants, auxquels j'ajoute une courte indication de leur correspondance approximative, sur la carte moderne de la Chine :

1. Au Nord-Ouest, *Tsin*, dans le Shensi.
2. N.-E. *Yen*, au N. Chihli.
3. Centre-N. *Tsin*, dans le Shansi.
4. C.-N. *Fen*, à l'O. du Shansi.
5. N.-E. *Lu*, au S.-O. du Shantung.
6. N.-E. *Yen*, au S.-O. du Shantung.
7. C.-N. *Tchao*. à l'E. du Shansi.
8. C.-N. *Wei*, (Ngu) N.-E. Honan, S. Tchihli.
9. C.-N. *Ki*, à l'O. du Tchihli.
10. C. *Han*, au S.-E. Shansi, au N. Honan.
11. C. *Ho-nei*, dans le Honan.
12. C. *Tchen*, au C. du Honan.
13. C. *Tchou*, au N. du Honan.
14. C. *Wei*, au S. Shansi, N.-O. Honan.
15. C. *Nan-Wei*, au S. du précédent.
16. C. E. *Sung*, E. Honan, O. Kiangsu.
17. C. *Tching*, au C. du Honan.
18. C. *Juh*, au C. du Honan.
19. C. *Yng*, au C. du Honan.
20. O. *Mien*, au S. du Shensi.

Toutes les contrées ci-dessus étaient des noms d'États de la Confédération et étaient chinoises.

45. Les contrées suivantes étaient sur les confins et chinoises seulement en partie, ou tout à fait non-chinoises :

21. S. *King*, ou Hupeh.
22. S. *Tsu*, dans le Hupeh et le voisinage.
23. E. *Hai* et *Tai*. (Entre) dans le Shantung.
24. E. *Toung Tsi*, au N. du Shantung.
25. E. *Siu*, N.-O. du Kiangsu.
26. E. *Tounghai*, au N. du Kiangsu.
27. E. *Kiang* et *Hwai* (entre) S. O. du Kiangsu.
28. E. *Tsing*, au N. d'Anhui.
29. S.-E. *Wu*, dans le Kiangsu.
30. *Wuhu*, ou les 5 lacs, S. du Kiangsu.
31. S. *Hui-Ki*, N. du Tchehkiang.
32. *Tan-Yang*, au S. d'Anhui.
33. S. *Yang*, au S. du Kiangsu et Kiangsi.
34. S. *Yueh*, ou Tchehkiang.
35. S. *Nan Tsu*, Hunan.
36. S. *Siang*, S. du lac Tung-ting, C. de Hunan.
37. S. *Lin*, ou C.-E. du Hunan.
38. S. *Nanyueh*, ou Kuang-tung.
39. S. *Kwei-lin*, O. du Kuang-tung
40. S.-O. *Shuh*, ou Szetchuen.
41. S.-O. *Yh*, C. du Szetchuen.
42. O. *Liang*, N. du Szetchuen.
43. O. *Lung-Si*, S. du Kan-su.
44. N. *Fleuve de Leh*, N. du Tchihli, etc...

(1) Dr Edkins a écrit une courte notice sur cet ouvrage de Yang hiung, dans son *Introduction to the study of Chinesse characters*, appendix pag. 40-41. Je lui suis redevable de plusieurs faits mentionnes plus haut. Il ne cite toutefois que 21 de ces régions, parmi lesquelles il n'en a identifié que 7 seulement.

Les mots de la dernière région de la liste sont Coréens, et peuvent encore souvent être assimilés aux mots du Coréen moderne.

46. Quelques-unes de ces régions sont désignées dans l'histoire, comme celles où furent refoulées des populations, avant l'époque de Yang hiung. Nous ne savons pas combien les nouvelles données, qu'il lui fut possible de recueillir et de joindre aux premiers documents, ont été affectées par ces événements. Nous avons de bonnes raisons pour croire que plusieurs furent affectées, car des régions, comme celle de *Mien* (20) ou *Kiang Hwai* (27), qui sont virtuellement comprises dans d'autres désignations, n'auraient pas été citées comme des centres dialectaux.

47. Il est assez curieux que la région de *Mien*, vieux nom du fleuve Han, dans le Hupeh, apparaisse distincte du pays de Tsu, dans lequel elle était comprise ; car l'événement qui la rendit célèbre n'arriva que longtemps après le renversement du dit État de Tsu par son puissant et victorieux rival, le royaume de Ts'in, dans la lutte pour l'empire (222 av. J.-C.). En l'an 47 de l'ère chrétienne, quelque trente ans après la mort de Yang hiung, les Luy-tsien Mân (1) et autres barbares du Sud des monts *Tu* (Szetchuen oriental) essayèrent de secouer le joug chinois. La rébellion fut réprimée par une armée chinoise, et 7.000 prisonniers furent relégués dans le pays de Kiang-hia, sur la rive gauche du Yang-tze, autrement dit dans la région du fleuve *Mien*, où ils se propagèrent et s'unirent à des tribus parentes.

A moins qu'une analyse critique des mots qui paraissent sous cette étiquette *Mien*, dans le Fang yen, ne prouve qu'ils sont entièrement distincts de ceux de Tsu (cette supposition n'est ni évidente, ni vraisemblable, par la raison que toutes ces tribus étaient alliées), il sera difficile de reconnaître si ce sont des interpolations récentes, ou des données recueillies par Yang hiung, en son temps, lorsque le nom de Tsu, comme dénomination géographique, n'était plus en usage, ou était d'une signification trop étendue.

48. L'autre nom de pays que nous avons signalé est moins clair pour la critique. C'est celui de la contrée située entre les

(1) *Hou Han Shu*, *Nan Man Tchuen*. Liv. 116.

fleuves Yang-tze et Hwai, qui correspond au Sud du Kiang-su. L'an 138 av. J.-C., l'État de *Tung* (oriental) *Ngou*, dans le Tchehkiang, ayant été à plusieurs reprises assailli par celui de *Min-Yueh*, dans le Fuhkien, expulsa une partie de la population de ce dernier, et la repoussa du côté Nord du Yang-tze, dans la susdite région de Kiang-Hwai. Plus tard (110 av. J.-C.), la même contrée reçut, à l'aide de bateaux pontés venus du Sud, une autre population ou portion de population du *Min-Yueh*, à la demande de l'État de Tung Ngou, alors allié des Chinois, qui vinrent à son aide et le délivrèrent des attaques de son remuant voisin (1).

Ces événements, qui ont certainement attiré l'attention de Yang hiung et autres, également portés à rechercher des formes curieuses de langage, prouvent, selon toute probabilité, que les mots introduits sous ce titre n'ont pas été tirés de documents plus anciens, puisque le pays était difficilement accessible et peu connu.

49. La probabilité établie déjà plus haut, que Yang hiung s'est servi, pour sa compilation, de documents de dates diverses, en y comprenant des listes des « envoyés sur chariots légers », est largement démontrée par ce fait, que sa nomenclature géographique, toujours en exceptant les noms de pays nouveaux, n'appartient pas à la dynastie des Han, mais bien à la dynastie des Tchou, et plus spécialement à la période des guerres civiles, c'est-à-dire de 481 à 255 avant J.-C. Ceci est également démontré par plusieurs autres faits. Il emploie le nom de l'État de Tsin, dans le Shansi, lequel fut détruit en 436 av. J.-C., et partagé entre les États de Wei, Han et Tchao, qui apparaissent aussi sur sa liste. Le nom du grand État de Ts' in, dans le Shensi, qui étendit son pouvoir sur tous les autres États au 3ème siècle, apparaît comme un nom propre au pays de Shensi seulement, et nous rencontrons aussi le nom de Kwan « la Porte », qui était celui de la capitale de cet État et celui de la région voisine au 3e siècle. Il mentionne également les noms de Nan-yueh, Kuei-lin, Siang, qui n'existaient pas avant la seconde partie du 3e siècle avant l'ère chrétienne.

(1) *Han Shu, Si-nan Man tchuen* liv. 95. *Li tai Ti Wang nien piao tsien han*; Fol. 6 et 9.

50. Tout cela démontre pleinement que les mots relevés dans ce remarquable ouvrage ne peuvent être considérés comme appartenant à une seule période, et que leur ensemble représente plusieurs siècles. Dans cette situation, la transcription phonétique des symboles chinois employés dans l'ouvrage mérite une étude sérieuse. Les caractères chinois ne furent attachés à la reproduction des sons étrangers que par les transcripteurs successifs qui notèrent ces sons, et qui le firent d'après leur prononciation personnelle. Et, comme la prononciation a varié selon les temps et les lieux, il n'y a pas uniformité dans la transcription. Ceci devient visible par ce fait que *des différences de prononciation sont souvent indiquées par des symboles qui ont depuis très longtemps été homophones*. Cependant, le meilleur moyen d'éliminer et de réduire à leur plus faible proportion les modifications ultérieures, se trouve dans les sons conservés par le Chinois-Annamite, le plus ancien des dialectes de la Chine, qui se rapproche plus qu'aucun autre de la prononciation qui a précédé celle de la dynastie des Han. La seule réserve à faire, c'est que le durcissement et le renforcement de la prononciation dans ce dialecte vont peut-être au-delà du but, et que la moitié de ce renforcement est due à des particularités locales.

51. Quelques exemples prouveront plus que toute autre explication et feront mieux connaître la valeur des renseignements que l'on peut tirer de ce remarquable ouvrage :

Hu (tigre) est appelé *Li-fu* (1) en Tcheng, Wei, Sung et Ts'u ; entre le Kiang et le Hwai, et au Ts'u méridional on l'appelle *Li-ni* (2), quelquefois *Udu* (3) ; à l'est et à l'ouest de Kwan (4) c'est parfois *Bak tu'* (5). — Liv. VIII.

Au Nord du Tsin, du Wei, et de l'intérieur du Ho, pour dire *lam* (6) (battre, tuer) on dit *tan* (7) ; à Tsu, *tam* (8) ; dans le Tsu

(1) Cf. Cantonais : *Lofu* ; Manyak : *Lephe*.

(2) Cf. Birman *nari* ; Kiranti dial. *nyor*.

(3) Comme dans la légende citée plus haut, et dans quelques mots Taïc-Shan.

(4) *Kwan*, pour *Kwan-tchung*, était le nom de la capitale de l'État de Ts'in, dans le Shan-si méridional.

(5) Cf. Sgau Karen : *Bautho*. Chez les Kacharis, *Batho* est le nom de la divinité suprême.

(6) *lin*, Sin. An. *lam*.

(7) *ts'an*, Sin. An. *tan*. Cf. *Outtihn* en Shan et en Siamois.

(8) *t'an*, Sin. An. *tham*. Cf. *Shem*, en Annamite.

du midi, et entre le Kiang et Siang, *K'e* (1). Commentaire de Kwoh P'oh' : Maintenant, à l'Est de Kwan, le peuple dit *lam* (2) pour *ta* (3) (battre). — Liv. iv.

Dzu (4) (conférer), *lai* (5), *thu* (6). Au-delà du Tsu méridional on dit *lai*; Ts'in and Tsin disent *thu'*. — Liv. ii.

Tieu (7) (convoiter), *lam* (8), *tan* (9). Tcheng et Tsu disent *lam* (10). — Liv. ii.

Vien (11) (une perche) ; entre Tsu et Wei (anc. Ngu), on dit *chu'* (12). — Liv. ix.

52. Ces exemples suffiront pour faire voir comment les données du Fang-yen sont disposées et jusqu'à quel point les formes régionales et les mots non chinois sont mélangés. L'insuffisance de la connaissance du glossaire des dialectes indigènes ne nous permet pas toujours de trouver les mots correspondant à ceux de Yang-hiung, bien que le contraire arrive fréquemment. Mais il nous est souvent donné de retrouver les termes et formes correspondants dans les idiomes rapprochés de ces dialectes. D'autre part, les tendances qui se dévoilent dans les équivalents phonétiques que fournissent les exemples donnés par le Fang-yen nous les montrent comme correspondant dans une certaine mesure avec ceux qui existent entre les mots chinois empruntés et les idiomes du sud en question.

Il y a donc toute probabilité que, dans la Chine proprement dite, pendant la conquête qui se fit si lentement, ces équivalences de sons se produisirent sous l'influence réciproque de l'ancien chinois et des dialectes indigènes représentants ou prédécesseurs de ces idiomes.

53. L'analyse d'un grand nombre de ces faits fournis par le livre de Yang-hiung m'a fait connaître quelques équivalences très-fréquentes, dont voici les principales :

(1) *K'i*, Sin. An. *Khe*. Cf. *Kha*, en Siamois et en Laocien, *Kai* en Tchung Miao.
(2) *ta*, mais probablement *tin*, comme semble l'indiquer la phonétique.
(3) *yü*, Sin. An. *dzu*. — (4) *lai*, Sin. An. *lai*. Cf. Ann. *nay*.
(5) *tch'ou*, Sin. An. *thu*. — (6) *t'ao*, Sin. Ann. *tieu*.
(7) *lan*, Sin. Ann. *lam*. Cf. Shan, *lo* ; Annamite *them lam*.
(8) *ts'an*, Sin. Ann. *tan*. — (9) *Tuen*, Sin. Ann. *vien*.
(10) *Tchou*, Sin. Ann. *chu*. Cf. Annamite *dieu*.

N.O. et N.	*D-, Dz-*	= *L-* du S.E. et S.
N.E. N. et N. O.	*Tch-, Sh-*	= *L-* du S. E.
N.O. et E.	*L-*	= *K, H,* du S.E. et S.
N.O. et C.	*Ng-*	= *M-* de l'E.
O.	*N-*	= *D-* de l'E.
N.E.	*Tch-*	= *H-* du S.
C. et E.	*Si-, Dzi-*	= *Ki-* du S.E. et S.
O.	*K-, H-*	= *T-* du C. et E.
N., E., O.	*F-*	= *Sh-,S-,Ts-* du S.E. et S.
N.C.	*M-*	= *Sh-, S-* du S.E. et S.
O.C.	*T-,Tch-,Ts-*	= *P-, B-* du S.E.

54. Comparons à ces deux dernières classes d'équivalences celles qui ont lieu fréquemment entre la langue Mandarine, le Chinois, le Sinico-annamite et l'Annamite. Rappelons-nous que cette dernière langue appartient à la famille *Môn*.

Chinois.	Sinico-Annamite.	Annamite.
M-	= *Dz-*	= *M-, Dz-*
P-	= *T'-*	= *T-, Ch-,*
P'-	= *T'-*	= *M-*
Tch-	= *Tr-*	= *Tr-, Bl-*
L-	= *Sh-*	= *Sh-*
K-	= *Ch-, Sh-*	= *Sh-*
Hw-	= *V-*	= *V-*
H-, Y-	= *Hw, Ho-*	= *V-*
P-	= *B-*	= *V-*

55. Puis les équivalences les plus fréquentes existant entre les idiomes Taï-Shan et la langue Mandarine, lesquelles se montrent entre les mots empruntés des deux côtés. La proportion de ces emprunts atteint un total de 325 mots sur 1000 que j'ai comparés.

Chinois	*K- Kw- Hw-*	= *V-*	Taï.
»	*L-, H-,*	= *K-, H-*	»
»	*Sh-, J-*	= *L-*	»
»	*Tch-, S-*	= *Th-, T-*	»
»	*P'-, F- W-*	= *P-*	»
»	*Sh-, Ts-*	= *Pr-*	»
»	*T'-, Tch-, S-*	= *R-*	»
»	*J-, N-*	= *N-*	»
»	*T-K-, K-, H-*	= *Ng-*	»

Ces équivalences existent également entre les dialectes des aborigènes de la Chine, selon leurs relations respectives.

56. Ajoutons une liste de quelques équivalences entre le Cantonais et le Mandarin. Elles ne seront point sans intérêt, mises en regard des précédentes.

Chinois	*Hw-*, *Kw-*	= *F-*, *W-*,	en Cantonais.
»	*J-*	= *Y-*	»
»	*Lw-*	= *K-*, *H-*,	»
»	*Lai-*	= *T-*, *S-*,	»
»	*Li-*	= *S-*, *Sh*, *Tch-*, *Ts-*,	»
»	*Lo-*	= *P'-*, *F-*, *W-*,	»
»	*L-*	= *N-*	»
»	*T-*	= ', *K-*,	»

et plusieurs autres.

Aussi une liste de quelques-unes des équivalences les plus fréquentes entre la langue Mandarine et le dialecte de Tcheng-tu (Szetchuen) :

Chinois :	*K-* (*e-*,*a-*,*u*)	= *Kr-*	à Tcheng-tu (Szetchnen)
»	*Kw-*	= *K-*	»
»	*N-*	= *L-*	»
»	*N-*	= *N-* (*i*,*-u*)	»
»	*-Y-*	= *Ng-*, *N-*	»
»	*Tch-*	= *Sh-*	»

Et encore de quelques autres (1) :

Chinois	*N-*	= *L-*	à Nanking
»	*-in*	= *-ing*	»
»	*-ang*	= *-an*	»
»	*J-*	= *L-*	à Tsi-nan fu (Shantung)
»	*Y-*	= *L-*	»
»	*Y-*	= *J-*	à T'ientsin (Pehtchihli)
»	*Tch-*	= *Ts-*	»
»	*Sh-*	= *S-*	»
»	*Sh-*	= *F-*	dans le Kansul
»	*J-*	= *R-*	dans le Szetchuen.

(1) Les équivalences du Cantonais (§ 56) ont été notées en parcourant l'ouvrage du Dr E. J. Eitel, *A chinese dictionary in the Cantonese dialect*; part. I-IV, Hongkong, 1877-1883. Les équivalences citées au § 56 sont extraites du meilleur ouvrage philologique qu'ait écrit le Dr J. Edkins, *A grammar of the chinese colloquial language commonly called the Mandarin dialect*, 2e édit., Shanghaï, 1864, pp. 69-71.

57. Lorsque le moment sera venu d'étudier scientifiquement les caractères chinois, et particulièrement ceux de la classe dite idéo-phonétique, de beaucoup la plus nombreuse (21.810 sur 24,235, en l'an 1250 de notre ère, d'après Tai-tung), ces équivalences locales de sons, ainsi que d'autres qui ne sont pas données ici, seront d'un grand secours pour distinguer les variations de sons, surtout initiaux, dans les phonétiques. Beaucoup de caractères composés, soi-disant idéo-phonétiques, ne méritent pas ce nom et devront être classés tout autrement, parce qu'ils appartiennent à des systèmes distincts de formation. Il y a des composés dont les caractères, au nombre de deux ou plusieurs, ont chacun une part dans l'expression du son :

1° soit par suite d'un système imparfait d'acrologie et de syllabisme, comme dans les plus anciens composés Ku-wen ;

2° soit par la juxtaposition de deux ou plusieurs signes phonétiques ; *a*) de valeur différente, pour exprimer un mot de deux ou plusieurs syllabes, contracté et réduit par la suite à n'être qu'un monosyllabe ; *b*) de même valeur, se confirmant l'un l'autre phonétiquement, avec ou sans signification idéographique ; ces deux variétés comprenant généralement la période intermédiaire, depuis les derniers Ku-wen jusqu'au style Ta-tchuen inclusivement ;

3° soit, comme les composés phonétiques formés avant et après le Ve siècle de notre ère, par la juxtaposition de deux symboles qui contribuent tous deux au son d'après la méthode *fan-tsieh*, c'est-à-dire par l'initiale de l'un et la finale de l'autre. Ce procédé a été de peu de durée.

Une fois tous ces caractères soi-disant idéo-phonétiques écartés, mais pas avant, il sera possible d'étudier les composés idéo-phonétiques proprements dits, c'est-à-dire formés d'un symbole idéographique, indicatif de l'idée, et d'un symbole phonétique, indicatif du son. Mais ce serait une grave erreur que d'admettre d'emblée la théorie mise en avant par quelques sinologues, à savoir que le son originel connu d'une phonétique donne le son des caractères idéo-phonétiques composés dont elle fait partie. L'application d'une pareille théorie est tout simplement désastreuse et anti-scientifique. Elle conduit à grouper ensemble des formes de mots qui n'ont jamais existé, et finit par aboutir à ce chaos que l'on trouve dans les ouvrages d'un sinologue bien connu : des sons-types ayant chacun toutes sortes de significations, et un même objet ou une même idée exprimés par nombre de ces sons types apocryphes.

La théorie en question n'est vraie que lorsqu'elle est formulée de la manière suivante : *Les anciens sons des caractères idéo-phonétiques sont indiqués par celui qu'avait leur phonétique à l'époque et dans la région où ils ont été formés, et dans ces conditions-là seulement.*

Ainsi, par exemple, bon nombre de phonétiques à initiale dentale (qu'ils ont conservée dans leurs anciens composés et aussi quelquefois dans certains de leurs composés modernes), ont produit des composés à initiale labiale pendant la période de labialisation dont nous parlons plus loin, (§§ 58, 59). D'autres, à initiale également dentale à l'origine, ont complètement passé à la série labiale. Les phonétiques nous offrent dans leurs composés les équivalences suivantes : *T=K*, *T=P*, *K=L*, *K=P*, *K=M*, *L=T*, *L=N*, *N=T*, *L=SH*, *S=H*, etc. dont la place relative ici n'est pas suggestive de leur succession historique. Nous trouvons toutefois des transitions telles que T=S=H=K, K=Tch=S=T, T=Tch=Ts=H, T=Tz=F=P, K=Kw=Y=M, etc. Quelques-unes de ces équivalences s'expliquent aisément par la dégénérescence et l'usure habituelles, d'autres par l'action du besoin d'aise, qui ne signifie toutefois qu'une facilité relative ; car ce qui est facilité pour certaines complexions phonétiques est souvent difficulté pour d'autres. Les préférences ou tendances phonétiques régionales contribuent à cette dernière explication. Tout ceci ne saurait faire oublier l'existence, que j'ai pu constater, de caractères polyphones parmi ceux que les ancêtres de la civilisation chinoise ont apportés avec eux du Sud-Ouest de l'Asie.

58. Rappelons encore que le langage de la cour a exercé de tout temps une grande influence en Chine. Et, comme ce langage de la cour est et était toujours celui de la capitale, il changea aussi souvent que la capitale elle-même, ce qui arriva assez souvent. Par exemple, dans les temps modernes, le dialecte de Péking est devenu la langue de la cour depuis l'an 1411 lorsque, sous le règne de *Yung-loh*, de la dynastie des Mings,

la cour y fut transférée ; elle y resta depuis lors. La conquête des Mandshous et l'extension de leur influence sur toute la Chine ne changea pas cet état de choses, si ce n'est en ce sens qu'elle a fortement corrompu le langage usité antérieurement, et c'est cette forme en voie rapide de corruption qui prédomine maintenant sur les autres dialectes chinois. *Ki*, *tsi*, *tchi* sont aujourd'hui également *tchi* ; *si*, *hi* sont maintenant un son intermédiaire entre l'un et l'autre, ordinairement transcrit *hsi*, etc. Lorsque l'État de Ts'in du Nord-Ouest, la principauté la plus puissante de la confédération chinoise, conquit la partie chinoise et quelques autres contrées du Pays des Fleurs au troisième siècle av. J. Ch., il apporta avec sa domination une forte tendance à la labialisation dans le pays tout entier. La prononciation fut portée des dents vers les lèvres. La capitale de ce temps était au Shensi, et elle y resta pendant la première dynastie des Han. La même influence phonétique, peut-être avec moins d'énergie que dans le principe, se fit sentir continuellement jusqu'au transfert de la capitale au Honan, lors de l'établissement de la dynastie orientale des Han (25 ap. J. Ch.).

59. Les tableaux ci-dessus montrent que les équivalents Taï et aussi Annamites sont plus anciens que ceux de Canton. Les mots empruntés au chinois par les Mon-Annamites ont conservé les sons dentaux qu'ils avaient avant la labialisation introduite par les dynasties des T'sin et des Han de l'Ouest. Et les Taï, dans leur migration vers le Sud, ont conservé les particularités phonétiques qui d'ordinaire caractérisent les régions de l'Est et du Sud-Est de la Chine où nous savons qu'ils étaient établis. De plus amples renseignements encore nous sont donnés par les mêmes tableaux relativement au développement de la langue écrite de la Chine. Ils montrent que la polyphonie partielle, et aussi la variation d'initiales que l'on rencontre souvent dans les caractères idéo-phonétiques des mots qui contiennent le même élément phonétique, sont dues aux circonstances, différentes quant au temps et à la région, de leur formation et de leur introduction dans les vocabulaires chinois.

60. Le *Fang-yen* de Yang-hiung n'est pas le seul ouvrage (1)

(1) Dans la collection *I-hai tchu tch'in* se trouvent deux ouvrages, sous les titres *Suh fang yen* et *Suh fang yen pu tch'ing*, que je n'ai pas vus.

où l'on puisse trouver des renseignements sur les formes dialectales et les mots régionaux. C'est le seul ouvrage qui existe et qui ait été écrit sur ce sujet ; mais d'autres indications se trouvent accidentellement dans un autre dictionnaire de la même période, le *Shwoh-wen*. Son auteur, Hü-shen (1), qui vivait au premier siècle après J. Ch., était, comme Yang-hiung, un grand savant, et il écrivit, en outre dudit ouvrage, un traité de très haute valeur sur « les différentes significations des cinq livres canoniques. »

Son dictionnaire ne fut présenté à l'Empereur qu'après sa mort, savoir en 121 ap. J. Ch., et la juste récompense de ses travaux, une châsse parmi celles des savants admis dans les temples de Confucius, lui fut concédée seulement en 1875, c'est-à-dire dix-huit siècles après le temps où il vécut (2).

61. Le *Shwoh-wen*, qui contenait 9355 mots, est resté le criterium des lexicographes chinois, et il était en réalité le premier ouvrage qui mérita le nom de dictionnaire, puisque l'*Erh-ya*, dont nous avons parlé plus haut, n'était qu'un glossaire, classé par ordre de matières, sans définitions. Hü-shen rassembla dans son ouvrage tous les signes du style *Siao tchuen* (petit style des sceaux), qu'il regardait comme les mieux formés, et il donna aussi environ 441 symboles du style d'écriture le plus ancien (*Ku-wen*). Cet ancien style, on ne pourra jamais le

(1) Une biographie de Hü-shen a été écrite par M. T. Watters dans son excellent : *Guide to the Tablets in a temple of Confucius* (Shanghaï, 1879, in-8°), pp. 98-100.

(2) Les savants chinois estiment fort le *Showh wen*, et beaucoup d'entre eux ont prouvé une grande érudition et consacré de longues années à confirmer et éclairer ses explications et ses dérivations, qui sont très-torturées et souvent sans valeur, parce qu'elles portent sur des formes récentes et secondaires, altérées à dessein, et non sur les formes primitives des mots-caractères. Si l'on peut apprendre quelque chose sur les commencements des Chinois au moyen de leur ancienne écriture, c'est seulement par l'analyse des plus vieux symboles. Cf. Terrien de La Couperie, *On the Archaic Chinese Writing and Texts* (Londres, 1882, in 8°) et *Beginnings of Writing*, §§ 46-55 (Londres, 1887, in 8°). Le Dr. John Chalmers, auteur d'un abrégé du *K'ang hi tze tien*, arrangé d'après les phonétiques, a publié une bonne traduction d'une dernière édition de l'ouvrage de Hü shen : *An account of the structure of chinese characters*, sous 300 formes primaires, d'après le *Shwoh wan*, 100 A. D. et le *Shwoh wan* phonétique, 1833 (Londres, 1882, in 8°); mais les procédés étymologiques nous rappellent singulièrement ceux de nos propres étymologistes de l'époque préscientifique.

répéter trop souvent, n'a rien de commun avec les signes figuratifs, parfaitement grotesques, que l'on a regardés longtemps et qu'on cite encore souvent aujourd'hui, mais à tort, comme étant les prototypes des caractères chinois, tandis qu'ils ne sont en réalité que des formes corrompues et fantaisistes (1). Le Fang-yen de Yang-hiung n'est pas cité expressément dans le *Shwoh-wen*, compilé, comme nous savons, une quarantaine d'années plus tard, peut-être parce que les copies de cet ouvrage n'étaient pas encore en circulation. Cependant Hü-shen parle, dans son introduction, de Yang-hiung comme auteur d'une espèce de vocabulaire de tous les caractères chinois connus de son temps, en tout environ 5340 ; ce vocabulaire portait le titre de L'Instructeur (2). Bon nombre de formes dialectales et de mots employés dans certaines régions, cités dans le *Shwoh wen*, se rencontrent également dans le Fang-yen, tandis que beaucoup d'autres ne s'y trouvent pas. Il semble que l'auteur ait eu l'occasion de faire usage de quelques-uns des matériaux dont s'est servi Yang-hiung, complétés par des documents postérieurs.

Nous avons déjà mentionné l'intérêt que portait à ces sortes de mots Kwoh P'oh, le grand commentateur du troisième siècle.

62. En rassemblant toutes les données contenues dans l'*Erh-ya*, le *Fang-yen*, le *Shwoh-wen* et les commentaires de Kwoh P'oh sur les deux premiers de ces ouvrages, et en coordonnant judicieusement ces matériaux par régions et par époques, autant que possible d'après la série naturelle géographique, on parviendrait à jeter une lumière très grande sur l'histoire linguistique de la Chine depuis 500 av. J. Ch. jusqu'à 250 ap. J. Ch. Mais, pour aboutir, un travail de ce genre demanderait beaucoup de temps et une étude préparatoire assez longue.

---

(1) Cf. mes *Beginnings of writing*, I, § 48.
(2) *Hiun tswan pien*, litt. « Recueil pour l'instruction. »

QUATRIÈME PARTIE.

LANGUES ET DIALECTES ABORIGÈNES, ÉTEINTS ET SURVIVANTS.

—

VIII. FAMILLES DE LANGUES.

63. Il ne peut être question, dans le présent travail, de faire un examen complet de toutes ces langues, et cela pour deux raisons d'ordre différent. Plusieurs d'entre elles ne sont connues que par des déductions qui nécessiteraient des explications beaucoup trop longues et trop compliquées, ainsi que nous avons eu occasion de le montrer plus haut (§ 23) ; quant à la masse des autres, les données qui les concernent, si inégales et si insuffisantes qu'elles puissent être, formeraient néanmoins un morceau d'une longueur qui dépasserait les limites restreintes dans lesquelles nous sommes obligé de nous maintenir. Nous ne pouvons donc qu'examiner rapidement quelques-unes d'entre elles, pour montrer quels sont les documents dont nous disposons pour cette étude, et pour donner un court aperçu de quelques faits linguistiques, en les appuyant des références nécessaires.

64. Nous allons énumérer ces langues d'après leur degré de relation avec les deux grands groupes linguistiques auxquels nous trouvons qu'elles appartiennent, savoir : 1) la branche Indo-Chinoise et ses deux divisions, *Môn-Khmer* et *Taï-Shan ;* et aussi la branche Interocéanique, division *Indonésienne*, du groupe INDO-PACIFIQUE ; et 2) la branche *Tibéto-Birmane* et les autres branches du groupe de langues KÜENLUNIC. Il faut

tout d'abord établir une distinction entre les *aborigènes pré-Chinois* et les *pré Chinois*, ces derniers se distinguant des premiers par ce fait qu'ils ne sont venus dans les pays pré-chinois que dans la période historique (Cf. ci-dessus, § 1).

65. La segmentation de tribus provenant de différentes races pré-chinoises, ainsi que la réunion subséquente de quelques-uns de ces fragments en unités nouvelles d'un caractère hybride, se sont présentées fréquemment parmi ces survivants de la population primitive du Pays des Fleurs, sous la pression continue du développement et de l'extension des Chinois. Il faut donc considérer la nomenclature suivante comme provisoire dans une certaine mesure, parce que les dialectes survivants sont, pour la plupart, *mélangés* ou *hybridisés*, quand ils ne sont pas complètement *hybrides*. Nous entendons par dialectes *mélangés* ceux qui ne sont affectés que d'un simple mélange dans leur vocabulaire, tandis que les deux autres termes impliquent un mélange dans la grammaire, *hybridisée* lorsqu'une partie en a été altérée par une grammaire étrangère, *hybride* lorsque la langue est le produit d'une nouvelle unité composée d'éléments différents (1). En conséquence, dans ce qui va suivre, les langues sont rangées d'après le plus grand nombre de leurs affinités.

IX. Dialectes aborigènes pré-chinois Mōn-Taï.

a) *Non mélangés et mélangés.*

66. Les tribus Pong ou Pan-hu prédominaient dans la Chine centrale, c'est-à-dire au sud du Fleuve jaune, lorsque les premiers Chinois, les tribus Bak, immigrèrent dans le pays. Leur chef, nommé Pong, au sujet duquel diverses légendes surgirent par la suite, était établi dans le N.-E. du Szetchuen et l'O. du Honan, et vécut dès le principe sur un pied amical avec les Chinois. Il les assista même contre les Jungs de race Naga qui ne cessaient d'arriver par le N.-O. Beaucoup de tribus prétendent descendre de lui, et quelques-unes ont con-

(1) Pour abréger, M = mélangé, H = hybride et Hd = hybridisé.

servé une sorte de culte pour sa mémoire. Leur nom générique était *Ngao*, « puissant », devenu aujourd'hui par corruption *Yao* (1).

La race Pan-hu était une branche de la race Môn du sud-ouest, laquelle occupait une grande partie de la Chine avant l'arrivée des Chinois, par conséquent avant le vingt-troisième siècle av. J.-Ch. De cette branche, mêlée avec les races du nord, autrement dit avec les tribus Küenlunic, sont sorties les populations Taï ou Shan-Siamoises, dont une partie, émigrant vers le sud par la suite des temps sous la pression des Chinois, se répandit en Indo-Chine (2) et y forma plusieurs états.

67. La langue *Pan-hu* ne nous est connue que par ce que nous pouvons inférer des dialectes qui en sont dérivés. Ce qui la caractérisait surtout, c'était son idéologie (2. 4. 6. 8. VI), entièrement opposée à celle des langues Küenlunic (1. 3. 5. 8. III). Les plus anciens spécimens de leur langue sont ceux qui nous ont été conservés par les écrivains chinois de la dynastie Han, notamment dans les Annales des Han orientaux (3). Quelques traces plus anciennes existent dans des ouvrages antérieurs, et nous avons pu en citer certaines dans le commencement de ce Mémoire ; mais il n'y avait là, somme toute, que des indications géographiques, et nous avons dû nous-même tirer nos conclusions, quant à la race, de la langue de laquelle elles étaient extraites : tandis que, dans le cas actuel, il s'agit de mots expressément cités comme employés par les Yao de race Pan-hu (4), et là gît toute la différence. Le nombre de ces mots est d'ailleurs très limité :

Puk-kien, « faire un nœud avec les cheveux. »
Tuk-lih, « sorte de tissu. »
Tinh-fu (*tsing-fu*), « chef. »
Eng-tu, employé en parlant à quelqu'un.
Pien-kia, « arbalète » (5).

(1) Comme nous l'avons déjà fait observer, le présent ouvrage étant consacré exclusivement aux langues, toutes les recherches et démonstrations historiques et ethnologiques sont forcément laissées de côté.

(2) Cf. plus loin, §§ 116, 117 et *The Cradle of the Shan Race*, p. 17.

(3) *Hou Han Shu*, liv. 116.

(4) Alors dans le Hunan.

(5) Ce mot et le précédent ne proviennent pas de la même source que les autres ; ils sont donnés par Fan ch'eng ta dans son *Kuei hai yu heng tchi* (douzième siècle).

Tiao-tsiang, « longue lance. »

Tcho kou, « chien. »

Tu pei, « grand chef qu'ils honoraient d'un culte. »

Puk-kien sont sans nul doute les mêmes mots que le Siamois *p'uk*, « nouer », et *k'on*, « cheveux. » Le *Tuk-lih*, « tissu », était une étoffe en poil, comme l'indique le Siamois *sakalat* (1), « en laine ». *Eng-tu* est le Siamois *eng*, « même », et *tu*, « je, moi ». *Tinh-fu* n'est autre chose que *tsing-fu* (2) dans la même langue. *Pien-kia* est donné, dans les notices chinoises sur les *Kiu ku Miao* du Kueitchou occidental, appartenant à la même race, comme leur terme particulier pour « arbalète » (3) ; mais en Malais *panah* signifie « arc », d'après Crawfurd.

Tcho kou trouve son correspondant dans le Cambodgien *tch ke* (4). Quant à *Tu pei*, je suppose que *tu* est le préfixe de classe des noms propres et des êtres animés, que nous rencontrons dans plusieurs de ces langues (5).

68. Les YAO-JEN, aussi appelés *Fan-k'oh* (6), étaient un peuple important de la race Pan-hu, dont le nom même nous a été conservé sauf une légère altération, dans celui qu'ils se donnaient eux-mêmes. Ils sont maintenant fractionnés en plusieurs tribus, dont nous avons à noter ici un certain nombre, parce qu'on connaît quelque chose de leur langue.

Ils ont sauvegardé quelques spécimens d'une ancienne écriture qui leur était propre, et qui dérivait des caractères archaïques chinois : le British Museum possède depuis peu un de ces spécimens (7).

(1) Cf. Birman *thek-ka-lat*.

(2) A moins que ce soit le Birman *htoung bo*, comme dans *ta-htoung bo*, « colonel », *krek-htoung bo*, « général », dans D. A. Chase, *Anglo-Burmese Handbook*, part. iii, pp. 51-52 (Maulmain, 1852).

(3) *Miao Man hoh tchi*, liv. iv., f. 6-7. Ces fameuses arbalètes de six ou sept pieds de long, qui nécessitent trois hommes pour les bander, apparaissent dans un dessin représentant des hommes de cette tribu, dessin reproduit d'après un album chinois, par le Colonel H. Yule, dans son *Marco Polo*, 2e éd., vol. ii, p. 68.

(4) Cf. Lu-tze *dégué*, Birman *tan hkuay*, Mon *ta kwi*, Toungthu *htwe*, Sgo Karen *'twi, htwi*. Pgo Karen *twi*.

(5) Cf. §§ 65, 70, 105, 108, 109.

(6) Luh Tze-Yun, *Tung k'i sien tchi*, f. 8. Ts'ao Shu k'iao, *Miao Man hoh tchi*, i. 1 ; iv. 14.

(7) Cf. mes *Beginnings of Writing*, ii. 176 ; et mon article sur *A new*

69. Les PAN-YAO, aussi appelés *Ting-Pan-yao* et *Yao-jen*, aujourd'hui émigrés vers le sud, se retrouvent dans le Kuangsi et le Kueitchou. Nous ne possédons de leur langue qu'une courte liste de 21 mots et les noms de nombre, recueillis par un missionnaire français (1), ainsi qu'il suit : père, *tia* (2) ; mère, *ma* ; fils, *tonh* ; fille, *min-sye* ; homme, *tou mien* ; femme, *tou mien ao* ; mâle, *tou mien ngou* ; femelle, *tong niey* ; maison, *nam plao* ; terre, *dao* ; eau, *nom* ; feu, *teou* ; vent, *dgiao* ; ciel, *nam long* ; chien, *teou klou* ; chat, *tou mi lom* ; arbre, *ty dh'eang* ; riz, *blao* ; bambou, *tylao* ; main, *pou* ; pied, *ket sao* ; 1. *yat* ; 2. *y* ; 3. *pou* ; 4. *plei* ; 5. *pla* ; 6. *klou* ; 7. *sy-a* ; 8. *yet* ; 9. *dou* ; 10. *tchep* ; 100. *yat pe* ; 1000. *yat diou*. La construction est, parait-il, la même qu'en français (2.4.6 8. VI). Le vocabulaire est Môn-Taïc, et les noms de nombre appartiennent au type Môn. *Tou* est évidemment un préfixe de classe

70. Les PAN-Y SHAN-TZE ou « Pan-y montagnards », aussi appelés *Siao Pan* (3) et MO-YAO, sont connus dans l'histoire sous ce dernier nom depuis le sixième siècle, époque à laquelle ils étaient établis dans le Tchang-sha kiun, Hunan (4), c'est-à-dire dans la Chine centrale, alors encore indépendante. Ils sont aujourd'hui réfugiés dans les montagnes du Kuangsi, sur la frontière du Tongking, et ils ont été récemment décrits (5) par un missionnaire, M. Souchières, qui a recueilli le petit vocabulaire suivant de leur langue : père, *tao fa* (6) ; mère,

Writing from South-Western China, dans *The Academy*, 19 février 1887. Aussi plus loin, § 70, n° 3.

(1) M. Souchières, dans *De quelques tribus sauvages de la Chine et de l'Indo-Chine* (*Les Missions catholiques*, Lyon, 1877, vol. ix., p. 126).

(2) La transcription est française.

(3) Ou « Pan inférieurs, » pour les distinguer des Pan-yao.

(4) *Sui shu*, ou « Annales de la dynastie Sui. » *Miao Man hoh tchi*, i. 8 v.

(5) *De quelques tribus sauvages de la Chine et de l'Indo-Chine*, dans *Les Missions catholiques*, 1877, vol. ix, p. 114. L'auteur dit en parlant de leur costume : « Ils portent assez volontiers autour du cou un fichu brodé, auquel ils en fixent souvent un autre qui pend par devant. Ces fichus sont brodés, partie en caractères chinois, partie en caractères bizarres, qui se sont transmis de génération en génération, et dont personne ici ne connaît le sens. On voit des caractères identiques fort bien brodés sur le bonnet des enfants, » etc. Ces caractères inconnus n'appartiendraient-ils pas à l'écriture des Yao-jen ? Cf. mon article sur *A new Writing from South-Western China*, dans *The Academy*, 19 février 1887. Les *tutu* des *Heh Miao* ressemblent peut-être à ces fichus portés par devant. Cf. § 68.

(6) La transcription est française.

dji ; fils, *ton* ; fille, *mon cha* ; homme, *tou moun* ; femme, *ton moun ao* ; mâle, *man pha* ; femelle, *tong niey* ; maison, *sen piao* ; terre, *ngi* ; eau, *nom* ; feu, *teou* ; vent, *djiao* ; ciel, *tou ngong* ; chien, *tou klou* ; chat, *tou meou* ; arbre, *ty ngiang* ; riz, *biao* ; bambou, *tchey lao* ; main, *pou* ; pied, *chey sao* ; 1. *a* ; 2. *y* ; 3. *po* ; 4. *piei* ; 5. *pia* ; 6. *kio* ; 7. *ngi* ; 8. *yet* ; 9. *dou* ; 10. *chop* ; 100. *a pe* ; 1000. *n diou*. La langue est Mōn, mais l'idéologie ne ressort d'aucun des quelques exemples donnés. L'article ou préfixe déterminatif *tou* est la seule caractéristique importante. La construction est, à ce que dit l'auteur, la même qu'en français, d'où les indices 2. 4. 6. 8. VI, et ce dialecte est une langue-sœur de celle des Pan-yao.

71. Les Ling kia Miao, aussi appelés *Ling jen*, du Kueitchou méridional, parlent un dialecte apparenté avec ceux des Pan-yao et des Mo-yéo (1), et compris par ces tribus.

X. Dialectes aborigènes pré-chinois Mōn-Taï.

b) Hybridisés et Hybrides.

72. Les T'ung-jen, ou *Tchuang jen*, appartiennent aussi à la race Pan-hu. Une de leurs principales tribus, celle des Huang(2), apparaît de très bonne heure dans l'histoire chinoise, comme s'étant trouvée en contact avec les immigrants, lorsque ces derniers s'avancèrent vers la frontière O du Shantung, où cette tribu était d'abord établie. Sous la pression des Chinois, ces aborigènes se retirèrent vers le sud et demeurèrent indépendants dans le S.-O. du Hupeh jusqu'au jour où ils furent subjugués par l'État de Tsu, en 648 av. J.-Ch. La défaite de leurs conquérants, sous les attaques victorieuses des Ts'in, en 222 av. J.-Ch., les fit passer sous le gouvernement nominal des Ts'in et des dynasties subséquentes. En 450 de notre ère, nous les trouvons, avec les autres aborigènes du Hupeh, du Hunan et du Szetchuen occidental, en pleine rébellion. Les armées chinoises envoyées pour les soumettre furent battues à maintes reprises, et le résultat de cette lutte prolongée fut la reconnaissance, par le gouvernement chinois, d'un état de

(1) *Tung k'i sien tchi*, f. 10.
(2) Les *Wei*, ou *Nguei*, et les *Nungs* étaient deux autres de leurs tribus.

choses équivalant à leur indépendance. La dynastie des T'ang les repoussa dans le bassin des rivières Wu et Yuen, dans le Kueitchou, d'où ils s'avancèrent encore plus au sud. Nous connaissons très peu de chose de leur langue, tout au plus un petit nombre de mots.

73. Fan Tch'eng-ta, résidant chinois à Tsing-Kiang, aujourd'hui Kuei-lin, dans le Kuangsi N.-E., en 1172, a donné, dans un de ses ouvrages (1), une description de ces tribus, où on trouve occasionnellement cités les mots suivants de leur langue :

Tchü-hu (2), « chef (élu). »
Ti-to (3), « gens. »
Kia-nu (4), « esclave. »
Kia-ting (5), « domestique. »
Tien-ting tien-ting (6), « serviteur (d'un rang plus élevé). »
Ma-tsien pai, même signification.
Tung-ting, « homme ordinaire. »
Ma-lan (7), « maison. »
Mei-niang (8), « femme, épouse. » (Cf. § 85).

Sur ces neuf mots, trois au moins ont des affinités annamites.

Dix-neuf mots de la langue de la même tribu se trouvent dans le « Compte-rendu statistique (chinois) de la province de Kwangsi » (9) : ciel, *men* ; soleil, *ta wu* (*ngu*) ; lune, *tch'en*, *loan* ; vent, *ki* ; père, *ha* ; mère, *mi* ; frère aîné, *pi* ; frère cadet, *nung* ; sœur aînée, *a da* ; sœur cadette, *a mi* ; femme du fils, *p'a* ; père de la mère, *ch'ia kung* ; mère de la mère, *ch'ia pu* ; eau, *tch'o* ; vin, *ley* ; boire du vin, *keng lau* ; riz, *hen* ; viande, *no* ; je, *ku* ; tu, *meng*. Dans cette liste, les mots

(1) *Kuei hai yü heng tchi*. — *Miao Man hoh tchi*, liv. i, ff. 3, 4.
(2) Cf. *tchao*, « roi » ou « chef » dans la langue Shan de Nantchao (§ 103).
(3) Cf. annamite *dây tó*, « domestique. »
(4) Cf. annamite *gia no*, « serviteur. »
(5) Cf. *thang*, annamite pour « domestiques. »
(6) Dans le *Wen hien t'ung k'ao* de Ma Tuanlin, cette expression se rencontre sous la forme *Tien tze kia* ; cf. d'Hervey de Saint-Denys, *Ethnographie des peuples étrangers, de Matouanlin*, vol. ii, p. 239.
(7) Elles sont sur pilotis. Cf. Luh Tzə-yun, *T'ung k'i sien tchi*, f. 14 v.
(8) Cf. annamite *volon*, « femme, épouse ». Les Miao bleus disent *Mai niang* pour « femme du frère cadet du père. »
(9) *Kuang si t'ung tchi* ; extraits par le Dr. J. Edkins, dans *The Miau-tsi*, o. c.

pour mère, frère aîné, vin, boire du vin, soleil, etc., appartiennent à la formation Mōn-Annam ; les pronoms sont Siamois-Shan, autrement Taï.

74. Dans ces deux listes, qui comprennent ensemble 28 mots, la proportion des mots Mōn-Annam est de dix, ou plus d'un tiers. Les symboles chinois employés pour la transcription des mots étrangers leur donnent une apparence différente, à cause de leur inséparable signification idéographique, qui en pareil cas joue le rôle d'une sorte d'étymologie populaire. Il est donc prudent de considérer ces symboles comme des signes dépourvus de sens et indiquant seulement les sons.

Kia- et *Ma-* ou *Mei-*, qui se présentent respectivement deux et trois fois, semblent être des préfixes déterminatifs. Les exemples donnés ne suffisent pas pour compléter les indices idéologiques ; nous ne pouvons affirmer que les trois premiers 1. 4. 6, ce qui prouve l'hybridité de la langue et révèle une forte influence chinoise, laquelle a conduit à changer la position du génitif.

75. Les MIAO-TZE de Ta shui tcheng, dans le Szetchuen S.-E., parlent un dialecte apparenté au suivant, celui des Peh-Miao du Kueitchou et du Yunnan. Une liste de 112 de leurs mots a été recueillie par Mr. Hosie en 1882 (1) Les noms de nombre et les pronoms manquent, mais la similitude des mots est concluante. Il y a des préfixes de classe, tels que *lu-*, *lun-*, *tu-* et *ng-*. « Thé » se dit *hou cha* ; « eau chaude », *houtliku* ; « eau froide », *houlitsa* ; « allumer du feu », *chou tou* ; « fermer la porte », *ko chung*. Ces exemples et quelques autres donnent les indices idéologiques 2. 4. 6.

76. Les PEH MIAO, ou « Miao blancs », établis il y a quelques siècles dans le centre et l'ouest du Kueitchou (2), ont aujourd'hui émigré en partie dans le S.-E. du Yunnan (3).

Un vocabulaire de 148 mots avait été rassemblé autrefois par les Chinois dans le Kueitchou occidental (4). Tandis que

(1) *Notes of a Journey through the Provinces of Kueichow and Yünnan*, p. 31.

(2) *Miao Man hoh tchi*, iv. 4.

(3) A. R. Colquhoun, *Across Chrysê*, i. 333, 335, 347, 356, 389, 392, 393 ; ii. 302.

(4) Extraits du *Hing-y fu tchi*, ou « Topographie du chef-lieu de la Préfecture de Hing-y, par J. Edkins, *A Vocabulary of the Miau dialects*.

les noms de nombre et beaucoup de mots appartiennent à la famille Mōn-Khmer, avec laquelle ils dénotent une profonde affinité, un certain nombre de mots sont Lolo-Nagas et Chinois, et d'autres, en égale proportion, y compris les pronoms, sont Taï-Shan. Des préfixes déterminatifs sont employés, tels que *kai*, rendu dans la transcription chinoise par *kah*, *ke*, *kai*, *kiai*, etc., et *lu* ou *le*. Ce dernier est aussi employé dans les dialectes des Seng Miao, des Tsing Miao et des Hua Miao. Les seuls indices idéologiques qui puissent être déterminés sont 2. 3. 6. 0, où on sent l'influence chinoise par la pré-position de l'adjectif, qui est plus accusée que dans les dialectes des Tsing Miao et des Hua Miao.

77. Les Hua Miao, d'après les discriptions chinoises, sont dispersés dans toute la province de Kueitchou et dans le N.-E. du Yunnan (1). Des voyageurs européens en ont rencontré plus au sud dans cette dernière province, sur la frontière du Kuangsi (2). Mr. Alex. Hosie (3) a rassemblé un vocabulaire de 112 mots, sans les noms de nombre, à Ta shui tcheng, dans le Kueitchou occidental.

Jusqu'à concurrence de 25 pour cent, les mots sont semblables à ceux des *Miao blancs*. Les préfixes de classe *lu* et *tu*, aussi *ng-*, sont en usage. Les pronoms et d'autres mots sont Taï-Shan, et beaucoup de mots appartiennent à la famille Mōn. Les indices idéologiques paraissent être 2. $\frac{3}{4}$. 6. 0.

78. Les Miao de Yaop'u tchang, S.-O. de Ngan shun, dans le Kueitchou, sont connus grâce à Mr. Alex. Hosie (4), qui a recueilli une liste de 110 mots, plus les noms de nombre, en 1882. Les affinités montrent que leur langue est étroitement apparentée à celles des *Miao blancs* ou *Peh Miao* et des *Hua Miao*, bien qu'on ne trouve aucune trace des préfixes de classe qui sont si apparents dans les autres listes de mots : mais leur absence n'est peut-être qu'une affaire d'interprétation. Les indices idéologiques apparents sont 2. $\frac{3}{4}$. 6. 0.

(1) *Miao Man hoh tchi*, iv. 3 ; iii. 11 v.

(2) A. R Colquhoun, *Across Chrysê*, i. 331, 347.

(3) *Notes of a Journey through the Provinces of Kueichow and Yünan*, p. 31.

(4) *Notes of a Journey by Mr. Hosie through the Provinces of Kueichow and Yünan*, pp. 11 et 31 (Documents parlementaires). Mr. Hosie était alors Consul de S. M. Britannique à Tchung-king, dans le Szetchuen.

79. Les Leng ky Miao, ou *Miao tse* de Leng-ky, dans le nord du Yunnan, ont été vus par feu Francis Garnier (1), qui a rassemblé les trente-trois mots suivants de leur vocabulaire :

Soleil, *tchan to* ; lune, *ka ly* ; terre, *lé* ; montagne, *heou tao* ; forêt, *ma lé*. Homme, *tsy né* ; femme, *po* ; enfant, *to* ; père, *tsy* ; mère, *na* ; fille, *ku* ; frère, *ty*. Riz, *kia* ; faire cuire le riz, *a kia*. Maison, *tchué* ; bois, *ké*. Manger, *lao* (*kia*) ; boire, *heou* ; dormir, *tcheou jou* ; courir, *mou ké* ; venir, *ya mou te* ; appeler, *tchao tchang* ; s'asseoir, *ta ta* ; entrer, *niao*. 1. *i* ; 2. *aou* ; 3. *pié* ; 4. *plaou* ; 5. *tchoui* ; 6. *tcou* ; 7. *hian chet* ; 8. *ilo* ; 9. *kia* ; 10. *keou*.

Ces mots dénotent une profonde affinité avec les dialectes des Peh Miao et des Hua Miao, et le seul indice idéologique qu'on puisse déduire est 6, ou la postposition de l'objet au verbe. On n'aperçoit pas de préfixes de classe.

Les noms de nombre sont intéressants : les nombres 1, 2, 3, 4 sont parents avec ceux des Peh Miao, Hua Miao, Seng Mia, Pan-y, Pan-yao, dans leur affinité à la formation Mōn ; 6, 8 et 10 appartiennent aussi aux plus anciennes couches du groupe ; 5, avec sa palatale initiale, marche de pair avec les dialectes Hin, Huei, Souc, Ka, Nanhang et autres dialectes cochinchinois de même formation ; 7 est formé d'une manière toute spéciale de deux mots, dont le second, *chet*, est chinois, et le premier, *hian*, est semblable à celui des Peh Miao et des Hua Miao.

80. Les Min-kia tze (2), ou *Peh-jin*, aujourdhui mélangés au reste de la population dans la région avoisinant Tali-fu, dans l'ouest du Yunnan central et le S.-E. de la province, prétendent être venus du Kiangsu méridional près de Nangking. Ils sont très-mêlés comme race, et aussi comme langue ; nous avons un vocabulaire de 110 mots, y compris les noms de nombre, publié par le P. Desgodins (3), et une autre série de

(1) *Voyage d'exploration en Indo-Chine*, vol. ii. pp. 509-517.

(2) Les Min kia, « race avec des traits plus européens que chinois, » Alex. Hosie, *Report of a Journey through the Provinces of Ssu-ch'uan, Yünnan and Kueichow*, p. 37. Documents parlementaires, Chine, n° 2, 1884.

(3) *Mots principaux des langues de certaines tribus qui habitent les bords du Lan-tsang Kiang, du Lou-tze Kiang et de l'Irrawaddy* (Yerkalo, 26 Mai 1872), dans *Bull. de la Société de Géographie*, Paris, 6e sér., vol. iv, Juillet 1875.

noms de nombre donnés par feu Francis Garnier (1). Des mots chinois, Moso, Lolo et Tibétains ont été adoptés en remplacement des mots originels, mais le caractère Môn de la langue est encore reconnaissable dans beaucoup de mots, et les positions du génitif et de l'adjectif (2. 1) concordent avec cette indication.

Les particules catégoriques semblent être employées, non pas comme préfixes, mais seulement comme suffixes, à peu près comme en chinois. *K'u*, *K'ou* paraissent se joindre à tous les noms de choses hautes ou grandes, *de* apparaît à la fin des mots qui désignent les animaux et les qualités. Tous les nombres donnés par Garnier sont suivis de la particule *-pe*, qui apparaît aussi dans le vocabulaire comme suffixe de quelques mots, *gni-pe* « soleil », *uan la-pe* « âme », etc.

81. Les Liao, tribus (2) essaimées, pour ainsi dire, du Szetchuen central (3) vers le milieu du 4ème siècle de notre ère se répandirent dans toute la province, et au 9ème siècle ils occupaient encore le même centre. Soumis, comme de vrais esclaves, à une chasse acharnée par les Chinois, lorsque ceux-ci purent prendre l'offensive et comprimer leurs rébellions successives, ils émigrèrent graduellement vers le sud et se répandirent assez loin en dehors des limites de la Chine proprement dite. Leur race est encore représentée dans le sud-ouest de la Chine, où ils sont mêlés avec les Lolos.

82. La langue de ces quelques représentants de leur race ne nous est connue sous leur nom que par cinq mots, comme nous le verrons ci-après. En outre, il y a quelques mots cités çà et là dans les annales chinoises qui les concernent, du 6ème au 12ème siècles, ainsi qu'il suit :

1) *A-ma a-kai*, « mari. »

(1) *Voyage d'exploration en Indo-Chine*, Paris, 1873, in-fol. vol. ii. p. 517.

(2) Cf. Terrien de Lacouperie, *The Cradle of the Shan Race*, p. 33. Leurs divers noms étaient autrefois *Yeh Liao* ou Liao soumis, et *Kot Liao*, au neuvième siècle ; aujourd'hui, *T'u Liao*, divisés en *Hwa-* ou « Fleuris », *Heh-* ou « Noirs, » *Peh-* ou « Blancs, » *Ta tou-* ou « à longue chevelure », *P'ing tou-* ou « à chevelure plate », *Tu Liao* dans le Kwangsi et le Yunnan. Les *Kot Liao* étaient aussi appelés *Kit-* ou *Ket-Liao*, nom qu'il faut distinguer de celui des *Kit-Lao*.

(3) Leur pays primitif était le *Ma-hu*, district de *P'ing shan*, Lat. 28°31', Long. 104°19'.

2) *A-y a-teng*, « épouse ».
3) *Kan-lan*, « maison » (toujours sur pilotis).
4) *Mi pu*, « belle toile blanche. »
5) *Tung tsuan*, « bouilloire en cuivre mince. »
6) *Po neng*, « chef. »
7) *Lang ho*, ou *Ho-lang*, « homme brave », avec cette remarque, que *ho* signifie « homme » dans leur langue.
8) *Ti-to*, « gens » (1).

Les deux premiers mots sont très-remarquables, et nous rappellent des formations similaires dans les langues birmanes. Bien que je ne trouve pas une forme birmane correspondant exactement, il me semble que les exemples suivants suggèreraient une relation entre les langues Liao et birmanes. Cf. birman *a-kri a-kay* « chef », *a-t'i a-p'o* « mâle », *a-mah* « femelle », *a-mro a-huoe* « famille », *a-mat* « (homme) noble » ; dans *a-mu a-kay*, nous avons sans doute un composé de *a-mat* et de *a-kay* (*a-kri a-kay*). *Kan-lan*, comme nom des maisons bâties sur pilotis, se présente fréquemment ; particulièrement dans les descriptions des Nan-Ping Man du Szetchuen S.-E., de *Lin-y* (An-nam), de *Ho-ling* (Java). *Kan* peut-être le mot chinois pour mât, pieu, pilotis, canne (2) ; *lan* est le même mot qu'on trouve chez les Tchung Miao pour « maison », comme le siamois *reuan*, le shan *hien*, etc.

Mi-pu et *t'ung-tsuan* sont chinois.

Po-neng ressemble beaucoup au birman *buring* « chef, souverain, » mais est plus étroitement apparenté au siamois *pu nam* « chef ». L'affinité avec le birman est moins probable à cause des autres similarités exhibées par les mots 3, 6, 7, 8, et aussi à cause de l'idéologie.

Ho lang (3), « chef », trouve son correspondant dans l'annamite *ke lam* (*lan*), avec le même sens.

(1) Les mots 1, 2, 3, 4 et 5 sont tirés du *Peh She* ou « Histoire du Nord, » 386-581 de notre ère ; cf. *Taï Ping yü lan*, Encyclopédie de l'an 983, liv. 796, f. 4. Le sixième mot est tiré du *T'ang shu* ou « Annales de la dynastie T'ang, » et le septième de l'ouvrage de Fan Tcheng-ta déjà cité, où *lang-ho* est donné seul, avec la remarque sur *ho* « homme ». Ho-lang et le huitième mot sont donnés par Luh Tze-yun, *T'ung k'i sien tchi*, f. 2, et par Tsao Shu-Kiao, *Miao Man hoh-tchi*, liv. i. f. 5 v. *Hulang* est encore le nom d'une tribu de l'Indo-Chine.

(2) En Shan, *Han* est le préfixe de classe des maisons à étages.

(3) Cf. Birman *Yeh-ring*.

Ti-to, « gens », est aussi annamite, comme nous l'avons déjà vu.

83. L'idéologie de cette langue mélangée ressort assez clairement de ces quelques exemples. Si, dans le premier mot, *a-mu* signifie « noble », et si le septième mot est *ho-lang*, l'idéologie serait Mōn-Taï, comme le montrent les indices $\frac{1}{2}$. $\frac{3}{4}$. 6. Ce dernier indice ressort des cinq mots auxquels j'ai fait allusion plus haut, et que je trouve dans les listes du Dr. Edkins (1), sans aucune indication de la source chinoise à laquelle il les avait empruntés : frère aîné (2), *kwai* ; boire du vin, *shan kan* ; manger du riz, *shan ü* (3) ; manger de la viande, *shan nan* ; frère cadet, *nung* (4) ; sœur cadette, *kuei* ; père, *pa*.

84. Les KIH-LAO, dans le centre et l'ouest du Kueitchou, partagés en une douzaine de tribus (5) et fortement mêlés avec les Lolos, parlent une langue (6) qui ne nous est connue que par un vocabulaire de 87 mots, sans les noms de nombre, recueillis par les Chinois dans le N.-O. du Kueitchou (7), et par conséquent phonétiquement dénaturés par leur étroite orthoépie.

Sur 35 mots que j'ai pu comparer avec les vocabulaires respectifs, 16 sont apparentés avec leurs correspondants en Lolo, y compris six mots empruntés en commun au chinois, tandis que 15 sur 25 montrent une parenté avec les langues Mōn, lesquels ne présentent que de pures différences régionales (8). L'idéologie, qui s'est probablement conservée avec peu ou point de changements, confirme les affinités du glossaire au point de vue de la parenté Mōn. Les adjectifs suivent leurs noms : *chai liang*, « millet » ; *chai meu*, « riz , » *chai mau*, « riz glutineux » ; PU *wa*, « MAISON couverte en tuiles » ; le génitif précède le nom : *kia kung*, « père de la mère » ; *kia p'o*, » mère de la mère » ; l'objet suit le verbe : *nang li*, « manger du riz ; » *nang ya*, « manger de la viande ; » *tsang mei*, « monter un cheval » ; *ti t'ai*, « allumer du feu » ; etc. Ces exemples don-

(1) *A Vocabulary of the Miau dialects.*

(2) Cf. Tsing Miao *nga* ; Kih-lao *a-ku* ; Miao Tung *a k'o*.

(3) Cf. riz — Tchung Miao *hau* ; T'ung *heu* ; Yao *hai*.

(4) Cf. siamois *nung*.

(5) Cf. *Miao Man hoh tchi*, liv. IV. ff. 9-10.

(6) A P'ing yuen.

(7) Et publiés, d'après le *Miao fang pei lan*, par le Dr. Edkins, o. c.

(8) Les pronoms, *wei* « je, » *mu* « tu », *ngo*, *kai* « il, » sont Mōn.

nent 1. 4. 6. comme indices idéologiques (1) ; il n'y a pas d'exemple de la position relative du sujet et du verbe. Il y a des préfixes de classse, *a-* devant les noms de parenté, *kai-* devant les noms de parties du corps, et aussi devant d'autres mots ; nous ne trouvons pas de préfixes pour les êtres animés, ce qui semblerait montrer ou que le système ne s'est pas développé ou qu'il a été dérangé.

85. Les HEH MIAO, ou tribus des « Miao noirs », ainsi nommés à cause de la couleur habituelle de leurs vêtements, sont répandus dans toute la province de Kueitchou ; le plus grand nombre d'entre ces tribus fut soumis en 1735, et celles qui, encore indépendantes il n'y a pas longtemps, étaient appelées *Seng Miao*, ou crus, c'est-à-dire Miao indomptés ou indépendants, se trouvaient ordinairement dans l'ouest de cette même province. Leur langue n'est connue que par des sources chinoises, qui nous donnent d'abord quelques mots isolés recueillis, par des fonctionnaires (2), et plus tard un petit vocabulaire de 120 mots.

Les mots isolés sont les suivants :

Ah-mei, « femme ».

Ma-lang-fang, « maison de célibataires, » (3) chez les Pah-tchai.

Tu-tu, « broderie carrée portée sur la poitrine » (4).

(1) Comme les indices idéologiques de la classe Lolo sont 1. 4. 5. 8. III, l'altération du deuxième indice est probablement dûe à l'influence chinoise (1. 3. 6. 8. VI).

(2) *Miao Man hoh tchi*, iv. 6.

(3) Comme chez les Tsing Tchung-kia, les Huang et les Nung, tous appartenant à la souche Mon-Taï. Chez les Peh Miao, cette coutume est particulière aux *Pah-tchai*. Ce dernier nom est figuré dans les documents chinois au moyen de deux symboles qui signifient les « huit enceintes palissadées, » probablement un nom de lieu dérivé du nom de la tribu, et dans la transcription duquel nous ne devons pas voir autre chose qu'une étymologie graphique populaire d'origine étrangère. Le nom *Pah-tchai* est probablement apparenté avec le siamois *p'u tchai* (Pallegoix, *Dict. Ling. Thai*, pp. 180, 587), qui signifie « les anciens, les grands. » Quant à la coutume des maisons de célibataires où, dans chaque village, on peut passer la nuit, elle est bien connue dans l'Inde : nous y trouvons le *deka-chang* des Goros, le *dhangar bassa* des Bhuiyas, le *dhúnkúria* des Oraons, et d'autres chez les Paharias-Malers, les Gonds, les Khands, etc. Cf. Col. E. D. Dalton, *Ethnology of Bengal*, pass.

(4) Cf. § 70, n. 3.

Lo-han, « célibataire, » chez les Tsing kiang.
Lao-pei, « femme », chez les mêmes.
Mei-niang, « épouse », chez les Tung (1).
Tung-nien, « les gens qui portent le même nom. »
Ma-lang, « jeunes gens » (2).

Ces mots exigent quelques observations, à cause de l'inconsistance qui résulte de la généalogie brisée et mêlée de toutes ces tribus.

Ah-mei « femme, » et *mei-* dans *mei-niang* « épouse », ressemblent au siamois *me* « mère, épouse, » et au Laocien *ime* « mère », tandis que *mei-niang* a déjà été donné comme propre à la race Pan-hu (§ 73). *Ma-lang fang* signifierait littéralement « maison de jeunes gens, » de sorte que nous avons ici un mot chinois, *fang*, avec un génitif préfixé.

86. Le vocabulaire plus complet extrait par le Dr. Edkins est instructif. Nous y trouvons quelques-uns des mots déjà cités, p. e. : *ami*, « mère ; » *tung nien*, « ami. » Il y a deux préfixes de classe, ou préfixes déterminatifs : *ta-* pour les animaux, et *kuo-*, *ho-*, *ha-*, *a-* pour tout ce qui est humain. Dans les mots déjà cités *lao-pei*, « femme », et *te-p'a*, « fille, » le suffixe *-pei* ou *-pa* semble être un déterminatif du genre féminin. Les noms de nombres sont Mōn. *Tchim* NUNG, manger du RIZ ; *tam* NEI, porter de l'EAU ; *lieu* PU, monter une COLLINE ; *pe* TEU, allumer du FEU ; indiquent la position de l'objet après le verbe. *Ha-mei-la* « premier jour du mois, » où *ha* signifie « premier, » et *la*. « mois, » montre la pré-position de l'adjectif et la post-position du génitif. La pré-position du génitif, dont nous avons un exemple dans *ma-lang fang*, se trouve ainsi contrebalancée par d'autres exemples, de sorte que l'idéologie indique une langue hybridisée. Les indices sont $\frac{1}{2}$. $\frac{3}{4}$. 6. 0. La position du sujet n'est indiquée par aucun exemple.

87. Les YAO MIN, qui habitent la région montagneuse située dans le N.-E. de la province de Kuangsi et le N.-O. de celle de Kuangtung, dans les préfectures limitrophes de Kuang-yuen et Lien-tchou, parlent une langue mêlée et hybride. Nous n'avons d'autre donnée qu'un vocabulaire d'origine chinoise

(1) Luh Tze-yun, *T'ung k'i sien tchi*, f. 20.
(2) *Ibid.*, f. 20 v.

de 65 mots, extrait du *Kwang si t'ung tchi* (1), comme suit :

I. NATURE. Ciel, *ngang* ; lune *t'a* ; étoile, *kang* ; vent, *k'ang* ; nuages, *kia ling* ; terre, *lie* ; route, *kwo* ; feu, *tan*.

II. HOMME ET PARENTÉ. Homme, *kuei* ; père, *pa* ; mère, *ma*, *man* ; père du père, *pan* ; mère du père, *pan man* ; frère aîné du père, *pi* ; frère aîné, *lan pa* ; frère cadet, *lan ti* ; mari, *kinan* ; femme, épouse, *a* ; sœur aînée, *ko* ; sœur cadette, *liau kuei* ; fils, *tang* ; fille, *pi* ; petit-fils, *tang sheng* ; père de l'épouse, *ta* ; mère de l'épouse, *tu* ; frère aîné de l'épouse, *liau shu* ; frère cadet de l'épouse, *tang shu*.

III. MÉTAUX. Argent, *en*.

IV. ANIMAUX. Poule, *kiai* ; cochon, *mien* ; chien, *liang*.

V. PARTIES DU CORPS. Cheveux, *pien pi* ; yeux, *tsi kang mien* ; oreilles, *tsi kia pa*.

VI. NOURRITURE. Vin, *tieu* ; riz, *hai* ; viande, *yen yen* ; légumes, *ts'ai. wei*.

VII. USTENSILES, VÊTEMENTS, ETC. Table, *t'ai tau* ; lit, *t'ai tsung* ; tabouret, *t'ai hai* ; vêtements, *au* ; jupe, *teng li*.

VIII. AGRICULTURE. Herbe, *wu*.

IX. PRONOMS. Je, *ye* ; tu, *meu*.

X. NOMS DE NOMBRES. 1. *ki* ; 2. *i* ; 3. *kan* ; 4. *si* ; 5. *wu* ; 6. *liang* ; 7. *hwo* ; 8. *ping* ; 9. *kung* ; 10. *shi*.

XI. VERBES. Boire, *hau* ; manger, *nang* ; dormir, *pei* ; mourir, *t'ai* ; enterrer, *y*.

XII PHRASES. Manger du riz, *yen nun* ; prendre femme, *shau ling* ; marier sa fille, *liau pi* ; avoir un fils, *tung tang* ; se mettre devant le feu, *lo tau*.

88. Les affinités lexicographiques sont multiples : sur 55 mots, 14, ou un quart, sont Taï, et leurs plus proches parents se trouvent dans les dialectes des Seng Miao, Tchung Miao, Kih lao, etc. Les autres éléments importants du vocabulaire sont Chinois et Tibéto-Birmans. Les nombres 1, 2, 3, ressemblent à ceux des Nagas du N.-E. de l'Inde, des Khari, des Namtang et des Tablung ; 4, 5, 10 sont purement chinois ; 6, 8 et 9 sont des altérations nasalisées de même souche.

Les pronoms sont Môn. Peu de traces de préfixes de classe.

(1) Compte-rendu statistique de la province de Kuang-si, dans *The Miautsi* du Dr. Edkins.

Les indices idéologiques qu'on peut établir sont 1. 4. 6. Le génitif précède, et l'adjectif suit le substantif ; l'objet suit le verbe.

XI. Les dialectes aborigènes pré-chinois Môn-Khmer.

89. Les faits déjà énoncés montrent jusqu'à l'évidence qu'il faut chercher dans la Chine centrale et orientale les ancêtres de la langue, de la civilisation, et en partie aussi de la race des Annamites. L'histoire nous apprend que la population primitive de la Chine méridionale, entre la province de Kuangtung et le Tungking, y compris ces deux régions, fut déplacée ou mélangée par un demi-million de colons tirés principalement de la région du Tchehkiang actuel et de sa frontière occidentale, en 218 av. J.-Ch., par Jen Hiao.

90. Les traditions relatives aux commencements de l'histoire annamite, quelque complétées qu'elles aient pu être par la suite, dissimulent sous une forme indigène plusieurs noms propres qui, lus en chinois mandarin, apparaissent alors comme les noms bien connus de héros de la Chine centrale et méridionale. Nous ne pouvons faire ici qu'une courte allusion à ce sujet, que nous avons traité tout au long dans *La Chine avant les Chinois*, où nous avons montré que ces noms datent selon toute probabilité du commencement de l'empire chinois, c'est-à-dire de la fin du 3e siècle av. J.-Ch. *Kinh-vuong-vuong*, en mandarin *King-yang wang*, ou « Roi de King-yang », le nom de leur premier roi légendaire, est emprunté à *King-yang*, nom d'une localité voisine de la capitale de l'empire Ts'in, *Kuan*, aujourd'hui Si-ngan, dans le Shensi. On prétend qu'il était le fils d'un prince chinois et d'une jeune fille de la race des immortels (la race Pong ou Pan-hu), près du *ngu lanh*, mandarin *Wu-ling*, autrement dit « la chaîne des cinq montagnes », nom donné à la frontière montagneuse méridionale du nouvel empire. Ce même prince épousa une femme du *Dong dinh quan*, mandarin *Tung Ting kiun*, autrement dit « de la province du lac Tung Ting (Hunan septentrional), et appartenant à la race du dragon ou de Lung, bien connue dans l'ethnologie non-chinoise du pays. Le roi Lak-long, issu de cette union, fut le premier chef d'une série de dix-huit, qui prit fin

en 257 av. J.-Ch. En comptant chaque règne à un maximum moyen de vingt-cinq ans, cette donnée ferait remonter à l'an 800 av. J.-Ch. la date approximative de ces commencements, qui auraient donc eu lieu lorsque l'État de Ts'u, dans le Hupeh et le Hunan méridional, était en pleine prospérité.

91. Les frontières du royaume de ces premiers chefs Annamites étaient, d'après la tradition, à l'est la mer, au nord le lac *Tung ting*, à l'ouest *Pa* et *Shuh*, ces deux noms désignant le Szetchuen. La seconde dynastie, du nom de *Thuc*, mandarin *Shuh*, le nom du Szetchuen, se compose d'un seul chef, dont le règne de cinquante ans se termina en 202 av. J.-Ch., époque à laquelle commence la troisième dynastie. Celle-ci fut fondée par un successeur de Jen Hiao, Tchao T'o, général chinois rebelle, qui étendit sa domination sur toutes la région maritime du sud, depuis le Fuhkien jusqu'au Tungking ; elle dura jusqu'en 112 av. J.-Ch., époque à laquelle le dernier des cinq chefs qui la composent se soumit à la domination chinoise, laquelle, toutefois, fut purement nominale dans certaines parties, et même complètement illusoire dans l'est. Cette domination fut reconnue au Tungking à partir de cette date, à l'exception de trois années (39-42), jusqu'en 186 de notre ère, où commença le règne de quarante ans d'un roi indigène, *Si-nhip*. Ce fut ce roi qui introduisit la littérature chinoise et interdit l'usage de l'écriture phonétique employée jusqu'alors par les Annamites (1).

92. Deux langues sont en usage dans l'Annam. L'une, employée exclusivement par les lettrés, est le pur chinois littéraire (2), avec les sons qu'avaient les caractères écrits pendant la période Ts'in (3). C'est ce qu'on nomme le sinico-annamite, dialecte qui, en tenant compte de certaines dégradations et divergences toutes naturelles, mérite réellement d'être appelé le plus archaïque des dialectes chinois (4).

(1) Sur cette écriture, cf. *Beginnings of Writing*, i. 44.

(2) Une courte grammaire de cette langue est donnée dans : *Notions pour servir à l'étude de la langue Annamite*, J. M. J. (Tan dinh, 1878), pp. 277-297, et aussi dans le cours de l'ouvrage.

(3) Cf. le § 54.

(4) Une bonne liste de ces sons a été donnée dans : *Prononciation figurée des Caractères Chinois en Mandarin Annamite*, d'après le manuscrit original du P. Legrand de la Liraye, Saïgon, 1875, Collège des Stagiaires, 420 pp.

93. Il est assez curieux de constater que, dans l'esprit de beaucoup de savants, l'existence de ce dialecte n'était pas distincte de celle de l'autre langue, l'annamite indigène ou cochinchinois, laquelle, bien que remplie de locutions chinoises, appartient, comme l'a reconnu John Logan, à la même famille que le Mön ou Péguan (1).

L'annamite a été beaucoup étudié, et nous possédons de nombreuses grammaires et des vocabulaires très-étendus de cette lange (2). Nous ne pouvons entrer ici dans aucun détail, et il nous suffira de constater que les indices idéologiques de cette langue sont 2. 4. 6. 8. VI.

94. Il y a trois modes d'écriture usités dans l'Annam. 1) Le *chu' nhu*, formé de caractères purement chinois et employé seulement par les lettrés ; 2) le *chu' nom*, propre à l'annamite et formé de caractères composés chacun avec deux symboles chinois, l'un, idéographique et muet, indiquant la classe des objets, et l'autre, phonétique, exprimant le son à prononcer, le nombre total de ces sons montant à environ neuf cents ; 3) le *chu' quoc ngu*, ou représentation en caractères romains adaptés à la transcription de la langue par les premiers missionnaires européens (3). Comme l'annamite est parlé vers le sud jusque dans la Basse-Cochinchine, il y a trois dialectes, qui

(1) *Ethnology of the Indo-Pacific Islands*, part. ii, ch. vi, sect. 2. *The Môn-Annam Formation*, pp. 152-183 du *Journal of the Indian Archipelago*, N. S., vol. iii, 1859.

(2) Des Grammaires et Dictionnaires ont été publiés, ensemble ou séparément, ainsi qu'il suit : Grammaires. — Alex. de Rhodes, 1651 ; Taberd, 1838 ; La Liraye ; de Grammont ; G. Aubaret, 1867 ; Truong-vinh Ky, 1867-1884 ; (J. M. J.), 1878. Dictionnaires. — de Rhodes (avec Grammaire), 1651 ; Pigneaux-Taberd, 1838-1877 ; Morrone, 1838 ; G. Aubaret (avec Grammaire), 1867 ; (J. M. J.), 1877 ; des Michels, 1877 ; Rovier, 1880. Dialogues. — Ab. des Michels, 1871 ; Potteaux, 1873. Notices scientifiques. — W. Schott, *Zur Beurtheilung der Annamitischen Schrift und Sprache*, dans les *Abhandl. d. k. Akad. der Wiss.*, Berlin, 1855 ; L. de Rosny, *Notice sur la langue Annamique*, Paris, 1855 ; Abel des Michels, professeur d'annamite à Paris, *Les six intonations chez les Annamites*, dans la *Revue de linguistique*, Paris, 1869 ; *Du système des intonations chinoises et de ses rapports avec celui des intonations annamites*, dans le *Journal asiatique*, Paris, 1869 ; etc. Je laisse de côté de nombreuses publications sur la littérature.

(3) Sur les avantages et les inconvénients de ces systèmes d'écriture, voir un intéressant Mémoire de M. Landes, *Notes sur le Quoc ngu*, pp. 1-22 du *Bulletin de la Société des études indo-chinoises de Saïgon*, 1866.

se distinguent surtout par des variantes de prononciation, ce qui produit de nombreux malentendus quant à la valeur phonétique de la transcription en caractères romains. La prononciation la plus ancienne est celle du nord.

95. Les PALOUNGS, en chinois *Po-lung*, parlent une langue appartenant à la famille Mōn-Talaing. Au septième siècle, vers 650 de notre ère, ils étaient établis dans le N.-O. du Yunnan, et, après une lutte violente, ils furent soumis pour quelque temps par les Chinois. Au siècle suivant, ils furent conquis par le royaume Shan de Nantchao. Ils sont aujourd'hui plus au sud, et forment une partie de la population qui occupe la région des collines entre Bhamo et Yung-Tchang ; on les trouve aussi le long de la rivière Shwaili. Nous avons deux vocabulaires de leur langue : l'un, de 200 mots, recueilli en 1858 par Mgr. P. A. Bigandet (1), lequel, examiné par John Logan (2), a permis à ce savant de reconnaître la parenté Mōn-Annam de la langue ; l'autre, de 168 mots, recueilli par le Dr: John Anderson (3) à l'époque de son expédition dans le S.-O. du Yunnan. La seconde liste de mots est moins saturée de mots Shan que la première. Les indices idéologiques sont 2. 4. 6. 8. VI, ce qui confirme les affinités du glossaire.

XII. LES LANGUES ABORIGÈNES PRÉ-CHINOISES TAÏ-SHAN NON-DÉVELOPPÉES.

96. L'unité politique et l'activité sociale du grand État indigène de Ts'u, au centre de la Chine ancienne et au sud des divers États chinois, ont exercé, bien avant la fondation de l'Empire chinois, une grande influence sur les langues grossières qui y étaient parlées. Il se produisit alors une tendance énergique à l'uniformité, tendance qui a laissé des traces sur toutes les langues et tous les dialectes qui ont survécu ou qui ont dérivé de ce noyau jusqu'à nos jours. Pendant sept siècles, du neuvième au troisième siècle av. J.-Ch., cette tendance s'exerça

(1) *A comparative Vocabulary of Shan, Ka-Kying and Pa-laong*, dans le *Journal of the Indian Archipelago*, N. S., vol. II, pp. 221-229.

(2) *Notes on Pa-laung*, ibid., pp. 233-236.

(3) *A Report on the Expedition to Western Yunnan* (Calcutta, 1871), pp. 400-409. Réimprimé dans son livre, *Mandalay to Momien*, pp. 464-473.

sans relâche, et nous serions certain que son effet a été des plus sérieux, quand même nous n'en aurions pas trouvé de traces à chaque pas dans la quatrième partie du présent Mémoire.

97. Nous avons déjà vu, §§ 31-33, que la langue parlée dans le Ts'u n'était pas un dialecte chinois. Cette constatation reçoit d'ailleurs une confirmation superflue par les paroles de Hiung k'iü, chef du Ts'u de 887 à 86?, av. J.-Ch. : « Nous sommes Man-y (c.-à-d. étrangers aux Chinois), et nous ne portons pas des noms chinois » (1). Les mots du Ts'u cités dans le *Fang yen* (2) sont faciles à identifier en proportion égale avec les vocabulaires Mōn et Taïc-Shan, lorsque ce ne sont pas simplement des mots chinois altérés. L'équivalence phonétique la plus fréquente est celle de *k* ou *h* pour l'*l* chinoise, encore en usage dans les langues modernes (3).

98. La formation linguistique de cette région qui a été la plus avancée quant à son développement futur dans l'état de Nan-tchao est celle de la famille Taï-Shan : elle avait commencé avant l'établissement de l'État en question, bien que les éléments linguistiques qui étaient entrés dans sa composition fussent passablement entremêlés. Les éléments Kareng étaient assez importants dans le Ts'u, et il y a des raisons de croire que le premier noyau de cet État appartenait à leur groupe (4) ; mais ce noyau fut bientôt laissé à l'écart par les empiétements successifs de ce royaume, où les Chinois et les autres populations Küenlunic ne tardèrent pas à rivaliser avec les tribus Mōn et devinrent bientôt prééminentes, ce qui amena le résultat que nous avons signalé.

99. Les NGAI LAO, dont quelques descendants, portant le même nom, se trouvent encore dans le S.-O. de l'Annam, étaient d'anciennes tribus de la Chine. Ils doivent leur origine à un mélange de races raconté dans une légende qui contient les deux seuls mots que nous connaissions de leur langue.

100. Dans les temps anciens, les tribus *Ti*, *Mou* et *Tsiü* (5)

(1) *She-ki*, *Ts'u she kia*, liv. 40, f. 3 v.

(2) Cf. §§ 42-52 ci-dessus.

(3) Cf. § 55 ci-dessus.

(4) Cf. Terrien de Lacouperie, *The Cradle of the Shan Race*, p. 27.

(5) Yang shen, dans son *Tien tsai ki*, c.-à-d. Variétés sur le Tien (Yunnan), f. 6, fait un simple nom d'homme de ces trois noms de tribus men-

étaient établies dans les montagnes et les forêts de la province de Szetchuen. Une femme de leur race, nommée *Sha yh* « Grain de sable, » et qui habitait la montagne Lao, s'en vint une fois jusqu'à une rivière pour pêcher et fut touchée par une bûche flottante. Elle devint enceinte et, au bout de dix mois, donna le jour à un enfant. Ayant eu ainsi dix fils, elle plongea la pièce de bois dans l'eau, où celle-ci se changea en un dragon, qui monta au-dessus de l'eau ; Sha-yh l'entendit alors lui dire dans la langue des dragons : « Où sont les dix fils qui sont nés de moi ? » Neuf des fils, en voyant le dragon, eurent peur et prirent la fuite. Seul, le plus jeune enfant, qui ne pouvait pas se sauver, resta assis, tournant le dos au dragon. En conséquence, le dragon le lécha. Dans la langue *niao* (d'oiseau) de la mère, « dos » se disait *kiu* et « être assis » *lung* ; c'est pourquoi le garçon fut appelé *Kiu-lung* (1). Sha-yh prit Kiu-lung avec elle et descendit s'établir à Lung-shan, ou « la montagne du dragon ». Plus tard, les autres frères élurent Kiu-lung pour leur roi à cause de son adresse (2). Par la suite, au pied de la montagne Lao (3), vivaient un homme et sa femme, qui donnèrent naissance à dix filles. Kiu-lung et ses frères prirent chacun une des filles pour femme, et leur postérité fut nombreuse. Leurs descendants avaient l'habitude de se tatouer et de se peindre des dragons sur le corps ; ils portaient également des vêtements en forme de queue (4). Ils se multiplièrent énormé-

tionnés dans l'ancien *Shan haï King* et autres ouvrages. *Tsiü* était un équivalant du nom de *Pa* pour le Szetchuen septentrional. *Ti* et *Mou* sont des noms ethniques bien connus dans l'ouest de la même province, et ce sont probablement les antécédents du nom de *Taï mou* donné aux Shans du Yünnan.

(1) Ce récit, qui commence par l'histoire de Sha-yh, est donné dans le *Hou-han shu*, liv. 116, *Si Nan Mant chuen*. Une traduction en a été donnée par Mr. A. Wylie, dans la *Revue de l'extrême l'Orient*, vol. i, 1882 ; cf. pp. 230-231 ; mais ce savant, déjà aveugle lorsqu'il a fait sa traduction, n'a pas pu lire lui-même le texte chinois.

(2) Ce fait se trouve relaté dans un extrait du *Hou Han Shu* cité dans le *Taï ping yü lan* (Encyclopédie de l'an 983 de notre ère), liv. 786, f. 1-2. Les montagnes Lung dont il est question ici sont très-probablement la chaine du Kiu lung, qui forme la frontière septentrionale du Szetchuen, et dont le nom est, selon la coutume, accolé à celui de la population.

(3) Les monts Lao doivent être identifiés avec le Kiueh ngan tang, Tchngan fu, dans le Hupeh, à l'extrémité est de la chaine Kiu lung mentionnée dans la note précédente.

(4) Comme la race Pan-hu, qui, d'ailleurs, ne se tatouait pas ; cette pratique était en usage dans les provinces maritimes de Kiangsu, Tchehkiang,

ment et se partagèrent en de nombreuses tribus ou communautés régies par des roitelets.

101. En l'an 47 de notre ère, leur roi *Hien-lih*, qui avait avec lui six rois vassaux, envoya des troupes sur des radeaux de bambou, qui descendirent vers le sud-est les rivières Kiang et Han (1), sur la frontière chinoise ; les troupes marchèrent contre les barbares *Luh-to* (2), qui furent aisément soumis. Mais les choses se gâtèrent ensuite, et, en l'an 51, Hien-lih et les autres amenèrent 2770 familles de leur tribu, formant ensemble un total de 17.659 individus, à reconnaître la suzeraineté de la Chine et à payer un tribut annuel. Ce fut cependant dans le sud-ouest que les tribus Ngai Lao atteignirent le plus grand développement : elles s'établirent dans le Yunnan occidental, où leur existence politique comme État feudataire fut reconnue en l'an 69 (3). En 76-78, elles se révoltèrent et marchèrent vers l'est contre les postes avancés des Chinois dans le Szetchuen méridional ; mais elles furent attaquées par les tribus Kuenming, alliées des Chinois, et contraintes à la paix, après avoir perdu leur roi dans la lutte. On n'entend ensuite plus parler d'elles dans les annales chinoises, et elles entrèrent pour une large part dans la formation de l'État Nan-tchao du Yunnan. A une certaine période de la désintégration de ce royaume (4), plusieurs d'entre elles s'éloignèrent vers le sud, et, pendant plus de quatre siècles, ce furent des voisins très-désagréables pour les Annamites (5). Leur nom et probablement aussi une partie de la population existent encore à l'ouest de la province annamite de Thanh hoa (6).

Fuhkien, et l'est encore chez les Laociens et les Birmans. Les Annamites l'ont abandonnée depuis 1293.

(1) Ce fait démontre que leurs quartiers, ou du moins les centres de leurs quartiers, étaient alors dans les montagnes Kiu lung, comme il a été dit plus haut.

(2) Cf. *Leu-tai*, le nom que se donnent les Pa-y Shans. Lok-taï des Siamois, § 113.

(3) Leur chef suprême était Liu Mao, avec 77 chefs en sous-ordre ; ils formaient 51.890 familles, comprenant 553.711 personnes.

(4) Probablement vers 899 de notre ère.

(5) Cf. P. J. B. Trüöng-Vinh-ky. *Cours d'histoire Annamite* (Saïgon, 1875-1879, In-12), vol. I, pp. 58, 93, 96-98, 102, 105, 178, etc.

(6) *Hoang Viet dia du chi* (Géographie officielle de l'Annam, 1829), vol. II, p. 19.

102. Les explications qui précèdent, quelque longues qu'elles puissent paraître, étaient nécessaires pour expliquer la situation historique actuelle des Ngai Lao : c'est un exemple de la destinée de beaucoup des autres populations qui ont émigré en tout ou en partie vers le sud, dans la péninsule Indo-Chinoise. Les deux mots cités dans la légende qui raconte leur origine sont les seuls que nous possédions de leur langue. Cette légende n'est qu'un essai indigène d'explication, dans leur propre langue, du nom de leur chef mythique, nom que celui-ci avait tout simplement dérivé de la région dans laquelle il était établi. Le nom de cette région était *Kiu-lung*, lequel, ainsi que je l'ai montré ailleurs (1), est une variante de celui de Kuenlun, et fut appliqué par les populations aborigènes à tout ce qui était élevé. Ce nom a beaucoup voyagé, de Formose à la péninsule Malaise, avec les populations émigrantes. D'après les particularités que nous connaissons, la parenté des Ngai-Lao est Taï, et les deux mots de leur langue que neus avons cités plus haut confirment cette assertion. *Kiu* « dos » existe encore dans le Tsing-Miao *kiau kie*, où *kiau* est le préfixe de classe ; *lung* « s'asseoir » n'est autre que le Tchung Miao *lang*, le Siamois *nang*, le Shan *nang*, avec la même signification. Outre ces maigres données, nous trouvons encore quelques indications dans leur histoire postérieure, comme nous le verrons tout-à-l'heure.

102. Sous le nom de Nan-tchao (2), nous trouvons quelques mots occasionnellement cités dans les notices historiques chinoises de cet État du Yunnan ancien.

yuen, pronom réfléchi royal (cf. siamois *ku eng*, moi-même).
tchang, nom donné par le roi à ses serviteurs (cf. siamois *tam*, humble).
tsing ping. mandarins de première classe (cf. siamois *hsong*, conduire ; *p'ou*, armée).
shwang, division territoriale (3).
shwang, mesure agraire = 5 *meu* chinois.
to shwang, gouverneur de trois provinces (cf. siamois *tahan*, officier).

(1) Dans *The Science of Language, chiefly with reference to S. E. Asia* (sous presse).
(2) Ou « Prince du Sud. »
(3) Cf. pourtant le siamois *sen*, mesure de 20 brasses ou 120 pieds;

tsong-so, chef de 100 familles (cf. siamois *tang-chu*, titre honorifique).

tchi jen kuan, chef de 1000 familles.

tu to, chef de 10.000 familles.

tsiu-tu, un des quarante-six gouverneurs.

kien, circonscription (cf. siamois *kwen*).

tchao, prince (cf. siamois *tchao*).

shan p'o to, grande paix (cf. siamois *sangat*, tranquille).

piao-sin, titre pris par le roi en l'an 800 (cf. siamois *p'aya*, gouverneur ; *tan*, juste ou *san*, tribunal).

ta-yong, frère aîné.

Ta-li, nom d'un grand lac (cf. siamois *t'a le*, mer), dans le Yunnan occidental.

En tenant compte des dix ou douze siècles qui se sont écoulés depuis que ces mots ont été écrits, et aussi de la difficulté de la transcription chinoise, les affinités du glossaire montrent que la langue est absolument Taï. Les deux indices idéologiques qu'on peut établir, 2, 4, mènent à la même conclusion.

104. La concentration sociale et politique et l'activité de l'État de Nan-tchao, durant plusieurs siècles, après les mêmes phénomènes de l'État de Ts'u dans la Chine centrale, ont été les plus importants facteurs de l'unité si remarquable des langues de la famille Taï. Le *Nan tchao* était un des six États, ou *Luh tchao*, qui existaient dans le Yunnan occidental après le commencement de notre ère : cinq d'entre eux se composaient de Lao, ou tribus Laociennes, le sixième étant Moso. Ils furent successivement soumis par l'un d'eux, le Muong she tchao, qui grandit en puissance du sixième à la fin du neuvième siècle : quoique diminué comme importance et troublé par le mélange de tribus d'autre souche, il dura, sous le nom de royaume de Tali, jusqu'à ce qu'il fût soumis par les Mongols à la fin du treizième siècle.

XIII. — Les dialectes pré-chinois aborigènes Taï-shan.

a) Non mélangés et Mélangés.

105. Le dialecte des Tsing Miao, ou « Miao bleus, » qui habitent le centre et l'ouest du Kueitchou (1), n'est connu que par un vocabulaire de 195 mots recueilli autrefois par les Chinois dans le sud-ouest de la province (2). Une Autorité européenne nous apprend que, dans la préfecture de Kueiyang, leur langue a huit intonations (3).

Les noms de nombres, les pronoms et une grande proportion d'autres mots montrent que ce dialecte appartient au groupe Taï-shan. Les préfixes déterminatifs sont très-employés, comme *le-* pour tout ce qui est plat, *ti-* pour ce qui est pointu, *lun-* pour ce qui est rond, et *te-* pour les animaux. Les indices idéologiques qu'on peut déduire de cette liste de mots sont 2. $\frac{3}{4}$. 6. 0.

106. Une liste de 90 mots, recueillie par les Chinois, est tout ce que nous possédons du dialecte des An-shun Miao (4), c'est-à-dire des Miao qui habitent la préfecture de An-shun, dans le centre occidental de la province de Kueitchou.

Les affinités sont Mōn-Taï, avec un penchant marqué vers le Taï, comme le montrent les noms de nombres et les pronoms, qui appartiennent évidemment à cette famille. Comme dans tous les autres vocabulaires Miao, il y a eu une importante absorption de mots chinois et Lolo. L'usage des préfixes déterminatifs est révélé par le préfixe déjà connu *tu-* devant les noms d'animaux. Indices idéologiques, 2. 4. 6. 0.

107. Les Tchung-kia tze, aussi Tchung Miao, ou Y-jen, dont le nom particulier est *Pu-y* (5), parlent une langue Taï si étroitement alliée au siamois que M. Abrand, missionnaire qui

(1) *Miao Man hoh tchi*, iv. 4.

(2) Extrait par le Dr. J. Edkins, dans son *Vocabulary of the Miau dialects*, du *Hing-y fu tchi*.

(3) Rev. Brounton dans *China's Million*, 1883, p. 62.

(4) Dans le *Hing-y fu tchi*, et traduit par J. Edkins dans son *Vocabulary of the Miau dialects*.

(5) E. Lassertour, De quelques tribus sauvages de la Chine et de l'Indo-Chine, dans Les Missions catholiques (Lyon, in-4), 1878, t. x, p. 308.

avait résidé dans le royaume de Siam, put les comprendre très-rapidement et sans grande difficulté dans le Kueitchou. Les notices chinoises qui les concernent racontent qu'ils émigrèrent vers le nord, de la région de *Yung*, Hunan méridional, au onzième siècle (1). D'autre part, leurs traditions disent que leurs ancêtres étaient originaires de la province de Kiangsi, et ils ont conservé un grand respect pour la mémoire de Ma Wang (2). Ces deux migrations n'en font probablement qu'une seule, la seconde se rapportant à un point de départ plus oriental, vers la limite commune des deux provinces. Ils sont maintenant disséminés dans quatre préfectures de la province de Kueitchou, et aussi dans le nord de celle de Kuangsi.

108. Les missionnaires qui ont fourni les documents au moyen desquelles M. E. Lasserteur a écrit l'article des *Missions catholiques* cité en note nous ont donné quelques informations grammaticales sur la langue des Tchung-kia tze du Kueitchou ; Deka, dans *Notes and Queries on China and Japan* (3), cite huit mots de la langue de ceux du Kuangsi, qu'il appelle *Tchung tze*.

Ces mots sont les suivants :

(1) A l'époque des cinq dynasties (907-959), lorsque *Ma yn* était roi de Tsu, ils émigrèrent du gouvernement de *Yung* (Yung kuan). Cf. *Miao Man hoh tchi*, liv. IV, f. 1. La situation géographique de Yung kuan n'est pas donnée ; mais le fait que Ma yn fut la cause de leur émigration peut servir à déterminer cette situation. Ma yn gouverna le Hu-nan, comme roi de Tsu, de 908 à 951 ; en 928, il attaqua avec succès King Nan ou le sud du King (Hupeh méridional), et, en 741, les *Man* de Ki tchou (Hunan N.-O) furent soumis. Son gouvernement ne s'étendait pas au sud du Mei-ling et du Nan ling, où était établie la dynastie méridionale Han (917-971). Donc, comme l'émigration des Tchung kia tze se produisit pendant et sous le gouvernement de Ma yn, ils durent s'étendre vers l'ouest au nord de la chaine de montagnes, au sud du Hunan ; et *Yung kuan*, qu'on trouve aussi écrit *Yung yng*, ne doit pas être confondu avec *Yung tchou*, aujourd'hui Nan ning fu, dans le Kuangsi méridional. Sur les guerres entreprises par Ma yn, et les dates, cf. *Li Tai Ti Wang nien piao*, Wu tai. Luh tzeyun, qui écrivit vers 1650, dit dans son *T'ung k'i sien tchi*, f. 2 (*Shwoh ling* collect., liv. 29), que Ma yn chassa ce peuple jusqu'à Tching-tu, dans le Sze-tchuen.

(2) « La famille du martyr Jérôme Lou de Mao Keou prétend posséder la table généalogique de ses aïeux depuis l'époque de leur émigration du Kiangsi au Kongtcheou. » E. Lasserteur, *De quelques tribus sauvages de la Chine et de l'Indo-Chine*, o. c., 1877, t. IX, p. 140.

(3) *Spoken Language of the Miau tsz and other Aborigines*, dans N. and Q., Hong-kong, 1867, vol. I, p. 131.

1) *no mung* « porc. »
2) *to ma* « chien. »
3) *to wai* « bœuf. »
4) *to pit* « canard. »
5) *to mo* « cochon. »
6) *to ki* « poulet. »
7, 8) *kan ngai* « manger du riz. »

Les mots 2, 5, 6 et 7 sont apparentés au siamois ; le préfixe de catégorie *to* ressort de lui-même, et, comme *kan*, dans *kan ngai*, signifie « manger, » l'objet suit le verbe.

109. La note des missionnaires dit qu'en *Tchung kia* l'adjectif et le génitif suivent le nom, comme en siamois et en annamite, et contrairement au chinois. Il n'y a ni déclinaisons ni conjugaisons, et cette constatation fréquente, faite par des personnes étrangères à la philologie comparée, est suivie de l'énonciation erronée habituelle, que le même mot peut être nom, adjectif, verbe, etc. ; la position des mots dans la phrase et l'emploi des particules déterminent les conditions d'espace et de temps de l'action. Il y a des intonations et des accents qui donnent des significations différentes à des mots en apparence les mêmes. En *Tchung kia* il est fait un fréquent usage de préfixes de catégorie, tels que :

tu- pour les êtres animés : *tu wen* « homme ; » *tu-kai* « poulet (1). »

dant- ou *da-* pour les objets : *dant-tcho* « table. »

leg- ou *lee-* pour tout ce qui est né, issu, produit : *leg sai*, garçon ; *leg beng* « fille. »

pu- pour les êtres raisonnables : *Pu-ha* « Chinois ; » *Pu-yak* « brigands ; » *Pu-y* « les Tchung-kia tze eux-mêmes. »

a- pour les noms propres (2).

110. Outre ces données, il y a un vocabulaire d'origine chinoise (3), de 231 mots, recueilli dans le S.-O. et le S.-E. de la province de Kueitchou, lequel concorde avec les documents précédents, sans cependant nous permettre de compléter les indices idéologiques de cette langue importante, 2. 4. 6. 0.

(1) Que Deka écrit *to ki*, comme nous avons vu ; en siamois *tua kai*, dit la note ; dans le vocabulaire de compilation chinoise, *tu kai*.

(2) Cf. E. Lasserteur, o. c., p. 185.

(3) C'est un des vocabulaires donné par J. Edkins, *Vocabulary of the Miau Dialects*, d'après le *Hing-y fu tchi*.

111. Les T'U-JEN, dont le domaine s'étend depuis le centre et l'est de la province de Kueitchou jusqu'à l'ouest de celle de Kuang-si, parlent aussi une langue Taï (1). Nous avons une brève notice et un vocabulaire de trente-trois mots, de même origine que les données concernant les Tchung-kia, dont la langue primitive peut avoir été fortement influencée par celle des T'u-jen. Les notices chinoises ne disent rien de l'ancienne résidence de ceux-ci, et leur nom, dans son enveloppe chinoise, signifie proprement « aborigènes » ; en tout cas, ce n'est pas un nom ethnique, et il peut n'avoir d'autre signification que l'antiquité relative de la résidence de ces tribus par rapport à celles arrivées plus récemment qu'elles. Voici le vocabulaire, transcrit à la manière française, ainsi que les comparaisons avec le siamois faites par le même auteur (2) :

père,	*tou-peu,*	Siamois *pho.*
mère,	*tou-mei,*	*me.*
fils,	*tou-lak,*	*luk.*
fille,	*lak-sao,*	*luk sao.*
homme,	*oug-hon,*	*ong* ou *khon-manut.*
femme,	*lak-mei,*	*mia.*
mâle,	*tou-tak,*	*toua-phu.*
femelle,	*tou-mei,*	*toua-mia.*
maison,	*an-loun.*	
terre,	*thomh.*	
eau,	*nam,*	*nam.*
feu,	*foi,*	*faï.*
vent,	*lom,*	*lam.*
ciel,	*au-boën.*	
chien,	*tou-ma,*	*tou-ma.*
chat,	*tou-meou,*	*tou-meou.*
arbre,	*keu-may,*	*tou-mai.*
riz,	*hao,*	*khao.*
bambou,	*keu-may,*	*mai-phoi.*
main,	*au-moy,*	*mu.*
pied,	*an-ten,*	*tin.*
un,	*yt.*	

(1) *Miao Man hoh tchi,* liv. III, f. 3 r. ; IV, f. 9 v.
(2) E. C. Lasserteur, o. c.

deux,	*ngioi.*	
trois,	*sam,*	*sam.*
quatre,	*soi,*	*ti.*
cinq,	*ha,*	*ha.*
six,	*lok,*	*oh.*
sept,	*tsit,*	*chet.*
huit,	*pet,*	*pet.*
neuf,	*koou,*	*kao.*
dix,	*chip,*	*sip.*

112. Les noms de nombre sont chinois, comme en siamois, cette dernière langue ayant cependant conservé les deux premiers, qui sont plus anciens et lui sont propres (1).

L'adjectif et le génitif suivent leur nom, comme en siamois. Il n'est pas parlé de la position du sujet ou de l'objet par rapport au verbe, sauf que la construction de la phrase est analytique, comme en français. Quelques noms seulement peuvent être employés sans les préfixes de classe qui sont :

tou-, comme en Tchung-kia, Pan-y, Yao-jen et langues apparentées (2).

ong-, pour « hommes, » (3) le sens étant assez précis pour qu'on n'ait pas besoin d'employer le mot *hon* « homme ; » ex. : « combien d'hommes » *moi ka lay ong*, où *hon*, qui devrait venir à la fin de la phrase, est supprimé parce que l'article suffit et ne permet aucune méprise.

mak-, pour « fruits. »

an-, pour « objets. » (4)

ty-, pour « boiseries. » (5).

La langue *Tu-jen*, dit le missionnaire, se mélange graduellement avec celles des Tchung-kia et des Miao-tze.

La construction est semblable à celle du français, d'où les indices 2. 4. 6. 8. VI.

113. Les soi-disant Pai-y (6) se rencontrent aujourd'hui surtout dans le sud et l'ouest du Yunnan, où leur nom est devenu

(1) Cf. *infrà*, § 117.
(2) Siamois *tua*, Shan *to*.
(3) Siamois *onk*.
(4) Shan *an*.
(5) Shan *hsik*.
(6) Leur nom est écrit aujourd'hui de diverses façons en chinois : on devrait écrire *Pa-y*.

l'appellation générique des tribus Shan qui y vivent encore. Malgré les transformations inévitables de race et de langage qui sont le résultat de mélanges subséquents, ce sont bien encore les descendants des anciens Pa du Szetchuen oriental et du Hupeh occidental, connus des Chinois depuis 1970 av. J.-Ch., alors qu'« un délégué chinois fut envoyé chez eux pour présider au règlement des contestations en litige. » (1) Le lien peut être suivi avec les âges, et il n'a jamais été oblitéré.

114. Nous ne connaissons rien d'ancien de leur langue, dont on n'a conservé aucun specimen. Nous ne connaissons cette langue que par un document relativement récent. Après 1644, l'enseignement de cette langue, ainsi que celui du *Pah peh sih fu* (2), autre dialecte shan, furent ajoutés à la liste des langues déjà enseignées (3) au Bureau des Traductions (de Peking), établi en 1407, sous la dynastie Ming. Vers 1696, par ordre du grand Empereur Sheng tsu Jen, ou K'ang hi, fut publié un grand ouvrage en seize ou dix-sept volumes, donnant les vocabulaires de huit de ces langues, le Jutchih et le

(1) *Tchuh shu k'i nien*, Ti k'i, 8ème année.

(2) Littéralement « les huit cents épouses, » ainsi nommés, disent les Chinois, parce que leur *Tu-yu* ou chef avait ce nombre de femmes, chacune d'elles ayant son campement séparé. Ils se tatouent des fleurs et des oiseaux entre les sourcils (Cf. Luh Tze-yun, *T'ung k'i sien tchi*, f. 7 v.). La légende peut être résultée de la forme chinoise du nom, et cette forme peut n'être qu'un jeu de mots fait par les Chinois en transcrivant un nom étranger. Mr. Ney Elias, dans son *Introductory sketch of the History of the Shans in Upper Burma and Western Yunnan*, Calcutta, 1876, p. 3, suppose que ces peuples sont des Karens ; mais le specimen de leur langue qui nous est parvenu en même temps que celui de la langue des Pai-y va à l'encontre de cette théorie, attendu que la langue est un dialecte Shan. La liste suivante le montre clairement : *fa*, ciel ; *mo*, nuage ; *lie*, soleil ; *leng*, lune ; *huan*, fumée ; *faling*, couleur du ciel : *falang*, tonnerre ; *fen*, pluie ; *naotchanglung*, étoile polaire ; *nao*, étoile ; *luklie*, grêle ; *lun*, vent ; *fumie*, éclairs ; *mokoun*, nuage ; *meinung*, neige ; *meikan*, glace ; *nankang*, rosée ; *meï*, gelée blanche ; *lang*, arc-en-ciel ; *nam*, eau ; *menam*, rivière ; *menamfa*, voie lactée (rivière du ciel) ; *se*, esprit ; *pi*, démon ; *lai*, montagne ; *lin*, pierre ; *na*, champ ; *pahmai*, forêt ; *nung*, mer ; *lin*, terre ; *menamkung*, lac ; *pulatchao*, roi ; *pi*, frère aîné ; *mong*, frère cadet ; *luk*, fils ; *lu*, tête ; *na*, visage ; *du*, yeux ; *leng*, rouge ; *lu om*, bleu ; *hien teng*, vert ; *tchau*, blanc ; *dan*, noir ; *ngo*, sortir ; *mao*, entrer ; *mi*, avoir ; *mau mi*, ne pas avoir ; etc.

(3) C'étaient le Jutchih, le Mongol, le Tibétain, le Sanscrit, le Bokharan, l'Uigur, le Birman et le Siamois. Cf. Abel de Rémusat, *De l'étude des langues étrangères chez les Chinois*, Paris, 1811, pp. 9 et s. ; et Terrien de Lacouperie, *Beginnings of Writing*, §§ 109, n° 3, et 175.

Mongol étant laissés de côté. Le P. Amiot, le célèbre jésuite, qui se trouvait alors à Peking, put obtenir un exemplaire de cet ouvrage, qu'il envoya à Paris, accompagné d'une traduction latine : chaque mot des vocabulaires étant transcrit en lettres romaines, de sa propre main, à côté du mot chinois. C'est de cet ouvrage (1) que provient le peu que nous connaissons des dialectes Pai-y et Pah peh si-fuh.

115. La liste suivante de mots Pai-y montre le caractère Shan de cette langue (2), et sa proche parenté avec l'autre dialecte que nous venons de mentionner : *fa*, ciel ; *mo*, nuage ; *kangman*, soleil ; *lang*, lune ; *lun*, vent ; *lik*, grêle ; *fen*, pluie ; *falang*, tonnerre ; *naothang*, étoile polaire ; *nao*, étoile ; *huan*, fumée ; *molien*, couleur de nuage ; *famiah*, éclairs ; *lung*, arc-en-ciel ; *la*, neige ; *mei*, rosée ; *mokung*, nuages ; *nai*, vous ; *ku*, je ; *meng*, tu ; *men*, il ; *po*, père ; *ao*, frère aîné du père ; *luk tchai*, fils ; *nong tchai* ; frère cadet, *pi ning*, sœur aînée ; *nong ning*, mari de la sœur aînée ; *hu*, tête ; *nu*, visage ; *t'ai*, yeux ; *lu*, oreilles ; *su*, bouche ; *ting*, pied ; *han*, or ; *ngen*, argent ; *t'ung*, cuivre ; *lyck*, fer ; *hien-nai*, vert ; *pa*, blanc ; *lien*, noir ; *lan*, vin ; *kin*, *k'ao*, manger du riz ; *yang*, avoir ; *umyang*, ne pas avoir ; *kanna*, avant ; *kanlang*, après ; *kanseh*, gauche ; *kanhoa*, droite ; *kanneng*, sur ; *kantao*, sous ; etc.

La liste ici-dessus montre toutes les caractéristiques bien connues des langues Taï-shan, c.-à-d. une grande proportion de mots Mōn et Küenlunic, spécialement de mots chinois. Les seuls indices idéologiques qu'on puisse déduire sont 1. 4. 6. 0. Les Pai-y ont une écriture qui leur est propre, se rattachant apparemment à l'ancien caractère Ahom. Le British Museum possède depuis peu un de leurs manuscrits sur bois (3).

116. De nombreuses tribus de la race Taï-shan ont émigré autrefois des frontières sud-ouest actuelles de l'Empire chinois. Leur premier siège principal était à Muanglong, sur la rivière Shwei-li, près des limites actuelles du Yunnan S.-O., sous le commandement d'un chef nommé Kullyi. Ce fait, relaté

(1) Bibliothèque nationale, Ms. 986.

(2) Abel de Rémusat s'était trompé en disant (o. c. p. 12) que « les *Pe-i* et *Pa-pe-tsi-fou* sont des dialectes plus ou moins corrompus de la langue parlée des Chinois. »

(3) Cf. mes *Beginnings of Writing*, § 175.

dans une chronique Shan conservée à Manipur, coïncide d'une manière remarquable avec la marche des Ngai-Lao vers le sud, au premier siècle de notre ère, avant l'an 77, telle qu'elle est rapportée dans les annales chinoises de la dynastie des Han Postérieurs (1). Nous ne pouvons les suivre dans leur développement subséquent en de nombreux États, importants ou non, dans la péninsule indo-chinoise (2) ; le royaume de Siam est aujourd'hui le plus important.

117. Malgré leurs divisions politiques, tous, Shans, Laociens et Siamois, parlent une seule et même langue, divisée en plusieurs dialectes peu différents les uns des autres. Entrer ici dans le détail des similitudes et des divergences de ces dialectes serait dépasser les limites du présent travail. Il suffira de rappeler à nos lecteurs que des probabilités, dont le total équivaut à une certitude, établissent que la formation linguistique Taï-Shan a eu lieu dans l'ancienne Chine à l'époque historique. Elle s'est développée par suite du mélange de langues méridionales appartenant surtout, quoique non exclusivement, au type Mõn, avec les langues chinoises et autres de la famille Kuenlunic. La crudité intellectuelle des premières leur permit de conserver leur idéologie, et même de l'imposer en partie à plusieurs des langues Kuenlunic, comme le chinois et le kareng. Le vocabulaire Taï-Shan est entièrement mélangé, à ce point qu'il a un tiers de ses mots en commun avec les anciens mots du chinois mandarin (3). Il a abandonné ses anciens

(1) *Hou Han Shu*, liv. cxvi. Cf. Terrien de Lacouperie, *The Cradle of the Shan Race*, pp. 37, 52 ; Sir Arthur Phayre. *History of Burma*, p. 12 ; *British Burma Gazetteer*, vol. i, pp. 173-176 (Rangoon, 1810, in-4).

(2) Cf. Ney Elias, *Introductory Sketch of the History of the Shans in Upper Burma and Western Yünnam*, Calcutta, 1876. De plus : Dr. J. Anderson, *Report on the Expedition to Western Yünnam*, Calcutta, 1871 ; cf. aussi Mr. Holt S. Hallett, *Historical Sketch of the Shans*, pp. 327-371, dans A. R. Colquhoun, *Amongst the Shans*, London, 1885. Pour la classification de ces langues, cf. plus loin, §§ 223, 226.

(3) Cf. Terrien de Lacouperie, *On the History of the Archaic Writing and Texts*, London, 1882, p. 8, et *Journ. Roy. Asiat. Soc.*, vol. xiv, p. 803. J'ignorais alors qu'en 1867 le Dr. Schönn avait publié à Stettin (in-8, 24 pp.). *Das Siamesische und das Chinesische*, brochure dans laquelle il signale un certain nombre d'affinités glossariales entre le chinois mandarin, le dialecte du Hokkien et le siamois. Mais, pour être effective, la comparaison doit porter sur les anciennes formes des mots chinois, et non sur des formes modernes corrompues. Les archaïsmes des dialectes chinois du S.-E. (Amoy, Hokkien) ont trompé le Dr. Forchhammer, de Rangoon, et

noms de nombres, conservant seulement, comme c'est l'habitude en pareil cas, les mots pour un et deux, et il a adopté les noms de nombres Kuenlunic (1). La langue a développé elle-même des intonations, comme une sorte de compensation d'équilibre naturel pour les pertes phonétiques qu'elle subissait par suite du mélange continu (2). Les langues siamoise et shan ont été l'objet de nombreux travaux, grammaires et dictionnaires, qui permettent aujourd'hui de les étudier scientifiquement (3).

l'ont amené, dans ses *Notes on the Languages and Dialects spoken in British Burma* (1884), pp. 5-6, à la supposition exagérée que ces dialectes présentent un plus grand nombre d'affinités Shan que les dialectes du nord. J'ai justement lu récemment, dans le *British Burma Gazetteer*, vol. i, p. 176, une note du Rév. J. N. Cushing, dans laquelle il constate avoir reconnu beaucoup d'affinités Shan dans les vieux mots chinois. Cf. aussi § 55 du présent travail.

(1) Ces similitudes, qui sont le résultat de mélanges et d'emprunts réciproques, ont inspiré à plusieurs savants la fausse idée que Chinois et Siamois étaient originairement parents. L'histoire et la grammaire démontrent que cette hypothèse ne repose sur aucun fondement. L'auteur de *The Relation of Chinese to Siamese and cognate dialects*, dans *The Chinese Recorder and Missionary Journal*, (vol. X, pp. 276-280, 451-460) a complètement méconnu la question en discussion.

(2) Sur cette question des intonations, cf. §§ 237, 238 ci-dessous, et les ouvrages cités. Les intonations siamoises ont été étudiées par le Rév. J. Caswell, dans un Traité spécial publié dans le *Siam Repository*. Le Dr. A. Bastian, dans ses intéressantes remarques sur les *Indo-Chinese Alphabets* (*Journ. Roy. Asiat. Soc.*, 1867), dit : « La principale et presque la seule différence qui existe entre les langues parlées du Laos et de Siam, c'est que la première ne connait pas les intonations, dont le jeu artificiel fait les délices de celui qui parle siamois » (p. 71). Auquel cas les Laociens seraient comme les gens de Ligor, autrement dits Nakhon-sri-Thammarat ou Muang Lakhon, qui parlent le siamois sur un ton égal, sans avoir égard aux accents toniques, ou bien comme les Japonais en ce qui concerne les mots chinois qu'ils ont adoptés. Mais le Dr. Bastian est le seul à émettre une pareille opinion. Le Rév. J. N. Cushing, qui, avec sa précision habituelle, n'eût pas manqué de relever ce fait, ne dit pas un mot d'une particularité aussi remarquable. Francis Garnier (*Voyage d'exploration en Indo-Chine*, ii, p. 495) dit qu'un Siamois peut se faire comprendre sans difficulté partout où on parle laocien, et *vice versâ*. Si le savant allemand a voulu parler de la langue écrite, il est dans le vrai, l'alphabet laocien n'ayant aucun accent tonique, pas plus que l'alphabet shan, tandis que l'alphabet siamois moderne est très complet sous ce rapport.

(3) La meilleure grammaire siamoise est celle de J. T. Jones, *Grammar of the Siamese Language*, Bangkok, 1842. Aussi : James Low, *Grammar of the Thaï or Siamese Language*, Calcutta, 1828, in-4 ; D. J. B. Pallegoix, *Grammatica linguae Thaï*, Bangkok, 1850, in-4 ; L. Ewald, *Grammatik der Taï oder Siamesischen Sprache*, Leipzig, 1881. Dictionnaires : *Dictionarium latinum-Thaï, ad usum missionis Siamensis*, Bangkok, 1850,

Leur type idéologique est 2. 4. 6. 8. VI, et aussi 2. 4. 5. 8. I, comme cela se trouve occasionnellement en Loacien et en Shan ; la variation des indices montre le caractère mêlé de la formation à laquelle ils appartiennent.

XIV. Les dialectes pré-chinois aborigènes Taï-shan.

b) *Hybridisés et Hybrides.*

118. Le dialecte *Lien Miao*, autrement dit celui qui est parlé par les Miao-tze de Lientchou, dans le N.-O. de la province de Kuangtung, nous est connu par un vocabulaire de 58 mots, qui a été soigneusement publié par Deka en 1867 (1) Il sera utile de le reproduire ici : Soleil, *nai ;* lune, *lo ;* pluie, *bun bin ;* eau, *ng*, *ni* ; feu, *tó* ; nuit, *wong mong ;* midi, *nai teng ;* de bonne heure, *tün tó*. Homme, *keng miu*, *tam*, *ming ;* femme, *sha miu ;* enfant, *a kui*, *ho kòm ;* fille (girl), *tung ming ;* fille (daughter), *tung lung* ; fils, *t'am t'ong*. Pork, *teng koi* ; chien, *a ku* ; bœuf, *ng* ; canard, *áp* ; cochon, *teng* ; poulet, *a kui* ; main, *á pú* ; pied, *á t'au* ; oreille, *á btu* ; œil, *mori teng* ; bouche, *i ti* ; riz, *á mé* ; riz blanc, *t'ám pó ka* ; blé, *má pó* ; maïs, *mé ti* ; millet, *ma tan só*. Mouchoir, *só chim* ; toile, *té* ; coton, *mó min* ; fil, *sai*. Faucille, *nyàm tó* ; charrue, *i* ;

in-4 ; Pallegoix, *Dictionarium linguae Thaï sive Siamensis*, Paris, 1854, in-fol. ; (J. Leyden) *A comparative Vocabulary of the Barma, Malayu and Thaï Languages*, Serampore, 1810. Pour le Shan : J. N. Cushing, *Grammar of the Shan language*, Rangoon, 1871 ; *Elementary Handbook of the Shan language*, 1880 ; *Shan and English Dictionary*, Rangoon, 1881. Cf. aussi : L. de Rosny, *Quelques observations sur la langue siamoise et son écriture*, Paris, 1855 ; W. Schott, *Ueber die sogenannten Indo-Chinesische Sprachen insonderheit das Siamesische*, Berlin, 1856 ; Dr. Ad. Bastian, *Sprachvergleichende studien mit besonderer Berücksichtigung der indo-chinesischen Sprachen*, Leipzig 1870 ; Ernst Kuhn, *Ueber Herkunft und Sprache der transgangetischen Völker*, München, 1883, in-4 ; K. Himly, *Ueber die einsilbigen Sprachen der südöstlichen Asiens*, pp. 281-295 dans la *Zeitschrift für Sprachenwissenschaft* de Techmer. vol. i, Leipzig, 1884. Et aussi : Prof. G. von der Gabelentz, *Sur la possibilité de prouver une affinité généalogique entre les langues dites Indo-Chinoises* (IVe Congrès des Orientalistes, Firenze, 1878, p. 283) ; Dr. Em. Forchhammer, *Indo-Chinese Languages* (*The Indian Antiquary*, Juillet 1882). Aussi : Brown, *Comparison of Indo-Chinese Languages*, Calcutta, 1837.

(1) *Spoken Language of the Miau-tsz and other Aborigines*, dans *Notes and Queries for China and Japan*, vol. i, pp. 131-132 (Hong-kong, 1867, in-8).

râteau, *pá* ; houe, *ká ny*. Mon fils, *pu na tán*. 1. *á* ; 2. *pi* ; 3. *pó* ; 4. *pé* ; 5. *pá* ; 6. *to* ; 7. *i* ; 8. *yik* ; 9. *yau, kú* ; 10. *ch'it*. Dormir, *pui mán* ; être assis, *hé* ; être debout, *fu ke* ; aller, *mó* ; se promener, *nyang chú, yang chú*. Manger du riz, *niēm nung, chim nung* ; traverser en bateau, *ké tong* ; porter de l'eau, *tám nei* ; faire cuire du riz, *chü nong*.

119. Les affinités les plus nombreuses de ce vocabulaire sont communes aux Seng Miao, Kih lao, Tsing Miao, et Peh Miao. Les préfixes de classes, s'ils existent, ne ressortent pas clairement, excepté peut-être pour les parties du corps, dont plusieurs sont précédées de *á-*. Les noms de nombres de 1 à 7 sont Mon ; 8 est une variante du type commun aux Sheng Miao, Peh Miao, Miao bleus, Pan-y, Pan-yao et Long-ky Miao ; 9 et 10 sont des variantes Küenlunic.

Comme idéologie, la postposition de l'objet au verbe est le seul point certain ; la postposition de l'adjectif est à-peu-près sûre, et la préposition du génitif n'est que probable. Les indices seraient donc 1. 4. 6.

120. Les Hotha Shan, sur la frontière du Yunnan, « gens pas très-grands, » parlent un dialecte Shan, hybridisé assez tard par l'influence chinoise. Un vocabulaire de 179 mots comprenant les noms de nombres et quatre petites phrases, a été recueilli par le Dr. J. Anderson, de Calcutta (1). Il est mélangé de mots appartenant aux tribus avoisinantes, les Kakhyen et les Li-so, et, en outre, de mots chinois. Les seuls indices idéologiques qu'on puisse en conclure sont 1. 4. 6.

121. Ce dialecte shan n'est pas le seul de cette région qui montre des preuves d'hybridisation. Les Khamti (2), qui se

(1) *Report on the Expedition to Western Yünnan viá Bhamô*, pp. 99-101, 401-409.

(2) Pour les Khamti, cf. William Robinson, *Khamti Grammar*, pp. 311-318 du *Journ. Asiat. Soc. Beng.*, 1849, vol. xviii ; Rév. N. Brown, *Khamti Vocabulary*, *ibid.*, pp. 312-349 ; le P. Desgodins, *Vocabulaire Kham di Mou oua*, dans *Mots principaux des langues de certaines tribus qui habitent les bords du Lan-tsang Kiang, du Lou-tze Kiang, et Irrawady*, Bull. Soc. Géographie de Paris, 1872. Mr. Edouard Lorgeou, qui semble ne rien savoir des Khamtis, a écrit sur ces derniers quelques *Remarques relatives au vocabulaire du Mouhoa*, p. 28 du *Bulletin de la société académique Indo-Chinoise*, vol. i, Paris, 1881. Le major C. R. Macgregor a publié un vocabulaire de 500 mots Khamti, joint au vocabulaire Singpho qui accompagne sa grammaire Singpho.

sont répandus dans l'Assam, ont été fortement influencés comme race et comme langue par les Kakhyens ou Singphos (1), entre autres tribus de même souche. Bien que leur vocabulaire soit encore tellement Taï-Shan qu'on ne saurait se refuser à le reconnaître, leur idéologie, suivant le mélange du sang, a dévié du type 2. 4. 6. 8. VI de la Famille Taï-Shan et révèle aujourd'hui 2. 4. 5. 8. III, ce qui démontre une adoption partielle de l'idéologie Kakhyen 1. 4. 5. 8. III, qui est aussi celle du groupe tibéto-birman.

122. Les LI *jen*, appelés WU *jen* (2), de la grande île de Haïnan, paraissent être une population mêlée, formée principalement de réfugiés des tribus non-chinoises du continent chinois. Le vocabulaire suivant est dû aux soins de Mr Robert Swinhoe (3) :

Ciel, *lai fa* (4) ; soleil, *tsa van* (5) ; lune, *leu nan* ; étoile, *ta plao* (6) ; terre, *fan* (7) ; eau, *nam* (8). Père, *pah* (9) ; mère, *may*, *pai pai ya* (10) ; frère aîné, *I yong* ; frère cadet, *ko ong* ; sœur aîné, *k'au* ; sœur cadette, *hu ong* ; fils, *ta bo man* ; fille, *ta bo p'ai ko*. Oiseau, *tat* (11) ; mouton, *ch'i* ; chat, *ping nai* (12). Tête, *fu wu*, *dau*, *wa la ku gan* ; yeux, *ucha* ; oreilles, *sa*,

(1) Pour le Kakhyen ou Singpho, cf. William Robinson, *Singpho Grammar and Vocabulary*, *Journ. Asiat. Soc. Bengal*, 1849, vol. xviii ; J. N. Cushing, *Grammatical sketch of the Kakhyen language*, pp. 395-416 du *Journ. Roy. Asiat. Soc.*, 1880, vol. xii ; C. R. Macgregor, *Outline Singpho Grammar and Vocabulary*. Shillong, 1887 ; P. A. Bigandet, *Comparative Vocabulary of Shan, Ka-kying and Palaong*, et J. R. Logan, *The Ka-kying*, pp. 221-232 du *Journal of the Indian Archipelago*, Singapore, 1858, N. S. vol. ii ; Dr. J. Anderson, a vocabulary de 250 mots dans son *Report etc.*, déjà cité, pp. 400-408. Egalement quelques remarques grammaticales du Dr. Forchhammer, dans *Notes on the Languages and Dialects spoken in British Burma*, Rangoon, 1881.

(2) Sur les *Li-jen*, cf. Luh Tze-yun, *Tung k'i sien tchi*, ff. 10-12.

(3) Mr. R. S. a confié ses notes au Dr. J. Edkins, qui a inséré les mots dans son *Vocabulary of the Miau dialects*.

(4) Cf. siamois *fa*.

(5) Cf. siamois *sawan*, ciel.

(6) Cf. siamois *daw*.

(7) Cf. siamois *fün*, poussière.

(8) Cf. siamois *nam*.

(9) Cf. siamois *p'é*.

(10) Cf. siamois *p'u ying*, femme ; *mé*, mère.

(11) Cf. oiseau en ancien chinois et en Kareng.

(12) Cf. Kareng, *menyaw*, *maing-yaw*, chat.

tsun sha, *seng sha* ; bouche, *mom*, *pom* ; main, *tam* ; pied, *k'ok*. Manger du riz, *k'an ka*, *lu t'a* ; fumer, *lu ju* ; pipe à tabac, *t'au ja*. Couteau, *kliu ka* ; un arc, *van vat* ; deux flèches *teu pun tiek* ; maison d'homme, *hau po plungao*. Je, *pun* (1), *hau* ou *ho* ; tu, *meu* ; il, *pun* ; ce....ci, *pai heu* ; ce ....là, *pai nei*. Beaucoup de, *tai* ; peu de, *to* ; mauvais, *teh tuy*. Soixante ans, *tum fo tai* ; matin, *leu* ; soir, *ko fan*. Avoir, *du* ; lancer, *cheu*. Oui, *man* ; non, *wei*. 1. *van*, *ku*, *ch'it* ; 2. *tow*, *dö*, *tau* ; 3. *tsu*, *su*, *fu* ; 4. *ts'o*, *san*, *shao* ; 5. *pah*, *ma*, *pa* ; 6. *tum*, *nom*, *tum* ; 7. *lo*, *situ*, *ten* ; 8. *ho*, *du*, *geu* ; 9. *fan*, *fen*, *fai* ; 10. *lapoom*, *pu üt*, *fu üt* ; 11. *la pun wu* ; 12. *la puk lau* ; 13. *la pun pih* ; 14. *la pu k'o* ; 15. *la pu ch'i* ; 16. *lu pu ch'it* ; 17. *la pu tu* ; 18. *la pu tau* ; 100. *lau van* ; 1000. *longeen*. Quel âge as-tu ? *meu pu tala hoe pone* ?

123. Les affinités du glossaire démontrent une parenté Taï-shan qui ne peut être niée, bien que la langue ne soit certainement pas pure et présente des traces d'autres influences. Dans les noms de nombres, par exemple, qui sont donnés en deux ou trois séries, il y a des similitudes avec ceux de quelques tribus de Formose ; mais ce sont des similitudes éloignées, qui ne proviennent pas d'un contact direct ; ce sont sans doute les restes de l'ancien état de choses qui a précédé les migrations respectives de diverses tribus, alors que leurs ancêtres étaient en relations sur le continent.

On peut, de la liste de mots qui précède, déduire les indices idéologiques 1. 4. 6. 0. Malheureusement le quatrième indice, celui qui précise la position relative du sujet et du verbe, n'est pas connu.

124. Les Li passent pour avoir connu l'écriture, qu'ils semblent avoir oubliée. Le capt. J. Calder (2) a trouvé près de Yulin kan des caractères griffonnés sur les murs d'un temple : ces caractères peuvent, d'après moi, appartenir à l'écriture des Tsiampa (3). Nous savons qu'au dixième siècle il y eut plusieurs migrations, parties du pays de ces derniers vers l'île de Haïnan (4). Dans quelques parties de l'île, « les femmes *Li* portent

(1) Cf. chinois *Pèn*. Les autres pronoms sont Taï-Sahn.

(2) *Notes on Haïnan and its Aborigines*, où on donne un facsimile. *China Review*, 1882, vol. xi, pp. 41-50.

(3) Cf. mes *Beginnings of Writing*, i. 45, ii. 235, 236.

(4) D'Hervey Saint-Denys, *Ethnographie des peuples étrangers de Matouanlin*, vol. ii, ii, p. 547.

un morceau de bois laqué, sur lequel sont écrites plusieurs lignes d'une ballade ; les lettres ressemblent à des vers qui frétillent, et l'écriture n'a pu être déchirée (1). »

125. Une autre liste de mots d'un dialecte peut-être différent, celui du Loi, a été recueillie dans l'Annam par M. J. Moura (2), d'un Chinois qui avait parlé la langue quarante ans auparavant et qui n'était pas très-sûr de ses souvenirs :

Homme, *nam* ; femme, *sabo* ; épouse, *moa* ; corps, *nga* ; main, *chhean* ; doigt, *sean* ; bouche, *mok* ; jambe, *kong*. Taureau, *ngeak* ; buffle, *ngak* ; cheval, *hi* ; canard, *hek*. Ciel, *thoang* ; eau, *tui* ; feu, *fai* ; froid, *koa* ; chaud, *nguon*. Autrefois, *kou* ; demain, *maso* ; maintenant, *hau* ; loin, *hong* ; beaucoup, *loi*. Arbre, *chheong* ; bambou, *thoa* ; fleur, *ho* ; maison, *su* ; cire, *mac*. Beau, *phéa* ; blanc, *mac* ; bleu, *suum* ; grand, *tang*. Acheter, *peang* ; aimer, *tong* ; aller, *péan* ; avoir peur, *kéa* ; boire, *chéa* ; casser, *thoac* ; comprendre, *khéan* ; demander, *tho* ; donner, *io* ; dormir, *ma* ; entrer, *seang* ; manger, *chea*.

Il y a beaucoup d'affinités Taï-Shan dans cette liste, mais il y a aussi beaucoup de mots qui diffèrent de ceux du dialecte Li. Il est impossible de déterminer l'idéologie.

126. Néanmoins, la distinction entre le *Li* et le *Loi* n'est pas le moins du monde établie, et il pourrait bien n'y avoir qu'une différence locale de prononciation pour le même nom ; de même, les différentes du vocabulaire peuvent n'être que des particularités régionales d'une seule et même langue, peu fixée, comme toutes les langues sans littérature et sans écriture.

XV. Les Négritos pré-chinois aborigènes.

127. Les langues parlées par les tribus de cette race de nains, autrefois établis dans la Chine proprement dite, ne sont plus représentées aujourd'hui, du moins à notre connaissance. Ces tribus se trouvèrent en contact avec les tribus chinoises Bak, vers 2116 av. J.-Ch., alors que ces dernières immigraient

(1) B. A. Henry, *Lingnam, or Interior Views of Southern China, including Travels in the hitherto untraversed Island of Hainan*. London, 1885, in-8.

(2) J. Moura, *Le Royaume du Cambodge*, i. 513.

déjà dans le Pays des Fleurs et s'avançaient vers l'est le long de la rive sud du Fleuve Jaune. Il est question de quelques tribus de cette même race dans la géographie fabuleuse du *shan haï king*, quelques siècles avant notre ère ; nous voyons dans les écrivains postérieurs, vers 235 av. J.-Ch., que les Chinois s'avancèrent dans la région qui forme aujourd'hui le sud-est de la province d'An-hui, et qu'ils y rencontrèrent de nouveau quelques-unes de ces tribus de nains (1). Il n'en est plus question par la suite dans les annales chinoises ; mais, vers 1330, le Frère Odoric de Pordenone les mentionne dans la relation de son voyage.

128. Nous ne savons rien de leur langue, et nous n'avons aucun moyen de savoir quelle influence elle a pu exercer, si tant est qu'elle en ait jamais exercé une. Cette race a toujours montré une grande propension à abandonner sa propre langue et à apprendre celle de ses voisins, comme elle semble l'avoir fait aux Philippines (2), ainsi que dans les régions shan et cambodgienne. Ailleurs, dans la péninsule malaise, dans l'archipel de Margui et dans les îles Andaman, leurs langues se ressemblent encore plus qu'on ne pourrait s'y attendre d'après les éléments qui les entourent ; mais ce fait est insuffisant pour permettre aucune déduction quant aux caractéristiques originelles de la langue primitive de leur race. En fait, les dialectes parlés par les tribus de Négritos qui existent encore forment deux groupes semblables, mais très-distincts (3),

(1) J'ai réuni tous les éléments sur la matière dans un Mémoire spécial, d'après les sources chinoises : *The Pygmies of the Chinese, a contribution to the study of the Negrito race.*

(2) « D'après le peu de specimens que j'ai à ma disposition », dit le savant Prof. Georg. von der Gabelentz, de Leipzig, « la langue des Négritos des Philippines semble posséder un système grammatical qui ne le cède en rien, sous le rapport de la plénitude, de la richesse et des ressources phonétiques, à celui de ses voisins au teint clair. » — *The Languages of Melanesia*, dans *Journ. Roy. Asiat. Soc.*, 1886, vol. xviii, pp. 489-490. Le Dr H. Kern, de Leyde, dans *Bijdragen tot de taal- land- en volkenkunde van Nederland-Indië*, 4e sér., vol. vi, pp. 243-264, attribue à cette langue un caractère entièrement Malayo-Polynésien, et largement apparenté avec les dialectes des Philippines, avec un certain mélange provenant de membres plus éloignés de la famille.

(3) C'est ce que démontrent les indices idéologiques. *a*) Andamanais, 1. 4. 5. 8. I. III ; Silungs, Samangs, 1. 4. 5 8. III, et ainsi de suite, jusqu'aux Papuas de la Nouvelle-Guinée. *b*) Les Kamuks, Kameits et Tjraos ont les indices 2. 4. 6. 8. VI du Mon-Taï. Si les Négritos des Philippines ont les

et rien de ce que nous disons en note n'indique lequel de ces groupes était représenté autrefois dans le Pays des Fleurs. Les probabilités historiques sont en faveur du groupe auquel appartiennent les Kamuks, les Canchos et les Tjraos (1) ; ce dernier nom, *Tjrao*, ne diffère que très-peu du vieux nom *Tiao-yao*, ou « Pygmées noirs », des Négritos de la Chine. Mais, en admettant cette hypothèse, leur langue doit avoir été fortement modifiée par l'influence de celles de leurs voisins Môn-Khmer et Tcham.

XVI. Les Indonésiens aborigènes pré-chinois.

129. Dans la seconde partie du présent travail (2), nous avons signalé l'influence remarquable exercée par un groupe spécial de langues sur certains anciens textes en caractères chinois, écrits à une époque et dans une région où les Chinois, dans leur marche vers l'ouest de la Chine proprement dite, s'étaient trouvés en contact avec quelques tribus indigènes, Indonésiennes quant aux coutumes, et, à en juger par cette influence, également Indonésiennes quant à leur langue. L'ancienne population du pays a été tellement balayée par les Chinois qu'on n'en a jusqu'à présent découvert aucun vestige distinct. Toutefois, nous ne désespérons pas d'apprendre un jour l'existence de quelque tribu Indonésienne survivante, réfugiée dans quelque coin perdu des montagnes, par exemple dans la chaîne Peiling, dans le Fuhkien occidental, où elle aurait conservé quelque chose de son ancienne langue (3). En

mêmes indices que les Tagals, ce seraient 2. 4. 6. 7. IV, par conséquent appartenant au second groupe.

(1) Un vocabulaire du *Kamuck* a été recueilli par Mr. Holt Hallett, et sera publié prochainement. Un vocabulaire de *Cancho* a paru dans J. Moura, *Le Cambodge*, vol. i, pp. 439-447 ; et un du *Tjrou* par E. Aymonier, *Excursions et Reconnaissances*, n° 24 (Saïgon, 1885), pp. 315-316.

(2) § 23 ci-dessus.

(3) Sur les débris des tribus sauvages de cette partie, cf. Geo. Minchin, *A Race of Men and Women living at Pei-ling*, dans *Notes and Queries for China and Japan*, 1870, vol. iv, pp. 121-122. D'après leur propre tradition elles semblent appartenir à la race Pong. Rév. R. N. Lion, *Notes of a Tour in South Chekiang*, dans *The Chinese Recorder and Missionary Journal*, 1875, p. 261. Ces tribus ont été mentionnées par Martini, au dix-septième siècle, et par Marco Polo, au treizième. Le Rév. F. Ohlinger a publié *A visit to the « Dog-eared Barbarians » or Hill-People (Shan-to*

tout cas, dans l'état actuel de nos connaissances, nous devons nous contenter de la preuve indirecte dont nous venons de parler, outre la connaissance que nous avons de plusieurs

near Foo chow, dans *ibid.*, 1886, vol. XVII, pp. 265-268 : ces peuplades se désignent elles-mêmes sous le nom de Sia-bo, et sont, selon toute apparence, les mêmes que celles décrites par Mr. Geo. Minchin. Elles prétendent être venues de la province de Canton. La triple liste suivante de mots, à laquelle j'ajoute les soi-disants mots Chinois et les noms de nombres Hakka, provient de l'article précédemment cité :

FRANÇAIS.	SIA-BO.	FUHTCHOU.	HAKKA.	CHINOIS.
thé.	*tch'ó.*	*da.*	*ts'a.*	*tcha.*
eau.	*ssü.*	*jui.*	*shui.*	*shui.*
maison.	*lau.*	*tch'io.*	*wuk.*	*wu(k.*
arbre.	*shü.*	*tcheu.*	*shu.*	*shu.*
terre.	*t'i.*	*de.*	*t'i.*	*ti.*
ciel.	*t'ang.*	*t'ieng.*	*t'en.*	*tien.*
homme.	*nging.*	*nöng.*	*ngin.*	*jen (njen).*
s'asseoir.	*tch'ó.*	*soi.*	*ts'ó.*	*tso.*
chaise à porteurs.	*k'iun.*	*gieu.*	*yi.*	*kiao.*
plume.	*bik.*	*bek.*	*yut.*	*pi(t.*
papier.	*ji.*	*jai.*	*tshi.*	*tche.*
mot.	*tch'i.*	*je.*	*s.*	*tze.*
blé.	*ma.*	*mah.*	*mak.*	*mai(k.*
vache, bœuf.	*ngaou.*	*ngu.*	*ngu.*	*niu.*
chapeau.	*mo.*	*mó.*	*man.*	*mao.*
main.	*ssiu.*	*tch'iu.*	*shu.*	*shou.*
pied.	*giok.*	*k'a.*	*kyok.*	*kio(k*
bouche.	*joi.*	*tch'oi.*	*tsoi.*	*tsui.*
champ.	*t'ang.*	*tch'eng.*	*t'en.*	*tien.*
riz.	*mei.*	*mi.*	*mi.*	*mi.*
pont.	*k'iu.*	*gio.*	*k'yau.*	*kiao.*
pierre.	*sshiah.*	*sioh.*	*shak.*	*she(k.*
légume.	*tch'oi.*	*tch'ai*	*ts'oi.*	*tsai.*
bateau.	*sshoing.*	*sung.*	*t'yang.*	*tchuen.*
fille.	*jü niong giang.*	*bung ngük jói.*	*a tsyau-moi.*	*ku-niang.*
garçon.	*diong buo giong.*	*tch'iong bu joi.*	*a tsyau (tsai).*	*tung tze.*
un.	*ek.*	*sioh.*	*yit.*	*yi(t.*
deux.	*yong.*	*lang.*	*nye.*	*erh, (ni) liang.*
trois.	*sang.*	*sang.*	*sahm.*	*san (sam).*
quatre.	*si.*	*se.*	*see.*	*sze.*
cinq.	*ng.*	*ngo.*	*ng.*	*wu (ngu).*
six.	*lük.*	*lek.*	*luk.*	*lu(k.*
sept.	*tch'ik.*	*tch'ek.*	*ts'ut.*	*tsi(t.*
huit.	*bah.*	*biak.*	*paht.*	*pa(t.*
neuf.	*giu.*	*gau.*	*kiu.*	*kiu.*
dix.	*hsik.*	*sek.*	*ship.*	*shi(p.*

Il n'est rien dit de l'idéologie. Les mots montrent que ce peuple a abandonné sa propre langue et adopté un dialecte chinois.

représentants des anciens dialectes indonésiens, aujourd'hui dispersés à l'ouest, au sud et à l'est, sur le territoire de la Chine moderne.

130. La situation géographique des *Gyarung*, sur les frontières communes nord du Tibet et de la Chine, si loin de ceux qui leur sont apparentés sous le rapport de la langue, et aussi leur petite stature, comparée avec celle de leurs voisins, montrent que c'est une population qui a été déplacée. Il faut se rappeler que, lorsque, sous la direction de Shun, les Chinois firent leur première marche dans le Honan, quelques tribus qui leur étaient hostiles durent être refoulées vers l'ouest (1), et nous devons accepter le fait tel qu'il est constaté par les Chinois, à savoir que ces populations modernes descendent des tribus ainsi refoulées, bien qu'elles aient beaucoup changé sous les influences avoisinantes. Les tribus refoulées étaient une portion septentrionale des San Miao, dont la portion centrale se trouve autour du lac Po-yang, et aussi au nord du Yang-tze kiang. Les descendants de ces Miao qui sont aujourd'hui dans le sud-ouest parlent une langue qui a des points communs avec celle des Gyarung, dont le nom, par parenthèse, passe pour n'être qu'un surnom tibétain (2).

131. Les principales et, à ma connaissance, les seules données qu'on ait sur leur langue sont celles données par Bryan Hodgson en 1853 (3). Elles comprennent un vocabulaire de 176 mots et quelques remarques, le tout joint à six autres vocabulaires du Tibet septentrional et publié aussi dans un autre mémoire. Le digne savant auquel nous devons tant de renseignements sur les langues peu connues de cette région fut frappé de la complication du système de préfixes et d'infixes qui se joignent au verbe Gyarung, comme au verbe Tagala, et,

(1) *Shu-king*, II, i, 11.

(2) Bien que peut-être composé du tibétain *Gya* « étranger » et d'un nom indigène *Lung* ou *Rung*.

(3) *Journal of the Asiatic Society of Bengal*, vol. xxii, p. 121, réimprimé dans *Selections from the Records of the Government of Bengal*, n° xxvii, p. 173 (Calcutta, 1857), et dans son livre sur *The Languages and Literature of Nepal and Tibet* (London, 1874, in-8), part. ii, pp. 65-82. Quelques exemples sont également donnés dans son Essai sur les *Mongolian Affinities of the Caucasians*, dans le *Journal of the Asiatic Society of Bengal*, vol. xxii, pp. 26-76 : ces exemples font ressortir les indices idéologiques 1. 3. 5. 8. III.

pour montrer la parenté de ces langues, il se servit à dessein, en parlant du verbe Gyarung, des termes employés par Leyden (1) pour la même langue parlée aux Philippines.

132. En raison de son long séjour sous l'influence Tatar, le Gyarung a adopté les indices idéologiques de la classe Altaïque, à savoir I. 3. 5. 8. III, et aussi en partie le phénomène connu sous le nom d'harmonisation des voyelles, en harmonisant la voyelle préfixée avec celle du mot significatif. Malgré l'influence souveraine du Tibétain, il a adopté les noms de nombres Kuenlunic, tout en conservant, pour les employer dans certains cas, ses anciennes dénominations pour un et deux. Mais il a conservé des particularités orientales autres que le système compliqué des préfixes. Les auxiliaires numéraux, ou ségrégatifs, et les préfixes de classes inhérents à l'ancien état de la langue n'ont pas disparu.

133. Ces dernières particularités ont été fortement attaquées par le dépérissement provenant de l'usure au milieu d'un entourage défavorable ; mais on ne saurait méconnaître qu'il en reste quelque chose. Nous n'avons pas de liste des ségrégatifs, et Mr. Brian Hodgson n'en donne qu'un exemple, tout en constatant qu'ils existent dans la langue. Mais les préfixes de classes sont largement représentés dans le vocabulaire, bien que l'auteur ne leur ait pas accordé toute l'attention qu'ils méritent. Il ne s'est pas rendu compte que l'état actuel est un état de désordre provenant d'un dépérissement qui ne trouve pas son contre-poids dans la régénération habituelle résultant d'un entourage linguistique de souche identique. Il n'en a d'ailleurs reconnu que quelques-uns. En fait, nous constatons, pour les noms, quatre préfixes, *k*-, *t*, *b*, et *r*, correspondant à-peu-près, bien que pas toujours individuellement, aux préfixes *k*, *t*, *p*, et *l* des langues Miao de la Chine. Quelquefois la voyelle du préfixe a été changée et même nasalisée, pour s'harmoniser avec celle du mot significatif. Lorsque ce dernier a un *s* initial, le préfixe *t* s'est assimilé à lui. Un autre changement

(1) Dans son Mémoire, encore à consulter, *On the Languages and Literature of the Indo-Chinese nations*, dans *Asiatic Researches*, 1808, vol. x, p. 209. Réimprimé, avec notes bibliographiques, par le Dr. R. Rost dans *Miscellaneous Papers relating to Indo-China* (London, 1886, 2 vol.), ., pp. 84-171.

est la prépondérance prise par les préfixes dentaux sur les autres : non seulement le préfixe dental se substitue à *k-* et se superpose à *r-* et *b-*, moins fréquents ; mais encore il montre une tendance marquée à devenir le signe exclusif d'une partie du discours, le *t-* absorbant tous les substantifs, et le *k-* restant, avec un champ plus étendu, le préfixe des adjectifs et des verbes. (1)

134. Au point de vue du glossaire, les affinités des Gyarung sont avec les Miao (bleus) de Kueitchou, les Tayal de Formose, et particulièrement avec le substratum non-Kareng des Toungthus de la Birmanie, tous provenant sans doute, à une époque très-reculée, d'une souche commune. Les ressemblances avec les Toungthus montent à 25 pour cent du vocabulaire, avec cette différence importante, que ces derniers, apparemment sous l'influence Sgau-Kareng, ont abandonné l'usage des préfixes de classes.

135. Il faut encore ajouter une remarque, avant de terminer ce qui concerne les Gyarung : les monosyllabes semblent leur être antipathiques, et, toutes les fois que, par contraction provenant d'usure, analogie ou autre cause, un mot est réduit à une syllabe ouverte, un préfixe lui est ajouté. Dans cette langue, comme dans beaucoup d'autres, une syllabe simple ne semble pas une base suffisante pour que l'esprit, en s'y arrêtant, puisse en déduire la signification concrète qu'exige un niveau mental inférieur. Cette remarque s'applique, en général et en particulier, aux soi-disant langues monosyllabiques de l'Asie S.-E. (2)

136. Les Toungthus de la Birmanie sont généralement considérés comme des Karengs sous tous les rapports : mais cette explication trop commode d'un problème difficile d'ethnologie est devenue insuffisante (3). On peut démontrer que leur soi-disant caractère Kareng n'est qu'un vernis superficiel que la critique fait aisément disparaître. Les affinités Sgau-Kareng ne reposent que sur des mots empruntés à une date récente,

(1) Presque tous les adjectifs ont le préfixe *k-*, tandis que 75 verbes sur cent ont le préfixe *ta-*.

(2) Sur les illusions concernant le monosyllabisme, voir plus loin, § 204.

(3) Sur les Toungthus, cf. Dr. Ad. Bastian, *Journ. Roy. Asiat. Soc.*, 1868. *British Burma Gazetteer*, i. 186-188.

et les autres affinités Kareng sont des mots empruntés en commun par les Karengs et les Toungthus à la souche Môn (1).

137. Ils s'appellent eux-mêmes *Pan-yau* (aussi Pa-o), nom qui rappelle celui des tribus *Pan-yao* (2) et l'ancien nom du territoire de Canton, *Pan-yu*. Ils réclament *Thatun* (3) comme leur ancienne capitale, qui leur aurait été enlevée par les Môn-Péguans ; ils déclarent que son nom dérive de *Tha-too*, qui signifie « latérite » (minerai d'un rouge brillant qui s'emploie en guise de briques) dans leur langue, les collines voisines de la vieille cité étant surtout formées de ce minerai. Ils doivent être descendus dans la péninsule à une époque assez ancienne, vers le commencement de notre ère. (4)

138. Leurs affinités de glossaire avec les tribus non-chinoises de la Chine sont les mêmes que celles du Gyarung, la grande proportion de mots semblables dans les deux dialectes indiquant une parenté très-proche, quoique remontant assez haut, comme nous l'avons vu précédemment (§ 131).

139. Le TAYAL de Formose (5), et probablement aussi quel-

(1) Dr. Forchhammer, dans *Notes on the Languages and Dialects spoken in British Burma*, p. 11. Le Rév. C. Bennelt, de Rangoon, p. 15, et Mr. P. H. Martyr, de Myaungmya, p. 16, témoignent de la nature mélangée du dialecte Toungthu comparé avec les dialectes Kareng.

(2) Cf. ci-dessus, § 69.

(3) Situé dans une anse à marée ouvrant sur le golfe de Martaban, et autrefois port de mer important. Cf. Sir Arthur Phayre, *History of Burma*, pp. 27-28. Le Dr. Em. Forchhammer, dans ses *Notes on the early History and Geography of British Burma*, Rangoon, 1883, vol. i, p. 3, réclame le nom pâli *Saddhamanagara* comme le nom primitif de Thatôn ; mais, comme dans beaucoup d'autres exemples, c'est une étymologie Pâli greffée sur un nom étranger antérieur. A l'époque de l'ère chrétienne, nous trouvons ce port mentionné dans les annales chinoises sous le nom de *Ta-tan*, plus tard corrompu dans la phonologie chinoise en *Ta-tsin*, et l'un des nombreux exemples de cette dénomination géographique. Sur *Ta-tan* = *Ta-tsin*, cf. Terrien de Lacouperie, *The Sinim of Isaiah not the Chinese*, p. 46 du *Babylonian and Oriental Record*, Janvier, 1887.

(4) Albert Fytche, *Burma Past and Present*, vol. i, p. 341.

(5) Sur le Tayal et son groupe de dialectes, cf. M. Guérin, *Vocabulaire du dialecte Tayal ou aborigène de l'île de Formose*, dans *Bull. Soc. Géog.*, Paris, 1868, xvi, pp. 466-495 ; l'abbé Favre, *Note sur la langue des aborigènes de l'île Formose et remarques sur le précédent vocabulaire*, *ibid.*, pp. 495-507. Mr. E. C. Taintor, dans son remarquable Mémoire sur *The Aborigines of Northern Formosa* (*Journ. North China Branch. Roy. Asiat. Soc.*, 1875, vol. ix, pp. 53-88), a donné un vocabulaire du Kabaran Pepohwan, et aussi un du Yukan-Tayal.

ques autres dialectes de cette île située en face de la côte chinoise de Fuhkien, ont droit à une place dans la revue que nous faisons en ce moment ; non pas que ces dialectes, tels qu'ils sont représentés, aient jamais été parlés dans la partie continentale de l'ancienne Chine, mais simplement parce qu'ils sont formés en grande partie d'éléments linguistiques apportés du continent dans l'île. L'introduction ininterrompue d'éléments linguistiques et ethniques provenant des Philippines, des Célèbes, des îles Liu-kiu, etc., a fondu ensemble toutes les caractérisques primitives, en empêchant la plupart du temps de les reconnaître. Si on ajoute à cela l'influence chinoise toujours agissante, les influences témporaires et accidentelles hollandaises, espagnoles, malaises et autres qui, bien qu'elles échappent à toute description, ne doivent pas être négligées lorsqu'il s'agit de tribus dans un état de culture aussi inférieur, on s'imaginera aisément que, dans quelques cas, la recherche des relations de parenté entre les dialectes délabrés de tribus en dissolution doive être abandonnée en désespoir de cause. Le problème se complique beaucoup plus que dans d'autres cas, lorsque la superposition et le mélange des langues a eu lieu, pour la plus grande partie, entre des langues et dialectes diversement dérivés des branches d'une souche commune (1).

140. Outre les difficultés que nous venons de signaler, nous devons encore mentionner le caractère défectueux des documents que nous avons à examiner. Un dictionnaire du dialecte Favorlang, recueilli au dix-septième siècle ; des notes grammaticales sur le même dialecte ; un vocabulaire, avec phrases, du dialecte Tayal ; des textes en Favorlang, Sidéïc et ancien Pepohwan, avec de courtes listes de mots de vingt et quelques autres dialectes ; voilà ce qui forme le bagage que les savants ont à étudier (2).

141. Dans la recherche des relations de parenté des langues, les renseignements historiques et les affinités géographiques ne doivent pas être négligés. La grande île de Formose, située en face et à proximité du continent, ne pouvait pas recevoir sa population exclusivement des îles situées plus au large.

(1) Ces remarques s'appliquent aussi bien à la plus grande partie des langues dont il est question dans ce travail.

(2) Pour la bibliographie détaillée, cf. mes *Formosa Notes*, § 57, n. 1.

Quelques facilités que les vents et les courants puissent avoir données aux nombreuses migrations qui, volontairement ou involontairement, atteignirent ses rivages sud, est et nord, la proximité de ses côtes, pleinement en vue du continent, était une tentation suffisante pour que les habitants de la côte chinoise s'aventurassent à faire le voyage. Les tribus pré-chinoises des provinces maritimes de la Chine étaient adonnées à la navigation (1), et leurs habitudes de piraterie furent longtemps un obstacle à l'avance des Chinois. Lorsqu'elles furent obligées d'intervenir à cause des guerres intestines entre les princes indigènes, en 110 av. J.-Ch., les troupes chinoises se retirèrent aussitôt qu'elles purent (2), laissant le pays « vacant », suivant leur expression, que nous devons comprendre par « livré à lui-même. » Les soldats du Fils du Ciel restèrent plusieurs siècles sans y pénétrer de nouveau, et ce ne fut qu'entre le cinquième et le sixième siècles que le Fuhkien fut sérieusement colonisé et incorporé à l'Empire. C'est pendant cette période intermédiaire que quelques tribus indigènes, graduellement repoussées par les colons chinois isolés, furent amenées à traverser le canal et à s'établir sur la grande île située en face de leurs côtes.

142. Après leur établissement définitif dans le Fuhkien, au commencement de la dynastie Sui (environ 593 de notre ère), les Chinois furent frappés par la vue de la grande île et par les rapports qui leur en arrivaient. Ils entreprirent successivement deux expéditions : la première, bien qu'infructueuse, leur permit d'apprendre que la langue des indigènes pouvait être comprise par les Küen-lun ; en conséquence, ils prirent des hommes de cette race comme interprètes pour leur seconde expédition. Mais il y avait déjà, à cette époque, plusieurs langues parlées dans l'île, et les interprètes ne purent pas se faire comprendre partout. C'est le premier exemple qui soit donné d'une connexion entre certains dialectes de Formose et d'autres du continent ; j'ai démontré ailleurs (3) que les Küen-lun en ques-

(1) « Ils sont expérimentés dans les guerres maritimes, et très versés dans la conduite des bateaux », dit un rapport à l'Empereur de Chine en 135 av. J.-Ch.

(2) Cf. ci-dessus, § 48.

(3) Cf. mes *Formosa Notes*, Division linguistique, §§ 37-41.

tion n'étaient autres que des tribus non-chinoises de la chaîne de montagnes au nord des provinces de Kuang-si et Kuang-tung.

143. Les affinités du glossaire, ainsi que les similitudes grammaticales et morphologiques, ont depuis longtemps permis de constater une parenté entre le Favorlang et les langues malaises. Le Tayal a été rangé plus tard dans le même groupe, et les dialectes sont ceux dont la connexion n'a été reconnue qu'en dernier lieu. Je n'ai pas la prétention de m'inscrire en faux contre cette opinion, qui a sa raison d'être et que je partage, bien qu'avec certaines restrictions. Les indices idéologiques des dialectes des Philippines. Tagal 2. $\frac{3}{4}$. 6. 7. IV, Bisaya, 2. 4. 6. 7. IV, Pampanga 2. 4. $\frac{5}{6}$. 7. II. IV, sont tout particuliers, et le dernier trouve son approximatif le plus rapproché dans le Sidéïc de Formose 2. 4. $\frac{5}{6}$. 7. II. IV. Mais le Tayal et le Favorlang de Formose, qui, au point de vue du glossaire, appartiennent chacun à un groupe différent, révèlent des symptômes d'une autre sorte. Leurs indices communs sont 1. $\frac{3}{4}$. 6. 7. V, lesquels, ainsi qu'on le voit, diffèrent quelque peu de ceux des Philippines, et leurs similitudes de mots ne sont pas restreintes aux langues Tagalo-malaises. Ils vont plus loin que cela, et marchent plutôt de pair avec les dialectes pré-chinois de la grande famille Mōn-Taï, et aussi avec plusieurs dialectes pré-chinois de souche Küenlunic. En les rangeant d'après l'ordre de leur plus grand nombre d'affinités, nous trouvons le Tu-man, le Kih-lao, le Ngan-Shun Miao, le Miao bleu, le Miao-tze, le Tchung-kia Miao, le Li de Haïnan, et les dialectes Gyarung. L'usage de préfixes divers, si frappant dans les langues des Philippines, et également visible, bien qu'à un degré moindre, dans le Tayal et le Favorlang de Formose, se retrouve dans ces dialectes non-chinois de la Chine, où nous ne les voyons peut-être pas autant qu'ils y existent en réalité, à cause du manque de documents. Ces préfixes existent sur une large échelle en Gyarung, comme nous l'avons vu dans la section consacrée à cette langue intéressante.

144. Les remarquables indices idéologiques 6. 7, communs au Tayal, au Tsoo et au Favorlang de Formose, ainsi qu'au Tagala, au Bisaya et au Pampanga des Philippines, et qui se rapportent à la postposition du sujet et de l'objet au verbe, se

retrouvent sur le sol pré-chinois par l'influence qu'ils ont exercée sur les anciens textes, comme je l'ai montré au § 23 du présent travail. On ne les trouve pas dans les dialectes indigènes de la Chine que nous avons cités, parce que les données linguistiques dont nous disposons s'arrêtent court au troisième indice et ne révèlent que la postposition de l'objet, sans indiquer la position du sujet. Les indices idéologiques de ces dialectes, (1) 1. 4. 6 ou 1. $\frac{3}{4}$. 6, concordent dans cette mesure avec ceux du Tayal et du Favorlang de Formose.

---

(1) Pour le Gyarung, cf. §§ 130-135.

CINQUIÈME PARTIE.

Les langues des immigrants pré-Chinois. Dialectes Küenlunic éteints et survivants. §§ 145-179.

XVII. Les Karengs de Birmanie et les dialectes pré-chinois apparentés.

145. Les Karengs de Birmanie doivent être spécialement notés dans le présent travail. Ils ont conservé quelques traditions assez curieuses et tout particulièrement caractéristiques, dans lesquelles ils prétendent à une origine septentrionale et à une connexion avec la Chine, aussi bien qu'à une parenté avec les Chinois, qu'ils appellent leurs frères cadets. Bien que de pareilles traditions aient peu de valeur en Indo-Chine, parmi des nations admiratrices de la puissance chinoise et très-disposées à adopter les légendes qui leur viennent de ce côté, ainsi que je l'ai démontré ailleurs, il n'en est pas moins exact qu'à une certaine époque une connexion a existé entre les Karengs et quelques-unes des populations non-chinoises de la Chine primitive. Le point qui nous intéresse particulièrement ici, c'est que les langues indiquent une parenté, aujourd'hui assez éloignée, avec quelques langues Küenlunic non-chinoises.

146. Les affinités du glossaire et les indices idéologiques révèlent une formation indépendante, basée sur les mêmes

principes et composée d'éléments ethniques et linguistiques similaires à ceux des Chinois, mais distincte dès le principe et développée séparément. Toutefois, leur individualité et leur isolement relatif n'exclurent pas certains contacts et certains mélanges avec les Chinois, pendant la période nécessairement longue de leur enfance, alors qu'ils vivaient à proximité de l'Empire du Milieu. Selon toutes les probabilités, leur formation prit place dans la domaine de l'État non-chinois de Ts'u (1) (1050-223 av. J.-Ch., dans le Hupeh, le Hunan, etc.), et ils furent repoussés vers le sud-ouest à l'époque du royaume de Nan-yueh (2) (218-206 av. J.-Ch.).

147. Bien qu'il soit difficile de savoir exactement jusqu'à quel point les dialectes primitifs différaient de ceux d'aujourd'hui, (3) nous pouvons affirmer avec toute chance de probabilité qu'ils étaient Tibéto-Birmans et que leurs caractéristiques distinctes et modernes, telles que leurs cinq intonations et leur idéologie (indices 1. 4. 6. 8. VI), ont été acquises au cours de leur évolution, ou mieux, de leur formation. Leur noyau appartenait à ce groupe de dialectes non encore developpés qui, descendus du nord, ont formé les groupes de langues des Nagas et des Birmans. Les ancêtres des Karengs, bien qu'arrivés en Chine après les Chinois, passèrent à travers les états limithrophes du domaine de ces derniers, alors exclusivement restreint à la partie nord, et s'établirent au sud sur le sol de la Chine primitive. Ils se trouvèrent en léger contact avec des

(1) Cf. ci-dessus, §§ 31, 96, et aussi *The Cradle of the Shan race*, p. xxxviii.

(2) Cf. plus loin, § 194. Sur leur histoire subséquente, cf., mais avec précaution, Mr. Holt S. Hallett, *Historical Sketch*, l. c. Et, sur l'histoire et les langues, cf. Major Spearman, *British Burma Gazetteer*, i. 162-173.

(3) Sur les langues Kareng, cf J. Wade, *Karen Vernacular Grammar*, en Karen avec mélange d'anglais, à l'usage des étrangers, en quatre parties, comprenant terminologie, étymologie, syntaxe et style, Maulmain, 1861 ; J. Wade, *Karen Dictionary*, Tavoy, 1842 (non terminé) ; F. Mason, *Synopsis of a Grammar of the Karen language, embracing both dialects, Sgau and Pgho, or Sho*, Tavoy, 1846, in-4 ; F. Mason, *Journal of the Bombay Asiatic Society*, 1858, 1868 ; Brown, *On the Sgau and Pwo Karens*, dans *Journal of the Amercan Oriental Society*, vol. iv, etc. Cf. aussi E. L. Brandreth, *On the non-Aryan languages of India*, dans *Journ. Roy. Asiatic Soc.*, 1878. Et J. R. Logan, *On the Ethnographic Position of the Karens*, pp. 363-390 du *Journal of the Indian Archipelago*, Singapore N. S. 1858, vol. ii. J. Wada, *Anglo-karen dictionary*, revised and enlarged by J. P. Binney ; 4 t., Rangoon, 1881.

tribus Indonésiennes, et ils se mêlèrent très-fortement avec des tribus Mōn, ce qui explique l'introduction ancienne dans leur vocabulaire de nombreux mots appartenant aux formations Indonésienne et Mōn. Ils reçurent également beaucoup de mots des Chinois, et d'autres aussi des mêmes sources septentrionales que ces derniers, circonstance qui a contribué à multiplier les affinités Chinoises-Kareng dans le glossaire. Leur idéologie primitive, dont les indices étaient probablement 1. 3. 5. 8. III, fut très-modifiée par l'entrée, dans leur formation de nombreux éléments provenant de rudes tribus Mōn-Taï, lesquelles, selon la coutume formant loi en idéologie comparative, leur imposèrent leur idéologie du verbe, de sorte que leurs indices devinrent en fin de compte 1. 4. 6. 8. VI. Le développement des intonations résulta de la même nécessité qu'en chinois et dans d'autres langues. Comme nous avons expliqué ce développement plusieurs fois, nous n'y reviendrons pas ici.

148. Les affinités linguistiques des dialectes Kareng avec les langues pré-chinoises sont variées. Leurs similitudes de glossaire sont nombreuses avec les Yao, Kih-lao, Ngan-shun Miao, Miao bleus et Miao-tze, et la parenté est aussi établie par l'identité des indices idéologiques 1. 4. 6. Mais ces affinités, qui représentent un contact social et un mélange d'une assez longue durée, ne sont cependant pas suffisamment étendues pour prouver autre chose que la connexion indiquée précédemment. La seule autre formation qui subsiste de la formation linguistique Kareng, la seule, du moins, qu'on puisse reconnaître au milieu de tous les autres débris de dialectes, est celle des T'u Man, dont il va être question. Il peut en exister d'autres, mais nous n'en trouvons aucune trace dans les documents, assez pauvres d'ailleurs, dont nous disposons.

149. La langue des T'U MAN n'est connue que par une liste de 102 mots recueillis par les Chinois à Tan-kiang, dans le Tu-yun fu, dans le sud-est du Kueitchou (1). Les affinités des mots sont surtout Kareng, avec un mélange considérable de mots appartenant aux groupes Tibétain, Birman, Chyin et

(1) Extrait du *Miao fang pei lan*, par le Dr. J. Edkins, *A Vocabulary of the Miau dialects.*

Kachari Koch, et quelques mots propres au groupe LoLo. Les indices idéologiques révélés par le glossaire en question sont 1. 4. 6, et ils correspondent donc avec ceux du groupe Kareng (1. 4. 6. 8. VI).

XVIII. Les Jungs, Nagas et Lolos.

150. Le caractère non-chinois de la langue parlée par les Jungs, nomades et envahisseurs, a déjà été indiqué dans la première partie du présent ouvrage (III. § 28), et nous y renvoyons le lecteur. Il n'a été conservé, à notre connaissance, aucun specimen de cette langue dans les anciens documents chinois. Mais on y trouve les noms de plusieurs de leurs tribus, et quelques populations importantes encore en existence sont leurs descendants, plus ou moins purs ou mêlés.

Les Jungs pénétrèrent dans le Pays des Fleurs par le nord-est et l'est du Tibet, avant et après l'arrivée des tribus chinoises Bak civilisées. Ce furent donc des immigrants tout comme ces derniers ; mais, comme ils se répandirent dans plusieurs parties de l'ouest et du Sud de la Chine avant les Chinois eux-mêmes, ils ont droit à être placés parmi les pré-Chinois (1).

151. Les noms de leurs tribus concordent singulièrement avec les langues de leurs descendants pour suggérer une affinité commune Birmano-Naga (2). Ils s'accordent particulièrement avec les noms des tribus formant la division occidentale Naga, tels qu'ils ont été présentés, il y a quelques années, par feu G. H. Damant, dans un remarquable Mémoire publié après sa mort (3). Par exemple, ces noms Naga sont *Mao*, *Jemi* ou

(1) Feu le Dr. J. H. Plath, de Munich, avait rassemblé toutes les données historiques concernant les Jungs dans son Mémoire, *Die fremden barbarischen Stämme in Alten China* (München, 1874, 450-522), pp. 477-495. Le Dr James Legge en avait fait autant, mais seulement pour la période du Tchun tsiu, dans l'introduction de ses *Chinese classics*, vol. v, pp. 122-135, cf. pp. 123-126.

(2) Au sujet de la connexion Birmano-Naga, cf. Capt. C. J. Forbes, *On Tibeto-Burman Languages*, dans *Journ. Roy. Asiat. Soc.*, 1878, vol. x, pp. 210-227 ; et aussi son ouvrage posthume, *Comparative Grammar of the Languages of Further India*, fragment, London, 1881, pp. 52-76.

(3) *Notes on the Locality and Population of the Tribes dwelling between the Brahmaputra and Ningthi Rivers*, par feu G. H. Damant, fonctionnaire politique, Nâga Hills, dans *Journ. Roy. Asiatic Soc.*, N. S., vol. XII, 1880, pp. 228-258.

Yemi, *Yang*, *Li-yang*, *Reng*, *Quoi-reng* et autres, alors que les noms des tribus des Jungs étaient *Mao*, *Yam*, *Yun*, *Jung* (pour *Rung?*), *Li*, *Lo-kuei*, etc.. Et, comme les listes complètes ne contiendraient que quelques noms de plus de chaque côté, on ne saurait nier qu'ils offrent entre eux de remarquables similitudes, lesquelles, combinées avec les affinités linguistiques de leurs descendants, démontrent une réelle parenté dans les temps anciens, quelles que puissent être les divergences qui se sont produites dans le cours des siècles.

152. Le Laka, ou Lolo (1), langue du Szetchuen méridional, parlée sur une vaste surface par une population d'environ trois millions d'âmes, est celle dont nous possédons le vocabulaire le plus exact. Il a été compilé avec grand soin et beaucoup d'exactitude en 1877, par mon savant ami, E. Colborne Baber, du service consulaire britannique en Chine. Il renferme 200 mots, outre les noms de nombre et quelques petites phrases ; il se rapporte à la région située sur la rive droite de la rivière T'ung, affluent de la rivière Min dans le Szetchuen central (2). En mars 1883, Mr. Alex. Hosie a recueilli, à Hai-t'ang, aussi dans le Szetchuen central, mais plus à l'ouest, un petit vocabulaire de 75 mots Lolo, outre les noms de nombre (3) : ce vocabulaire représente une variété régionale de la même langue. Une liste de 80 mots, y compris les noms de nombre, avait été compilée par les Chinois dans le district de Weining, Kueitchou occidental (4), non loin du Szetchuen : ces mots représentent également une autre variété régionale de la même langue. A Yen-kiang, dans le centre méridional du Yünnan, un vocabulaire de 140 mots, y compris les noms de nombre, a été rassemblé par feu Doudart de Lagrée commandant l'expédition française en Indo-Chine (5), et ce vocabulaire fournit encore un autre exemple de l'unité relative de cette langue, qui s'étend ainsi dans le S.-O. de la Chine entre les 30e et 23e parallèles de latitude N.

(1) Aussi nommé *Lo-kuei*, comme une des tribus Jung.

(2) *Travels and Researches in Western China*, pp. 73-78, dans *Supplementary Papers*, *Royal Geographical Society*, vol. i, part. i, 1882.

(3) *Report of a Journey through the Provinces of Ssu-ch'uan*, *Yünnan and Kueichou*, pp. 62-73 (*Parliamentary Papers*, China, 1881, N° 2).

(4) *Hing y fu tchi*, transcrit dans J. Edkins, *Vocabulary of the Miau dialects*.

(5) *Voyage d'exploration en Indo-Chine*, Paris, 1873, vol. ii, pp. 509-517.

153. Dans les descriptions de ce peuple données autrefois par des voyageurs ou des fonctionnaires chinois, quelques mots ont été occasionnellement cités, et, comme ils ne se trouvent dans aucun des vocabulaires que nous venons d'indiquer, nous les donnons ici : *nai-teh*, femme-chef ; *toüü-ko*, célibataire ; *tchai-tchu*, homme ; *sabohwa*, chef. *Peh*, *peh-ma* ou *pai-ma*, sorciers ; aussi, *teu-muh*, *keng-tsui*, *moh-kuei*, *tchoh-kuei* et *heh-tcha*, tous des titres de fonctionnaires.

Les vocabulaires, qui dénotent une grande affinité avec le Birman et le Mo-so, révèlent les indices idéologiques 1. 4. 5. 8. III du groupe des langues Tibéto-Birmanes. Il y a des particules de classes et des tons ; ces derniers ont été notés par M. E. C. Baber, qui les a identifiés avec les tons 1. 3. 4 du dialecte moderne de Péking, outre le ton abrupt.

154. Les Laka-Lolos occupent une place importante dans l'ethnologie et l'histoire du S.-O. de la Chine ; mais le manque d'espace ne nous permet que de dire quelques mots sur ce sujet (1). Leur nom, autrefois *Lo-kuei* en chinois, changé en *Lu-luh*, et aujourd'hui en *Lo-lo* et *Ko-lo*, est devenu une sorte de sobriquet pour les tribus mixtes, qui, dans les provinces du S.-O., doivent leur origine à un mélange avec les tribus Taïc, Mōn et autres. Les variantes de leur nom proviennent de l'influence de la phonologie Taïc-Shan, qui assimile *h* ou *k* à *l* dans son adaptation des mots étrangers commençant par cette dernière consonne (2). Les Laka-Lolos étaient une extension au S.-E. des populations du N.-E. du Tibet, lesquelles reconnaissaient la souveraineté de la femme et étaient, en conséquence, gouvernées par des reines (3). Les Laka-Lolos, comme leurs frères les Mosos, ont conservé quelques restes de cette vieille coutume. Ils étaient connus des Chinois dans le S.-O. du Shensi actuel, au douzième siècle av. J.-Ch. ; mais nous n'avons aucun renseignement sur leurs mouvements vers le sud. Quelques-unes de leurs tribus étaient encore dans le

(1) Leurs noms de nombre sont Küenlunic. E. C. Baber (l. c., p. 17) rapporte que les trois premiers étaient autrefois *tu*, *fan*, *yi*, mais qu'ils ont changé depuis. Cf. plus loin, § 174, n. 1.

(2) Cf. ci-dessus, §§ 55-56.

(3) Leurs mœurs gynécocratiques ont donné naissance aux nombreuses histoires d'Amazones dans l'Asie centrale. Cf. Terrien de Lacouperie, *The Cradle of the Shan race*, p. 20.

N.-O. du Szetchuen au huitième siècle de notre ère. Mais certaines d'entre elles avaient atteint le N.-E. du Yunnan actuel et l'O. du Kuangsi, et au troisième siècle elles faisaient partie de l'Etat de Tsuan (partagé en deux *vers* 575 de notre ère), lequel fut conquis, en 778, par Kolofung, roi de Nantchao, qui chassa une grande partie des habitants vers le Szetchuen méridional (1).

155. De temps à autre ils ont essaimé et se sont mêlés aux tribus voisines, et aujourdhui ils couvrent une large étendue de terrain, indiquée ci-dessus. Ils ont conservé la connaissance de l'écriture *Tsuan;* en examinant plusieurs specimens et textes, bilingues ou autres, j'ai pu reconnaître que cette écriture était alphabétique et apparentée avec les plus anciennes écritures de l'Inde (2).

156. Les Y-Kia, race mêlée de Lolos et de Chinois, sur les frontières du Szetchuen et du Yunnan, parlent une langue qui appartient au même groupe, autant que nous pouvons en juger par les douze mots, y compris les noms de nombre, recueillis et publiés par Fr. Garnier dans le dialecte de Ma-shang (3), ainsi qu'il suit : *cato*, prendre du feu ; *tcho tcho*, manger ; 1. *amo ;* 2. *mi mo ;* 3. *so le ;* 4. *lileu ;* 5. *ngou mo ;* 6. *tchou mo ;* 7. *seu mo ;* 8. *ha mo ;* 9. *kou leu ;* 10. *'tseu mo*. Avec leurs suffixes de classe, ces noms de nombre appartiennent aux formes Lolo-Kato-Ho-nhi. Dans 2, 3 et 9, le suffixe de classe *leu* est le même que celui ajouté aux noms de nombre Lolo, tandis que le *-mo* des autres est semblable au *-mo* des Ho-nhi et des Man-tse (Lolos) dans les listes de Garnier.

Tcho-tcho est le Lolo *tzei tsö* ou *zozo le* (*le* est une finale qui se retrouve fréquemment dans les verbes), bien qu'en définitive de dérivation chinoise. Et le fait que ce mot peut se trouver là, loin de toute influence européenne ou de tout emploi du Pidgin, démontre que les théories mises en avant pour démontrer qu'il doit son origine à une altération européenne d'un mot chinois ne sont pas d'accord avec les faits.

(1) Cf. *Tang shu*; Tu sho, *T'ung tien; Taï-ping yü lan*, liv. 701. f. 12 *Yuen kien lei han*, liv. 232, ff. 34-35. *Miao Man hoh tchi*, liv. 2, ff. 1-4.

(2) Cf. Terrien de Lacouperie, *On a Lolo Ms. written on satin, Journ. Roy. Asiat. Soc.*, vol. xiv, 1882 ; *Beginnings of writing*, §§ 38, 226-232 ; aussi 156-158.

(3) *Voyage d'exploration en Indo-Chine*, vol, ii, pp. 509, 513, 517.

157. Les Liso, dont le nom s'écrit de diverses manières (1), et qui appellent un homme *Letcho*, d'où sans doute la dénomination qui leur est donnée, parlant une langue apparentée au birman, et qui est un dialecte-sœur du Laka-Lolo dans le N.-O. du Yunnan (2). Ce n'est pas une race homogène, mais des specimens de leur langue empruntés à deux tribus d'aspect différent se ressemblent. Une liste de 107 mots a été recueillie par le Père Desgodins (3), et une autre de 166, avec quelques phrases, par le Dr John Anderson (4), les deux listes comprenant les noms de nombre. Les indices idéologiques qu'on peut en déduire sont 1. 4. 5. 8. III, caractéristiques du groupe tibéto-birman. La proportion des mots semblables à ceux du Moso, du Laka-Lolo, du Liso, etc. et du birman, est considérable. Beaucoup d'adjectifs en Liso ont *-aw* comme finale. Les préfixes de classe semblent être connus ; ainsi les noms des parties du corps commencent par *pah-*, *baw-* ou *bay-*. Dans les mots pour « femme, épouse, jeune, main, homme, etc., » *la-* est le préfixe commun. *Latchoe*, « homme », ou mieux *letcho*, conduirait donc, pour le vrai nom de l'homme, à *-tcho*, apparenté au Lolo *tou*, qui a la même signification.

158. Les Mo-so, qui s'appellent eux-mêmes *Na-shi*, et que les Tibétains appellent *Djia*, appartiennent au courant de tribus qui émigrèrent du Nord vers les frontières occidentales de la Chine proprement dite et qui, depuis la période préhistorique, se sont successivement dirigées vers les régions plus ensoleillées du sud. Ils sont mentionnés dans les annales chinoises depuis le huitième siècle (5). Nous avons aujourd'hui quelques données sur trois de leurs branches.

(1) *Lih-so, Li-su, Li-tcheh*, dans les sources chinoises ; *Leesaw* dans le Rapport du Dr. John Anderson ; *Lei-su* dans les *Travels of a Pioneer of Commerce*, de T. T. Cooper, p. 337.

(2) *Miao Man hoh tchi*, iii, 3.

(3) *Mots principaux de certaines tribus qui habitent les bords du Lan-tsang kiang, du Lou-tze-kiang et Irrawaddy* (Yerkalo, 26 Mai 1872) ; *Bulletin de la Société de Géographie de Paris*, sér. vi, t. iv.

(4) *Report on the Expedition to Western Yunnan viâ Bhamô* (Calcutta, 1871, 8vo), pp. 136, 401, sq.

(5) J'ai rassemblé tout ce que les sources chinoises disent d'eux, ainsi que les informations fournies par les voyageurs modernes, dans *Beginnings of Writing*, part. i, §§ 56-82, où sont étudiées successivement l'histoire, la description, l'écriture, la linguistique et l'ethnologie de leur branche septentrionale.

159. La branche la plus septentrionale et la plus ancienne, dans le N.-O. du Yunnan et le S.-O. du Szetchuen, sur les frontières du Tibet, a été reconnue par le Père Desgodins. Leurs sorciers emploient une écriture hiéroglyphique, de laquelle j'ai publié deux manuscrits (1). Le missionnaire en question a imprimé un vocabulaire d'environ 200 mots de leur langue, d'après des notes recueillies par ses collègues, les Pères G. Biet, F. Biot et J. Dubernard (2). Feu Françis Garnier, dans son compte-rendu de l'exploration française en Indo-Chine, n'a pu en donner qu'un mot et une phrase (3),

160. De la seconde branche, ou Mu-tse, originairement de Wei-Yen dans le Yunnan méridional, et aujourd'hui établie dans le territoire Muong Lim de l'Indo-Chine septentrionale (4), nous avons un vocabulaire de 151 mots, recueilli par feu Doudart de Lagrée, et également publié par Fr. Garnier (5).

161. Les Musurs, qui s'appellent eux-mêmes *Lahu*, également originaires de la Chine (N.-O. du Yunnan) et formant la troisième branche, étaient inconnus jusqu'à la récente expédition aux États Shan faite par Mr. Holt Hallett (6). Ce voyageur a recueilli 148 mots et une vingtaine de phrases de leur langue, que je compte publier prochainement. Ils sont établis entre le Kiang-hai et le Kiang-hoen, par conséquent à l'est des *Mu-tze*.

162. Les trois vocabulaires appartiennent évidemment à trois dialectes d'une même langue, et, d'une phrase des Na-shi et de celles des Lahu, on déduit comme indices idéologiques 1. 4. 5. 8. III, c'est-à-dire ceux du groupe tibéto-birman. Les affinités du glossaire, qui confirment cette relation, montrent de plus qu'ils appartiennent à la division Laka de cette famille, avec les Lolos, Liso, etc.

163. Ho-ni, que les Chinois écrivent *Ngo-ni*, *Ho-ni*, *O-nhi* et

(1) *Ibid.*, pl. i, ii, iii.

(2) *Mots principaux de certaines tribus qui habitent les bords du Lan tsang kiang, du Lan-tze kiang, et Irrawaddy*, par l'abbé Desgodins, missionnaire au Thibet (Yerkalo, 26 Mai 1872), dans *Bulletin de la Société de Géographie de Paris*, sér. vi, t. iv.

(3) *Voyage d'exploration en Indo-Chine*, vol. i, p. 520, note.

(4) *Mc Leod's and Richardson's Journeys*, pp. 58, 60 (*Parliamentary Papers*, 420 Return, *East India*, 1869).

(5) *Voyage d'exploration*, vol. ii, pp. 508-616.

(6) *Exploration Survey for a Railway Connection between India, Siam and China*, p. 8, dans *Proc. Roy. Geogr. Soc.*, Jan. 1886.

plus souvent *Wo-ni* (1), est le nom d'un groupe de tribus et aussi d'une langue du Yunnan méridional, laquelle est un dialecte de la même famille que celles des Laka-Lolos, Mosso, Khos de Paleo, etc. Ils sont venus du nord (2), à une date inconnue, et s'étendent aujourdhui dans les états Shan. Une liste de 125 mots de leur langue, y compris les noms de nombre, a été recueillie par feu Doudart de Lagrée, dans le district Yunnan de Yuen-kiang (3).

164. Les *K'ato*, de la préfecture de Yuen-kiang, dans le Yunnan méridional (4), (probablement les mêmes que les Kado de la Birmanie, parlent une langue de la famille Lolo, étroitement alliée à celle des Ho-ni, dont on leur applique le nom à l'occasion. Un vocabulaire de 139 mots, y compris les noms de nombre, a été recueilli, également dans le Yuen-kiang, par feu Doudart de Lagrée (5). La similitude des mots indique la parenté, mais il n'y a pas d'exemples grammaticaux qui permettent d'établir l'idéologie.

165. Les tribus Kho, généralement appelées *Khas Kho*, et aujourdhui établies en Indo-Chine, étaient autrefois en Chine et prétendent être une colonie émigrée des montagnes Tien tsang, à l'O. du lac Tali dans le Yunnan occidental. Leur langue, qui appartient au groupe Lolo, ne nous est connue que par un petit vocabulaire de 138 mots, y compris les noms de nombre, lequel ne nous fournit aucune indication quant à l'idéologie. Ce vocabulaire est également dû aux soins du chef de l'expédition de 1867, qui le recueillit à Paleo, près du Mékong (lat. 21°) (6).

166. Tous ces langages ou dialectes constituent par eux-mêmes un sous-groupe, en ce sens qu'ils sont beaucoup plus semblables l'un à l'autre qu'à aucun des autres langages ou

(1) *Miao Man hoh tchi*, iii, 2.

(2) Quelques tribus *Ho-ni kan tze* se rencontrent encore au nord de Ta-tsien lu sur la frontière tibéto-chinoise. Cf. la grande carte chinoise *Ta tsing i tung yü t'u, nan*, iv, *si* 3.

(3) *Voyage d'exploration en Indo-Chine*, ii, 509 sq.

(4) *Miao Man hoh tchi*, iii, 2. Les *No-pi* et les *Heh Po*, dans la même préfecture, appartiennent à la même race et parlent la même langue.

(5) *Voyage d'exploration en Indo-Chine*, ii, 509 sq.

(6) *Voyage d'exploration*, ibid. Cf. aussi i, 373, 392.

groupes apparentés. Et ils prennent place, comme un trait d'union, entre les sous-groupes Birman et Naga (1).

167. Les Lu-tze, sur les deux rives du Lu-tze kiang, sur la frontière occidentale de la Chine du côté du Tibet, s'appellent eux-mêmes *Anungs*, ou *Kanungs* (2). Les Tibétains les appellent *Gnia*. Le nom de *Lu*, écrit d'une manière analogue, est connu depuis une haute antiquité dans l'histoire chinoise. Une tribu de ce nom était encore établie dans le Shan-si à Lu-ngan, en 593 av. J.-C., époque à laquelle l'Etat de Tsin les annihila comme puissance indépendante et les contraignit à se laisser absorber ou à émigrer vers le sud, alternative qu'ils adoptèrent partiellement, comme ce fut le cas habituel pour d'autres tribus. Les Lu-she n'étaient pas indigènes en Chine ; ils appartenaient aux Tek rouges (3), lesquels, avec les Tek blancs, formaient les deux branches d'un peuple qui était apparu dans le N.-O., près du siège des Tchou dans le S.-O. du Shen-si, vers 1300 av. J.-Ch., et qui se répandit ensuite dans les Etats chinois, au milieu desquels quelques tribus conservèrent leur indépendance jusqu'à la période des guerres civiles, tandis que d'autres pénétrèrent jusqu'aux régions, encore pré-chinoises à cette époque, de la Chine centrale et occidentale.

168. Que les Lu-tze soient ou ne soient pas les descendants altérés des Lu-she (4), nous n'avons pas à trancher la question ; mais la parenté générale que leur langue révèle semble plaider pour l'affirmative. Nous avons une liste de 111 mots, publiée par le Père Desgodins (5), laquelle montre une connexion étroite avec le tibétain, ou une influence de cette langue, trente-neuf mots étant pareils. Les autres mots sont chinois,

(1) Pour le tableau de classement, cf. plus loin, §§ 229, 231.

(2) Ils figurent comme *Kunungs* sur le cours supérieur du Nam Tisam et du Nam Dumai ou Phungmai, affluents septentrionaux de l'Irawadi, et sur le Norkan de la chaine Nognum, sur la carte du pays entre le Brahmaputra et le haut Irawadi, dans *Journey of an Expedition under Colonel Woodthorpe, from Upper Assam to the Irawadi, and return over the Pakkoi range*, by Major C. Reginald Macgregor, *Proc. Royal Geograph. Soc.*, Jan. 1887, pp. 19-41.

(3) Les Tek, moderne *Ti*, sinico-annamite *dich*.

(4) Dr. J. H. Plath, *Die fremden barbarischen Stämme in Alten China*, dans *Sitzungsber. d. philos. philol. Cl. der Akad. d. Wiss.*, 1874, pp. 457-471.

(5) *Mots principaux des langues de certaines tribus qui habitent les bords du Lan-tsang kiang, du Lou-tze kiang et Irrawaddy*, loc. cit.

Lolo, Moso, Khanti et aussi Kakhyen, en connexion avec le Khyeng et le birman. Les noms de nombre de 3 à 9 présentent les particularités du Kakhyen. Nous n'avons ni phrases ni textes, et nous ne pouvons dériver l'idéologie que du vocabulaire. Le génitif suit le nom : ainsi, dans le terme pour « porte » (lequel, par parenthèse, montre que T. T. Cooper a raison d'affirmer qu'ils ne bâtissent pas de maisons (1), *nam küm*, le premier mot est « soleil » ou « lumière », et *küm* signifie « maison », littéralement « lumière de la maison », qui n'a sans doute pas de fenêtres et n'est qu'une hutte. L'adjectif suit le nom : *re-me*, « rivière », se compose de *re*, « eau », comme en birman, et *me*, « grand », comme en taï ; *grame*, litt. « épée grande » ; *chiam kian*, « fer dur », pour « couteau ».

169. La langue la plus rapprochée du Lu-tze est le MELAM, qui appartenait autrefois à la même tribu, et fait aujourd'hui partie du district tibétain de Tsa-rong. Un petit vocabulaire de 58 mots, auquel sont jointes neuf courtes phrases, a été publié par le missionnaire déjà cité, lequel constate que les langues du Lu-tze, des PA-GNY ou *Ghien* (2), des TELU et des REMEPAN sont à peu près identiques à celle des Melam, et forment par elles-mêmes une famille linguistique. Nous sommes également redevables à ce zélé missionnaire de quelques remarques sur ces langues, que nous allons résumer ici (3). Dans la phrase, le sujet se place le premier, puis le régime direct, le régime indirect, et enfin le verbe, qui est toujours à la fin. Beaucoup de mots sont empruntés au tibétain ; mais ils prononcent toutes les lettres qui sont écrites en tibétain et dont certaines ont disparu de la prononciation courante de cette langue. Ainsi, ils prononcent tel qu'il est écrit le mot tibétain *slop-* « apprendre », tandis qu'on le prononce *lob-* au Tibet. Ces langues se servent de suffixes et de diverses finales

(1) *Travels of a Pioneer of Commerce*, p. 310. Ils se servaient de couteaux en guise de monnaie, comme les anciens Chinois. Cf. Terrien de Lacouperie, *The Old Numerals, the Counting-rods and the Swan-pan in China*, p. 14.

(2) Ils habitent Pa-yul ou Kiang-yul, sur la frontière tibétaine de l'Assam. Pour *Ghien*, prononcer *Dj'ién*.

(3) C. H. Desgodins, *Le Tibet d'après la correspondance des Missionnaires* (Paris, 1885), pp. 327-377.

pour les cas des noms et les modes des verbes ; mais le missionnaire ne nous donne pas le classement de ces particules. Les temps du verbe ne sont pas bien marqués ; cependant le passé est caractérisé par *tône* (tibétain *thun*) ou par *bê* ; le futur par *pon-ona* ; l'impératif par le préfixe *pon*. Lorsque le verbe indique un mouvement vers un objet, *ngal* est suffixé à l'impératif ; si c'est un mouvement vers le sujet, on emploie *jâ*. La langue Melam n'est pas monosyllabique ; sa prononciation n'est ni douce ni uniforme comme celle du tibétain ; bien qu'elle ne soit pas rude, elle est saccadée ; on appuie sur chaque syllabe, de sorte que, lorsqu'ils parlent vite et avec animation, on dirait presque qu'ils bégayent (1).

170. Les indices idéologiques sont donc complets. 2. 4. 5. 8. III. Ils révèlent un écart intéressant de la position du génitif par rapport à la formule habituelle tibéto-birmane 1. 4. 5. 8. III, qui était probablement aussi celle de cette langue à une période antérieure, comme le montrent les affinités du glossaire. La postposition du génitif ne doit probablement pas être attribuée à une influence Khamti, en raison de l'époque tardive où cette branche de la race Shan arriva en contact avec eux. Un pareil renversement dans l'idéologie d'une langue suppose une influence puissante et persistante. Ce phénomène s'est probablement produit dans l'intérieur de la Chine propre, lorsque les Lu-tze et les tribus Mõn-Taï restèrent en contact pendant plusieurs siècles.

171. Les *Lu-tze*, comme branche des Teks, ont peu de droits à être classés parmi les pré-Chinois. Comme les Jungs, c'étaient des intrus et non des aborigènes dans le Pays des Fleurs, les aborigènes étant seulement ceux dont l'établissement remonte à la période préhistorique. Mais, à l'inverse des Jungs, ils n'entrèrent en Chine qu'après les tribus Bak civilisées. D'autre part, comme certains d'entre eux, après leur entrée en Chine, se répandirent dans plusieurs parties du pays avant les Chinois eux-mêmes, on peut, pour plus de commodité, les ranger parmi les pré-Chinois.

(1) La Mission du Tibet, p. 374. Cf. ci-dessous les remarques du Capt. W. Gill.

XIX. Les Si-Fan et les Tibétains.

172. Les dialectes Si-fans et Tibétains, dont il va être question ci-après, dans les §§ 173-179, appartiennent aux tribus Kiang ou tibétaines, et à celles des tribus Jung qui, pendant toute l'histoire chinoise, furent comme des épines dans le flan occidental de l'empire chinois. L'histoire de leurs anciennes et incessantes attaques contre les Chinois est quelque peu mêlée à celle des Jungs (1), confusion que la parenté de toutes ces tribus explique facilement.

173. Les Meniak, ou tribus *Menia*, au S. et à l'O. de Darchiendo, sur la frontière tibéto-chinoise, parlent une langue qui nous est connue par deux vocabulaires : l'un, de 185 mots, recueilli par Mr. Brian Hodgson (2) en 1853 ; l'autre de 232 mots et quelques courtes phrases, recueilli par Mr. E. Colborne Baber (3) en 1878 : ces deux listes de mots comprennent les noms de nombre. Il y a des particules de classes et trois tons, savoir, le premier et le second du dialecte moderne de Pékin, et le ton abrupt (4). Les indices idéologiques, révélés par les exemples, sont 1. 4. 5. 8. III, c'est-à-dire la formule du groupe tibéto-birman (5), dans lequel ce dialecte occupe une position particulière, ayant été fortement influencé dans son vocabulaire par le chinois.

174. Les Sung pan Si fan, ou « Etrangers occidentaux de Sung-pan ting », dans le N.-O. du Szetchuen, sur la frontière tibétaine, parlent une langue qui ne nous est connue que par une courte liste de mots (6) recueillie sur les lieux par feu le Capt. W. Gill, qui m'a laissé son manuscrit :

(1) Cf. *Si kiang tchuen*, dans *Hou Han shu*, liv. cxvii.

(2) *On the Tribes of Northern Tibet and of Sifan*, dans *Journal of the Bengal Asiatic. Society*, 1853, vol. xxii, p. 121. Probablement les *Mi-nok Nan y tchi*, dans le *Taï ping yü lan*, liv. 789, f. 5.

(3) *Travels and Researches in Western China*, pp. 71-78.

(4) S'il y en a d'autres, ils ne sont pas notés dans les vocabulaires. Mr. E. C. Baber a noté les tons 1 et 2, et Mr. B. Hodgson le ton abrupt.

(5) Comme en tibétain, la négation est placée au milieu des verbes composés, ou devant les verbes simples.

(6) Les noms de nombre de 1-12 et 20 ont été publiés par le Col. H. Yule dans son *Essay Introductory to Capt. Gill's Journey*, l. c.

homme, *īārū*, *yāru* (1).
femme, *mārū*.
eau, *che*. Cf. tibétain *tchu*, *tchab*.
montagne, *heureux* (prononcer comme le mot français). Cf. tibétain *hbrog*, « pâturage montagneux. »
froid, *chāque* (pr. *que* comme en fr.). Cf. tibét. *k'yags*.
chaud, *drōgue*. Cf. tib. *dropo*.
manger, *zāmāzō*. Cf. tib. *bza-ba*.
êtres humains, *ngue*.
nom d'un Lama, *nāwā*.
oui, *dări*, non, *dămāri*.
un, *ki*. deux, *nye*.
trois, *song* (très-nasal, *o* comme *o* dans fond).
quatre, *hgherh* (2), cinq *hnā*. six, *drú*.
sept, *tenit* (pron. comme en fr.).

(1) Cf. Mongol *era*, *ere*.

(2) « La lettre *r* est roulée d'une façon très-prononcée, ce qui fait un contraste frappant avec la manière dont elle est esquivée par les Chinois, qui souvent ne peuvent pas la prononcer, par exemple au commencement d'un mot devant *a* ou *i*, où ils changent *r* en *l*. Dans d'autres cas, toutefois, ils sont capables de produire le son, comme dans le mot « *i-ran* ». Le regretté voyageur remarque également à propos de cette liste de mots : « La transcription ne peut donner qu'une idée imparfaite des bruits étranges qui se font entendre dans leur gorge pour prononcer ces mots. » — Capt. William Gill, *The River of Golden Sand* (London, 1880, 2 vol.), vol. i, p. 378. — Des remarques analogues ont été faites par Mr. E. C. Baber à propos des Lolos (§§ 152-154). — « Le langage des Lolos indépendants est dur, abondant en gutturales et en consonnes aux vibrations singulières. L'*l* galloise aspirée se présente souvent, comme dans *hlopo* « lune » ; mais il n'est pas aussi facile d'aspirer l'*n*, comme dans *hnabé* « nez ». Il y a un son labial qu'on pourrait écrire *bwrbwru*, qui se prononce comme si celui qui parle frissonnait de froid, et qui n'est pas difficile à imiter ; mais lorsque le même procédé de frissonnement doit être appliqué à une linguale, comme dans le mot qui signifie « fer », et que j'ai transcrit *shu-thdhru* en désespoir de cause, la langue d'un Anglais reste impuissante. Heureusement pour les étrangers, ces vieux mots se sont modifiés de manière à pouvoir être plus facilement prononcés sans cesser pour cela d'être intelligibles ». *Travels and Researches in Western China*, p. 72. — Cf. le Lolo *hlobo* « lune », tibétain écrit *zlava*, Limbu *lava*, Lepcha *lavo*, Chapang *lame*, Pahri *nhiba*, dial. Kiranti *ladipa*, *ladiba*, *ladima*, etc. ; et le Lolo *shu-thdhru* « fer », Bodo *chárr*, *shárr*, Dhimal *chirr*, Garo *shurr*, Kachari *sorr*, Kiranti *syal*, *syel*, *sel*, Thochu *sor-mo*, Mandshou *sele*, etc.

huit, *gye* (*e* très-bref). neuf, *kur*.
dix, *chithămbā*.
onze, *kitze*. douze, *chunye*. treize, *chusong*. quatorze, *chuugurh*. seize, *chudru(k*. dix-sept, *chutenit*. dix-huit, *chukye*.
dix-neuf, *chuque* (*que* fr.).
vingt, *nyiketămbā*.
trente, *songitămbā*.
quarante, *hghtyitămbā*.
cinquante, *knachitămbā*.
soixante, *drukhitămbā*.
cent, *chiā* ou *jiatămbā*.

175. Nous n'avons pas d'exemples qui permettent d'établir l'idéologie de la langue ; mais les noms de nombre et la majorité des mots sont tibétains (1), avec quelques différences. Le lama Nawa, qui fournit ces données, écrivit lui-même les noms de nombre et quelques mots sur le carnet du voyageur, en *Umin* ou caractère cursif tibétain.

176. La langue des MAN-TZE EXTÉRIEURS, en d'autres termes Man-tze au-delà de l'ouest de Lifan fu, dans le Szetchuen occidental, ne nous est connue que par quelques mots, encore inédits, et les noms de nombre, dont une partie a été publiée (2), le tout recueilli par feu le Capt. W. Gill pendant son voyage dans la région. Je reproduis le tout d'après les feuilles détachées de son carnet, qu'il m'a laissé :

oui, *ngus* (comme la finale *ng* de « thing », jointe à l'anglais *us*).
non, *miāk*.
homme, *lătzye* (le *ye* très-bref).
femme, *tĕmĕk* (le *k* presque imperceptible).
père, *tĕchĕ*.
montagne, *kangrĕ* (l'*r* roulé, le *ng* presque imperceptible).
froid, *kō-ăd-rĕ*.
chaud, *kō-as-ti*.

(1) Ainsi que cela a été reconnu avec juste raison par mon savant ami le Col. H. Yule, C. B., LL. D., dans le Mémoire cité plus haut.

(2) Les noms de nombre 1-12 et 20 ont été publiés par le Col. H. Yule dans son Essai, où il a signalé leur identité avec ceux du Thochu.

manger, *kāz-ye* (1), (l'*e* comme dans « miette »).
un, *ārgu* (2), (les *r* roulés).
deux, *nergu* (*e* = *aï*).
trois, *ksirgu*.
quatre, *gsairgu*.
cinq, *wargu*.
six, *shturgu*.
sept, *shnergu*.
huit, *kshargu*.
neuf, *rbergu*.
dix, *khadrgu*.
onze, *khātyi*.
douze, *khāner* (sans l'*r* final).
treize, *khasi*.
quatorze, *khasia* (*sia* dans *Asia*).
quinze, *khonga*.
seize, *khāchou*.
dix-sept. *khasner* (sans l'*r* final).
dix-huit, *khākshā*.
dix-neuf, *khārgüë*.
vingt, *nesā* ou *nersā* (sans *r*).

177. Quelques mots, comme *Shui tang tzai*, et une ligne entière écrite dans le carnet du voyageur montrent qu'ils emploient l'écriture cursive tibétaine *umin*. Le petit vocabulaire n'est pas dépourvu d'intérêt. Les noms de nombre révèlent une superposition de finales : *-gu*, qui rappelle le chinois *-ko*, et qui est une particule de classe, pouvant être remplacée par d'autres, suivant le cas des objets qui sont énumérés. Ces particules ne sont employées, ainsi que c'est le cas dans beaucoup d'autres langues, qu'avec les dix premiers noms de nombre ; leur but est de permettre à des esprits peu développés de s'appuyer suffisamment sur un mot qui n'est souvent qu'un monosyllabe. Cette question est très-importante, mais nous ne pouvons pas nous y arrêter ici plus longtemps. Les neufs premiers noms de nombre de la langue en question ont un *r* final, qui peut être simplement une finale adjective ou une ancienne

(1) Probablement *ka-zye*.
(2) Dans le manuscrit, la finale *gu* est écrite *goo*.

particule de classe d'une application générale, devenue une simple enclitique, au cas toutefois où ces noms de nombre ne seraient pas d'importation étrangère. Ils ressemblent tellement à ceux des Thochu, sur la frontière tibéto-chinoise (1), lesquels ont tous le suffixe plein *-ri* ou *-re*, que, selon toute probabilité, ils ont été empruntés. Les quelques autres mots que nous connaissons de la langue montrent qu'elle est complètement distincte du Thochu, et non sans quelque relation avec le Gyarung. Il semble qu'il y ait deux sortes de particules de classe, *ta-* ou *te-* pour les objets, *ko-* ou *ka-* pour les adjectifs et les verbes.

Cette langue est mêlée, et l'idéologie ne ressort pas clairement.

178. Les LI-FAṄ MAN-TZE, ou Man-tze de la ville de Li-fan, dans le N.-O. du Szetchuen, parlent un dialecte qui ne nous est connu que par les soins de feu le Capt. W. Gill. J'extrais des feuilles détachées de son carnet la liste suivante de mots encore inédits (2) :

oui, *pai* (3).
non, *nipa*.
homme, *choize* (4), *me* (la voyelle brève).
femme, *chīme*.
garçon, *chibye*.
eau, *tse* (5).
montagne, *pse* (6).
froid, *pa* (comme l'anglais *hat* sans *t*).
chaud, *khsī* (7).
manger, *gnädze* (8).
un, *chek* (9) (comme l'anglais *shirt* sans *rt*, mais *tch* pas comme *sh* ; *-k* presque imperceptible).

(1) Un vocabulaire Thochu a été compilé par Mr. Brian H. Hodgson, dans *On the Tribes of Northern Tibet and Sifan*, dans *Journal of the Bengal Asiatic Society*, 1853, vol. XXII, p. 121.

(2) A l'exception des nombres 1-12 et 20, qui ont été publiés par le Col. Yule.

(3) Cf. Sokpa *bi*.

(4) Cf. Manyak *chhoh*, tib. *mi*.

(5) Cf. tib. *chhú*, Gyarung *tichi*.

(6) Cf. Thochu *spyah*.

(7) Cf. Gyarung *kassi*, Manyak *cheche*.

(8) Cf. Manyak *gnajen*.

(9) Tous les noms de nombre sont tibétains, avec de légères variantes.

deux, *nyĕ* (*ye* pas comme dans *die*, mais comme l'anglais *ye*).
trois, *sĕ* (très-bref, comme l'anglais *sir*, avec *r* apocopé).
quatre, *zshe* (même finale).
cinq, *knā*.
six, *true* (comme l'anglais *true*, très-bref).
sept, *dăn*, ou *den*, ou *dun*.
huit, *gyot* (*g* et *y* prononcés ensemble, très-brièvement, comme l'anglais *yacht*).
neuf, *gŭch* (son légèrement guttural à la fin).
dix, *pchĕ* (1).
onze, *pchĕchek*.
douze, *pchĕnyĕ*.
treize, *pchĕsĕ*.
quatorze, *pchĕzshe*.
quinze, *pchĕknā*.
seize, *pchĕtrue*.
dix-sept, *pchĕdan*.
dix-huit, *pchĕgyot*.
dix-neuf, *pchĕguch*.
vingt, *nyeshe*.

179. Il n'y a pas d'exemple, dans la liste ci-dessus, qui permette d'établir l'idéologie, si ce n'est peut-être la postposition de l'adjectif (indice 4). Les particules de classes ou coefficients, si marqués dans les autres listes, manquent ici. Quelques comparaisons de mots que j'ai pu relever dans les notes du voyageur démontrent une parenté avec les autres dialectes de la région, et non pas seulement avec le tibétain, comme le feraient supposer les noms de nombre. C'est un dialecte Si-fan tibétanisé.

---

(1) Cf. tibét. écrit *Bchu*.

QUATRIÈME PARTIE.

Aborigènes et Envahisseurs.

XX. NOMS PROPRES PRÉ-CHINOIS.

180. Les recherches onomastiques, comme devant aider à l'ethnologie moderne, sont généralement dangereuses, et il vaut mieux les lassser de côté, surtout quand il s'agit de noms de tribus ; les similitudes de noms peuvent être de simples coïncidences d'un caractère temporaire (les antécédents respectifs de ces noms assimilés pouvant servir à démontrer qu'ils ont été dissemblables à l'origine) tandis que certains noms peuvent survivre et se transmettre malgré une superposition ou une succession de populations différentes. Une race peut avoir disparu, laissant derrière elle des noms et des appellations qui lui étaient propres. De telles recherches, limitées à une investigation de l'ancienne ethnologie d'une contrée, doivent être poursuivies sans qu'on puisse se rapporter aux populations modernes comme référence. Parmi les noms géographiques, ceux des rivières, on le sait, résistent mieux que les autres et sont fréquemment intéressants parmi ceux qui ont survécu. Dans le cas actuel, ces noms tiennent tout ce que nous pouvons attendre d'eux.

181. Un coup-d'œil jeté sur la carte, montre, à l'inspection seule des noms de rivières, qu'on doit conclure à une pluralité d'éléments ethniques dans la population primitive du pays. Dans tout le bassin du Fleuve Jaune, ou *Huang ho*, ce dernier terme, *ho*, est appliqué à toutes ou à presque toutes les rivières, comme Lo-ho, Luei-ho, Shu-ho, Wen-ho, Hu-to-ho, Ma-liao-ho, etc., etc. Si nous descendons dans le bassin du Yang-tze kiang et vers le Sud, nous trouvons un autre terme, *kiang*, appliqué partout : Tcheh kiang, Mei kiang, Heng kiang, Kia kiang, Si kiang, Peh kiang, Yu kiang, etc., etc. Remontant vers le nord-ouest, nous rencontrons un troisième mot, *shui*, qui signifie proprement « eau », dans Tchih shui, Heh shui, Sin shui, Hung shui, etc., etc., et qui n'est sans doute qu'une

transcription chinoise du tibétain *tchu*. Les deux premiers mots, *ho* et *kiang*, ont aujourd'hui la signification reconnue de « rivière » en chinois ; mais ils n'appartiennent pas au fonds de la langue chinoise, qui n'avait autrefois qu'un mot et un symbole, *tchuen*, pour « eau courante », et aucun pour « rivière ». Ce fait trouve sa confirmation dans la formation même des caractères chinois *ho* et *kiang*, ce dernier le plus récent, mais tous deux composés de l'idéogramme muet qui suggère l'idée de l' « eau » et d'un signe phonétique qui indique le son. *Ho* représente un mot apparenté au Mongol *ghol* « rivière (1) », et *kiang*, autrefois KANG, KUNG, KONG, est un survivant de la même formation linguistique à laquelle appartient le nom du GANGE. Cette distribution de nom coïncide, dans ses lignes générales, avec celle des populations qui ont précédé les Chinois en Chine, telle que nous l'avons établie dans le présent travail.

182. En ce qui concerne les noms des tribus pré-chinoises, il y a à surmonter plusieurs difficultés importantes. La multiplication excessive de petites communautés et le fractionnement apparent, basé sur les appellations locales de tribus ayant une grande extension, ne sont qu'une de ces difficultés. J'ai trouvé environ *quatre cents* de ces noms. Une autre difficulté consiste dans le décousu des noms indiqués dans les sources chinoises ou par les voyageurs européens. Des noms tels que *Lolo*, *Man-tze*, *Miao-tze*, *Si-fan*, *Tu-y*, *Tu-jen*, *Y-jen*, *Pên-ti-jen*, etc., sont employés d'une manière vague en différents endroits et peuvent, selon toute probabilité, être considérés comme des noms vagues, des expressions chinoises au sens indéfini, le plus souvent dédaigneux, et dépourvues de toute signification ethnologique. Ces dénominations n'étaient pas si vagues dans le principe et marquaient des divisions ethniques ; mais, par la suite, les mélanges de race et l'ignorance des compilateurs chinois et des voyageurs ont amené la confusion actuelle.

183. Beaucoup de noms ne sont pas, en réalité, des noms de tribus, mais plutôt des qualificatifs tirés, soit de la situation géographique, soit d'un détail caractéristique de mœurs, de costumes, etc., qui a frappé l'auteur de la première relation.

(1) Ne pas confondre avec le Turki *kul* « lac. »

La même tribu, visitée par un autre voyageur, a souvent reçu un autre sobriquet, et a été classée plus tard comme une tribu différente, sous ce nouveau nom. De la sorte, des tribus d'une seule et même souche ont reçu, de voyageurs différents et dans des endroits différents, divers noms, tandis que des tribus de souche différente ont reçu des sobriquets identiques. Une pareille débauche onomastique n'est pas faite pour faciliter l'explication des problèmes compliqués d'ethnologie que soulève l'histoire des populations de l'Empire du Milieu.

184. Ceux des noms indigènes qui sont corrects ne sont pas, d'ailleurs, toujours reconnaissables. Ils se présentent à nous vêtus à la chinoise, généralement défigurés par l'étroite orthoépie chinoise, et le plus souvent compliqués par le sens méprisant que leur ont donné le Chinois dans le choix des symboles affectés à leur transcription.

185. Quelques noms, appartenant au commencement de l'histoire, ont échappé à ce dernier stigmate. Ce sont surtout ceux de tribus assez puissantes pour que la proximité de leurs établissements ait forcé au respect les Chinois déjà hautains à cette époque, mais encore faibles et peu considérés ; tels sont, par exemple, ceux des

Jung, dont la signification de « arme, chariot de guerre », fut bientôt étendue à celle de « guerrier » (1).

Y, l' « homme au grand arc », ainsi traduit d'après la composition du symbole, qu'on prétend être formé de *ta* « grand », et *kung* « arc » ; mais cette composition n'est pas ancienne, et primitivement le symbole s'écrivait d'une manière différente (2).

(1) Dans le système Ku-wen primitif, il est écrit NGU « massue », placé au-dessous de *Mou* « hache » ? (Cf. Min Tsi kih, *Luh shu hung*, liv. i, f. 11). Le même mot s'écrivit plus tard avec d'autres symboles, ressemblant quelque peu comme forme aux anciens, mais purement idéographiques et n'indiquant nullement le son, savoir *kia* « bouclier », tous *kwo* « épieu », comme c'est expliqué dans le *Shwohwen*, qui se rapporte seulement au Siao tchuen ou petits caractères des sceaux. Cf. Dr. J. Chalmers, *The structure of Chinese Characters after the Shwohwan*, p. 51, et ci-dessus, § 66, note.

(2) En Kuwen il est écrit *Tšong* ou *Shang* « haut », sons *T'i* ou *Shi* « jacens corpus », ce qui suggère un mot comme Tit, Tish, Shit, Shish, dont le son est resté dans le sinico-annamite *dzi*. Une autre forme Kuwen du même caractère, qui correspond probablement à sa signification

Ces noms, ainsi que ceux de *Lai*, *Lu*, *Lo*, etc., probablement l'un des termes indigènes pour « homme », écrits avec des caractères anodins qui n'ont pas de signification méprisante, ne sont que quelques exemples d'une longue liste.

186. Mais il y a, en revanche, une longue liste de noms transcrits avec une signification méprisante, obtenue en rendant les appellations indigènes au moyen d'un symbole chinois désignant un « animal, » système inacceptable même pour les Chinois, comme on le verra par les exemples suivants :

Ma, « cheval. »
Mân, « ingouvernable vermine, » nom générique pour les tribus non-chinois du Sud.
Min, « espèce de serpent, » dans la Tukhien, etc.
Miao (1), « chat, » les aborigènes du Centre.
Pa, « énorme serpent, » dans le Szetchuen.
Shu(k, « ver à soie, » aussi dans le Szetchuen.
Lo-lo, « écureui.. »
Wu, « corneille. »
Lung, « dragon. »
Ti(k (2), « chien fougueux, » les barbares du nord.

actuelle de « pacifique, était *shi*, placé au-dessus de *ni*, donc *shi-ni*, qui était peut-être en connexion, comme un antécédent collatéral, avec l'expression vulgaire moderne *Sih-nu*.

(1) Comme dans *Tsing Miao*, *Heh Miao*, etc., c'est-à-dire « Miao bleu, Miao noir, etc., » et aussi dans *Miao-tze*, les fameux « fils du sol » des anciens sinologues, dont la méprise court encore tous les livres qui se rapportent à la Chine. Cette interprétation erronée est un exemple intéressant de mythologie graphique, lequel n'est point rare dans les noms propres chinois et les légendes historiques. Les anciens interprètes avaient été induits en erreur par l'analyse (toujours dangereuse en style moderne) du caractère *Miao*, qu'ils supposaient avoir signifié primitivement « herbe-champ », tandis qu'en même temps ils prennent *tze* avec sa signification de « fils, enfant ». Ces deux hypothèses sont également fausses. Le caractère *Miao* tel qu'il est écrit dans le système du Petit Sceau ou style *Siao tchuen*, était une imitation d'un ancien caractère illustré qui représentait la tête d'un chat et signifiait « chat », lequel mot s'écrit aujourd'hui tout autrement. *Tze*, d'autre part, n'est que l'enclitique des appellatifs. Quant à la raison qui fit prendre *Miao* pour rendre le nom de ces tribus, nous pouvons supposer qu'elle fut double : leur langue fortement vocalisée, que les Chinois ne pouvaient comprendre et auxquels elle paraissait ressembler au miaulement des chats, et le fait qu'ils s'appelaient eux-mêmes *Mro* « peuple, tribu », terme encore usité en Indo-Chine, et que l'orthoépie limitée des Chinois ne leur permettait pas de rendre autrement.

(2) *Ti(k* ne fut pas d'abord une appellation dédaigneuse. Cf. ci-dessus, § 167, note.

Ti, « espèce de poisson, » à l'ouest du Szetchuen.
Ngao, « grand chien, » le mâtin du Tibet.
Et bien d'autres encore.

Quelques-uns de ces appellatifs peuvent être dépouillés de leur enveloppe méprisante, comme *ngao*, « grand, fier, » sans le « chien » déterminatif; *ti*, « racine profonde, » sans le « poisson » déterminatif. D'autres curieux exemples d'altération, du moins par écrit, se trouvent dans les noms des tribus qui s'appellent elles-mêmes *Yao*, écrit avec le signe qui signifie « serf; » *Pu(k*, écrit avec le signe « esclave; » *Shuk*, « homme », écrit « ver-à-soie, » comme ci-dessus, et d'autres.

XXI. Retraite graduelle des Pré-Chinois.

187. Les tribus aborigènes du Pays des Fleurs, avec lesquelles les tribus chinoises Bak, qui marchèrent à travers le Kansuh actuel vers le Shensi méridional, arrivèrent à se trouver en contact, ne les reçurent pas toutes de la même manière. Quelques-unes furent amicales dès le commencement, d'autres s'opposèrent à leur marche en avant, et les mêmes faits se renouvelèrent successivement dans le cours de leur histoire. D'abord faibles et peu importants, les Chinois n'avaient d'autre supériorité que celle de leur civilisation. Dans leur marche en avant, ils étaient obligés de traverser les principautés des indigènes, soit à l'amiable et en se mêlant à eux, soit, au besoin, par la guerre et la conquête, avec l'aide de tribus amies. Ils formaient d'habitude des postes avancés et des établissements militaires, autour desquels leurs colons pouvaient trouver un abri souvent nécessité par les dispositions hostiles des populations au milieu desquelles ils étaient disséminés. En règle générale, dans l'histoire de leur progrès et de leur développement, ils se faisaient précéder, dans la région qu'ils convoitaient d'occuper, par des colons dont les établissements ne cessaient d'augmenter. C'était leur pratique constante de pousser devant eux leurs exilés et leurs criminels, ainsi que tous les gens sans aveu, lesquels, avec les mécontents et les commerçants ambulants, ouvraient la voie à l'occupation officielle du sol. Les communautés et États non-chinois se trouvaient ainsi

graduellement saturés de sang chinois. Cette politique continua toujours à être employée, même dans les derniers temps, lorsque leur puissance était suffisamment établie pour leur permettre de mener les choses plus rapidement.

188. Sous la pression du progrès constant des Chinois, par infiltration lente ou par avance de vive force, les populations pré-chinoises se retirèrent graduellement vers le Sud ; quelques-unes furent absorbées dans l'entremêlement ; d'autres, acceptant le joug des Chinois, perdirent peu à peu toute individualité et arrivèrent à former partie de la nation chinoise. D'autres furent prises au piège par les procédés insidieux du gouvernement chinois, qui, conférant à leurs chefs des titres de noblesse et d'office, en fit ainsi, souvent malgré eux, de simples fonctionnaires chinois. Des impôts peu élevés et une reconnaissance nominale de la suzeraineté chinoise furent tout ce qu'on leur demanda tant que le gouvernement de l'Empire du Milieu ne se sentit pas assez fort pour exiger davantage et écraser toute velléité de résistance. Mais ceux des pré-Chinois qui refusèrent d'accepter le joug chinois furent successivement obligés d'émigrer au loin, soit de leur propre mouvement et en choisissant alors la région où ils croyaient pouvoir se retirer, soit, comme ce fut le cas dans les derniers temps, en se retirant dans les provinces que les Chinois avaient laissées inoccupées dans ce but. Le nombre des tribus obligées d'émigrer hors de la Chine fut considérable, ainsi que nous avons eu plusieurs occasions de le montrer au cours du présent travail (1).

189. La soumission graduelle des pré-Chinois fut une très longue affaire, qui commença avec l'arrivée des tribus chinoises Bak et qui n'est même pas encore terminée aujourd'hui, bien que la fin ne soit plus qu'une question de peu de temps. Pendant longtemps, le domaine des Chinois fut très limité, et même plus tard, bien qu'il fût en apparence très grand sur les cartes, il ne comprenait en réalité qu'une zone restreinte. Les postes avancés sur les frontières du vrai domaine chinois donnaient d'habitude leurs noms à des régions quelquefois

(1) Cf. plus haut, §§ 19, 66, 90, 91, 101, 102, 116, 117, 127, 129-144, 146, 154, 160, 161, 164, 167, 172. Aussi mon Introduction sur *The Cradle of the Shan Race*, et mes *Formosa Notes* (dans le Journal de la Société Royale Asiatique pour Juillet 1887).

entièrement insoumises, quoique le contraire ait longtemps passé pour être le cas, par ce fait que les relations inévitables entre les populations indépendantes et le gouvernement chinois avaient lieu par l'intermédiaire des fonctionnaires chinois de ces postes, pourvus à cet effet de titres pompeux de fonctions.

190. Nous ne pouvons pas entrer ici dans l'historique de la résistance opposée par les pré-Chinois aux empiètements successifs et à l'avance graduelle des Chinois. Nous nous contenterons de passer rapidement en revue les noms les plus importants de leurs États, agglomérations politiques ou confédérations temporaires de chefs et centres de résistance, avec lesquels les Chinois eurent à lutter, par ruse ou par force, pour continuer leurs conquêtes ou défendre celles déjà faites.

191. Dans leur marche vers l'Est, les Chinois primitifs avaient rencontré, entre autres :

Les *Tsao* et *Wei*, deux États de Jungs, autour du grand coude méridional du Hoang-ho, lesquels offrirent une grande résistance, et furent soumis en 2070 av. J.-Ch.

Les *Yu-kwei*, sur la rive nord de la même rivière, dans le N.-O. du Kai-fung fu actuel, lesquels avaient fait leur soumission avant l'époque que nous venons d'indiquer.

Les *Lai*, dans la presqu'île de Shantung, qui restèrent indépendants, ou tout au moins non-chinois, jusqu'à l'époque de Shé Hwang-ti (3me siècle av. J.-Ch.) ; ces peuples méritent quelque attention, parce qu'ils étaient très adonnés au commerce, et que, pendant longtemps, ce fut par leur port de mer Tsih-moh que furent introduites dans les États chinois beaucoup de choses provenant du commerce maritime avec le Sud durant la dynastie Tchou et peut-être même avant cette époque (1).

Les *Yao*, *T'ao*, *T'ang*, *Yü*, etc., tous noms d'États indigènes ou de régions, dont les premiers chefs chinois Yao et Shun se firent des titres princiers à l'époque de leur avance graduelle.

192. Dans le Sud-Est :

Les États de *Fang Fung* et *Kwei-ki*, au N. de l'embouchure du Yang-tze kiang, contre lesquels le grand Yü entreprit la mémorable expédition dont il ne revint jamais (§ 23).

(1) Sur les anciens couteaux-monnaie de Tshih-moh, cf. T. de Lacouperie, *The Coins and Medals of China in the British Museum* etc., vol. i, pp. 213-225.

Les *Ngu* ou *Wu*, déjà mentionnés ci-dessus (§ 34), 1200-172 av. J.-Ch., conquis par Yueh (§§ 28, 34-36).

Yueh (Tchehkiang et Kiangnan) ; — ? — 601-334 av. J.-Ch., conquis par Ts'u.

Min-yueh (Fuhkien oriental), — ? — 402 av. J.-Ch., conquis par les Chinois en 126 av. J.-Ch., puis abandonnés en 105 av. J.-Ch.

Tung Ngou, dans le Tchehkiang occidental et le Fukhien occidental, absorbés par le Nan-yueh postérieurement à 204 av. J.-Ch.

193. Dans le Centre et l'Ouest :

Les *San Miao*, dans le Honan oriental, et au S. des lacs Tung-ting et Po-yang. D'abord vaincus par les Chinois sous le gouvernement de Shun, qui exila plusieurs de leurs chefs dans le N.-O. (§ 130), ils prirent ensuite leur revanche et mirent en déroute l'armée qui avait été envoyée contre eux sous le commandement du grand Yü. Ils nouèrent cependant des relations amicales à certaines époques, et la plupart d'entre eux se retirèrent graduellement dans le cours des siècles.

A l'ouest de ceux-ci étaient les *Pong*, aussi Pan-hu (§§ 66 sq.), dont l'État, au nord du Szetchuen et dans le Hupeh, fut l'allié et le ferme auxiliaire des Chinois nouvellément arrivés (depuis le vint-deuxième siècle av. J.-Ch.) jusqu'au treizième siècle, époque à laquelle Wu-ting lutta contre eux (vers 1231 av. J.-Ch.), et aussi à l'époque du renversement de la dynastie Shang-Yin, pour laquelle ils avaient pris parti dans la lutte (vers 1050 av. J.-Ch.), par Wu Wang, le fondateur de la dynastie Tchou. C'étaient les ancêtres des *Ngu* et des *Y* de l'Est (§§ 34-36). Après la dissolution du grand État non-chinois de *Ts'u* (vers 1200-223 av. J.-Ch,), mentionné ci-dessus (§§ 31-33, 96-98), par lequel ils avaient été engloutis, et leur soumission nominale par Shé Kwang-ti, le fondateur de l'Empire chinois, ils se révoltèrent en 48 et 221 de notre ère, et ils étaient encore tellement puissants que, en 475, leur chef fut reconnu par l'Empereur de la Chine comme roi du Siang-yang, sur un grand territoire s'étendant vers le N. jusqu'au Fleuve Jaune dans le Honan. Cet État fut enfin renversé par la dynastie T'ang, sa population étant, en partie absorbée, en partie repoussée vers le S.-O.

A l'O. des Pongs étaient les *Pa*, connus des Chinois depuis le vingtième siècle, et qui, avec d'autres tribus, ancêtres des Taï-Shan, occupaient la plus grande partie du Szetchuen oriental et du Hupeh occidental, jusqu'à ce qu'ils reconnurent la suzeraineté de l'État de Ts'in, alors Empire naissant (troisième siècle av. J.-Ch.). Ils reconnurent ensuite la suzeraineté de la dynastie Han, et plus tard se révoltèrent en 47 et 101 de notre ère, ce qui amena leur soumission complète. Toutefois, ce ne fut pas avant l'an 1070 que le Szetchuen oriental fut incorporé à l'Empire.

A l'ouest des précédents étaient les *Ti* et *Kiang*, ces derniers étant des tribus tibétaines, ou mieux Si-fan (§§ 173-179), que les Chinois commencèrent à connaître en 1240 av. J.-Ch.

Les *Liao*, dans le Szetchuen septentrional (§§ 81-83), reconnurent, aux cinquième et sixième siècles, la suprématie des dynasties Wei et Liang ; mais ensuite ils se battirent contre la grande dynastie Tang, et leur soumission ne fut que nominale. Dans une semblable position se trouvaient les

Nan ping Man, dans le Kueitchou et le Szetchuen, qui payaient tribut aux Tang après l'an 629, et les

Ngo de Tchungtchou, Kueitchou septentrional, race de haute taille, grands yeux, dents blanches et teint basané (c.-à-d. non jaune). Quelques tribus de la même race, appelées *Pan-tun Man* (1), et d'autres occupant Yelang, répandues dans la région centrale qui joint le Szetchuen, le Yünnan, le Kueitchou et le Hukwang, avaient payé tribut à la petite dynastie Sung au cinquième siècle.

Les *Kin-tchuen* Si-fan (pas Miao-tze, comme le disent à tort les

(1) Ils avaient été appelés ainsi pendant quarante générations (c'est-à-dire 1200 ans ?) avant la période des Han, ce qui ferait remonter à l'an 1400 av. J.-Ch. Dans le Szetchuen oriental, la masse de leurs tribus, d'après le *Hou Han shu*, liv. 116, étaient braves et vigoureuses. Ils furent d'abord soumis à plusieurs reprises par les précurseurs des Han, époque à laquelle ils pratiquaient leurs coutumes nationales, se délectant particulièrement au chant et à la danse. Lorsque Kao-tsu (le premier Empereur de la dynastie Han, 206-195, av. J.-Ch.) les vit, il dit : « Ceci est le chant de la défaite du tyran Tchou-sin (1050 av. J.-Ch.) par Wu-wang. » Tchou-sin fut le dernier chef de la dynastie Shang yn, et Wu-wang le fondateur de la dynastie Tchou. Tu-yu (222-284) n'a point reproduit, dans son *T'ung tien*, ce passage intéressant, qui ne se trouve pas non plus dans le *Wan hien t'ung k'ao* de Matuanlin, compilé avec le *Tung tien* comme base.

documents chinois), sur le cours supérieur de la rivière Tung, dans le Szetchuen occidental, furent réduits seulement en 1775, après une lutte vive et sanglante.

194. Dans le Sud :

Les *Nan-yueh*, avec leur centre à Pan-yü (Canton), de 204 à 111 av. J.-Ch., sous cinq chefs, répandus dans le Tung Ngou (c.-à-d. Tchekkiang occidental), le Fukkien, le Kuangtung, le Kuangsi méridional et une partie du Tungking, tout le long de la côte, jusqu'à leur soumission partielle dans le Kuangtung.

Les *Nan tan tchou Man*, dont l'État était gouverné par la famille *Moh*, dans le Kuangsi N.-O., de 974 à 1122, époque à laquelle ils furent soumis nominalement.

Les *Si-yuen Man*, dans le Kuangsi, encore indépendants en 1085.

195. Dans le Sud-Ouest :

L'État de *Tsen*, dans le Yunnan central et S.-O., rejeton de l'État de Ts'u, à partir de 330 av. J.-Ch., suivi par

Les *Ngai-Lao* (§§ 99 sq.), lesquels, venant du Nord, se développèrent en

Luh-tchao (§ 104), ou six principautés qui devinrent le puissant État de

Nan-tchao (§ 103), 629-860, et plus tard l'État plus petit de

Ta-li, jusqu'en 1275, époque à laquelle il fut soumis par la conquête Mongole.

A l'est de ceux-ci étaient :

Les *Tsuan Man*, dans le Yunnan oriental et le Kueitchou occidental, 9-778, époque à laquelle ils furent momentanément absorbés par le Nan-tchao ; ils n'étaient pas encore soumis en 1127 (§ 154).

Les *Tung Sie*, dans le Szetchuen méridional,

Les *Si Tchao*, dans le Yunnan occidental, et

Les *Tsangko*, dans le Yunnan oriental, reconnurent la suzeraineté chinoise au neuvième siècle.

Les *Lolo* ou *Laka* (§§ 152-155), encore indépendants aujourd'hui dans la vallée de Liang shan, Szetchuen méridional.

Nombre de tribus du Hunan S.-O. et du Kuangsi septentrional furent soumises et refoulées dans le Kueitchou durant la période Yung-tcheng (1723-1735). Depuis l'époque de la dynastie Tang, et au moyen d'une politique aussi conciliante que les circonstances la permettaient, les efforts des gouvernements qui se sont succédé en Chine ont tendu à chasser toutes les tribus indigènes vers la région de la province de Kueitchou, où on les laissait relativement tranquilles. La dernière révolte importante, qui eut lieu dans le N.-O. de la province de Kuangtung, de 1830 à 1832, fut celle des Miao-tze de Lien-tchou; mais elle fut promptement réprimée par les troupes chinoises. Beaucoup d'hommes de ces tribus vinrent grossir les rangs des Taï-ping, dont la révolte fut comprimée en 1863, non sans une terrible effusion de sang, dans le Szetchuen. Mais il n'y a pas eu de soulèvement général de la part des survivants de la population primitive de la Chine; leur absorption et leur disparition graduelle continuent à s'opérer rapidement.

196. Les pré-Chinois aborigènes, bien que dans un état assez peu avancé de civilisation, n'étaient cependant pas sauvages, et quelques traits de leurs mœurs valent la peine d'être rappelés, d'autant plus qu'il y avait des différences entre les diverses races sous plusieurs rapports. Ils n'avaient que des systèmes embryonnaires d'écriture, tels que des quippos, des marques en forme de coupes sur les rochers, et de grossières figures ou peintures (1); mais dès qu'ils eurent reçu des Chinois la connaissance d'une écriture régulière, spécialement dans le S.-O., ils l'adoptèrent rapidement à leur propre usage, comme le montrent les écritures des Tsuan-Lolo et Shuikia (2); encouragés même par la connaissance de l'écriture répandue chez leurs voisins, quelques-uns purent arriver à un système indépendant, comme les Mosos (3).

Dans le N.-O., les habitudes gynécocratiques des tribus pré-chinoises, dont les Laka-Lolo, les Mo-so et les Birmans, leurs descendants, ont conservé quelques restes, influencèrent momentanément les tribus chinoises Bak immigrantes, et plusieurs des chefs de ces dernières, dans cette région, sont réputés être nés de pères inconnus (4).

Dans l'ouest, les habitations souterraines étaient la coutume, tandis que les habitations sur pilotis étaient usitées dans l'est.

(1) Cf. mes *Beginnings of Writing*, §§ 10, 17, 33, 183, 212, etc.
(2) *Ibid.*, §§ 31, 176, 217-222, etc.; et ci-dessus, §§ 63, 70 n., 155, etc.
(3) *Ibid.*, §§ 61-73, et pl. i-iii; et ci-dessus, § 159.
(4) Nous avons développé ailleurs ce point intéressant.

Dans l'est, également, on trouve le tatouage, les poteries et les ustensiles en métal, ainsi que l'ensevelissement dans des cercueils de terre cuite en forme d'œufs, dont plusieurs étaient réunis dans un vase de dimensions plus grandes.

Nous remarquons, particulièrement dans le centre, le tissage, la broderie, un goût spécial pour les couleurs bigarrées, les vêtements à queues, les bonnets à oreilles de chien ; les chants à rhythme spécial ; la musique à cinq tons (1), encore usitée en Cochinchine (comme en Écosse) ; les mariages par voie d'achat ; et les ustensiles de pierre, auxquels leur forme particulière a valu le nom de « celtes épaulés » : ces ustensiles ont été les antécédents de la monnaie en forme de bêche des Chinois primitifs (2), et ne se rencontrent que dans l'Inde (Chutia Nagpore), au Pégu et au Cambodge.

XXII. Les envahisseurs Chinois.

197. Ce n'est pas un des moins intéressants résultats des recherches modernes sur l'histoire et la philologie orientales que d'être arrivé à reconnaître que les Chinois furent des envahisseurs dans le pays qu'ils occupent et non des arborigènes (3). Il ne faut pas néanmoins prendre cette assertion trop au pied de la lettre, parce que les Chinois d'aujourdhui sont une race hybride et que leur langue est une langue hybride, race et langue étant le résultat de croisements entre les immigrants du nord-ouest et du nord et les occupants primitifs du sol, lesquels appartenaient à des races différentes, particulièrement aux races Indo-Pacifiques.

(1) Que les *Kwei* enseignèrent aux Chinois sous le règne de Shun.

(2) Cf. mon ouvrage, *The Coins and Medals of China*, vol. i, p. 4.

(3) Cf. les références citées plus haut, § 15, n. 1. Cf. également : Prof. R. K. Douglas, *The Progress of Chinese Linguistic Discovery*, *The Times*, 20 avril 1880 ; *Further Progress in Chinese studies*, *ibid.*, 26 août 1881 ; cf. aussi : *Sacred Books of the Chinese*, *Saturday Review*, 30 juin 1883 ; *Chinese and Babyloniam Literature*, *Quaterly Review*, Juillet 1882 ; T. G. Pinches, *The Progress of Assyriology*, *Report to the Philological Society*, 1882 ; Clement F. R. Allen, *The Chinese Book of the Odes for English Readers*, *Journ. Roy. Asiat. Soc.*, 1884, vol. xvi, p. 460 ; L. Rioult, de Neuville, *Les origines de la civilisation chinoise*, pp. 240-241 de la *Revue des questions historiques*, Juillet 1881 ; Prof. R. K. Douglas, *China*, 1882, 2e édit. 1887 ; etc.

Cette connaissance précise, pour le plus grand bien de la philosophie de l'histoire, a été fournie par un examen plus attentif de leurs traditions primitives, par une identification rigoureuse des noms géographiques mentionnés dans les traditions et dans le cours de leur histoire, et par l'étude d'un grand nombre de constatations et de découvertes concernant les races non-chinoises actuellement établies dans les limites de la Chine proprement dite, et maladroitement rangées sous la même rubrique que les nations étrangères (1) dans les Annales dynastiques de la Chine.

108. Les envahisseurs et civilisateurs chinois primitifs étaient les tribus *Bak*, au nombre de seize environ, qui arrivèrent sur la frontière N.-O. de la Chine peu de temps après le grand soulèvement qui avait eu lieu dans l'Asie S.-O., en Susiane, vers le commencement du vingt-troisième siècle av. J.-Ch. Leur précédant siége avait été dans le rayon de l'influence dominatrice de la Susiane, attendus qu'ils étaient pénétrés de sa civilisation, reflet du foyer Babylo-Assyrien.

La liste suivante indique les points de civilisation qu'ils importèrent du S.-O. de l'Asie dans leur nouvelle contrée, y compris quelques points secondaires d'introduction ultérieure : — (1) L'art d'écrire (2), de haut en bas et de droite à gauche, comme c'était la coutume dans l'Asie S.-O., et (3) pas en relief, mais en creux (4), avec des caractères dérivés de ceux de la Babylonie et encore semi-hiéroglyphiques, avec (5) leur signification (6), leurs valeurs phonétiques et polyphoniques, et (7) leur système imparfait d'acrologie et de phonétisme (8) ; probablement quelques textes écrits (9) ; l'emploi de listes de caractères d'écriture rangés (10) phonétiquement et (11) idéographiquement (12) ; quelques souvenirs de l'écriture cunéiforme ou lapidaire monumentale (13) ; l'emploi très-étendu de sceaux, etc. (14) ; les points

(1) Le marquis d'Hervey de Saint-Denis, Professeur de chinois au Collège de France, a le premier appelé l'attention sur ce dernier fait, à propos de sa traduction des chapitres de Matuanlin traitant des nations étrangères, dans sa communication au premier Congrès des Orientalistes, *Ethnographie des Miao-tse*, pp. 354-363 des *Mémoires du Congrès*, vol. i, Paris, 1873. Reproduit avec additions dans les Mémoires de la Société d'Ethnographie, xii, 1873, pp. 109-133 : *Mémoires sur l'ethnographie de la Chine centrale et méridionale d'après un ensemble de documents inédits, tirés des anciens écrivains chinois.*

cardinaux de l'Assyro-Babylonie avec une saute d'un quart d'horizon; et (15) les symboles pour les écrire, symboles qu'ils embrouillèrent par la suite dans leur voyage vers l'Est (16) ; des instruments astronomiques (17) ; beaucoup de noms d'étoiles et de constellations (18) ; ceux des vingt-quatre points stellaires (19) ; les douze mois babyloniens (20), avec un intercalaire (21), et un certain usage de la semaine (22) ; l'érection de hautes terrasses pour les observations astronomiques, etc. (23) ; le mécanisme du Gouvernement Impérial (24) ; des titres de dignités, et (25) les noms de certaines fonctions avec lesquelles ils s'étaient familiarisés dans le voisinage de la Susiane (26) ; le système des douze pasteurs (27) ; la conception de quatre régions (28), et un officier spécial en portant le titre (29) ; l'idée politique d'un Empire du Milieu (30) ; beaucoup de noms propres, qui, apparaissant dans les commencements et restaurés ensuite approximativement à leur ancienne forme, sont faciles à reconnaître pour leur similitude avec d'autres noms employés dans les contrées du S.-O. de l'Asie, etc. (31) ; le cycle de dix, et (32) celui de douze (33) ; plusieurs étalons de mesures (34) ; les douze échelles de musique (35) ; la notation décimale (36) ; les dix périodes, etc. (37) ; le blé, qui est aborigène dans la Mésopotamie seulement (38) ; l'art de bâtir avec des briques d'argile (39), d'endiguer les rivières, et (40) de construire des canaux (41) ; beaucoup de mots de la civilisation Accado-Sudmérienne et Babylonienne (42) ; l'emploi des métaux ; et (43) beaucoup de notions élémentaires d'arts et de science, telles que (44) la drille à feu (45), l'emploi des chariots de guerre avec les chevaux attelés de front, etc. (46) ; la pratique de la divination et (47) l'emploi de huit baguettes divinatoires (48) ; des termes connus de bonne ou mauvaise fortune (49) ; les catégories numériques (50) ; l'arbre symbolique de vie ou plante calendrier (51) ; des emblèmes spéciaux sur les vêtements de leurs chefs (52) ; le culte ou tout au moins le nom d'Utuku (= Tik), autrement dit Shamash, comme dieu suprême (53) ; les six honorables, ou les six dieux de la Susiane (54) ; l'idée prédominante que les évènements se répètent (55) ; les jours fastes et néfastes (56) ; les couleurs mythiques des planètes (57) ; la conception de Yn et Yang (non Persane) (58) ; les grands autels carrés, etc. (59) ; le Canon royal de Babylone (60) ; beaucoup de légendes spéciales qui y sont contenues, etc., etc. (1).

199. Plusieurs points de cette longue liste, y compris le Canon royal de Babylone (2), se rencontrent dans d'anciens textes chinois, mais non dans les rares textes les plus primitifs qui ont survécu à l'injure des temps : cela tient simplement à ce que les ouvrages plus anciens où on aurait pu les rencontrer ne sont pas parvenus jusqu'à nous, tandis que, d'autre part, ceux que nous possédons n'avaient aucun motif, en raison des matières qu'ils traitent, pour en parler ou insérer des extraits des autres. D'un autre côté, la caractéristique principale de ces affinités entre la civilisation des Chinois d'il y a 4.000 ans et

(1) Tous ces points d'identification entre la civilisation d'emprunt des anciens Chinois et celle plus ancienne de la Susiane-Babylonie-Assyrie sont établis plus ou moins complètement, en attendant un ouvrage plus étendu, dans mes diverses publications citées plus haut, § 15, n. 1, et dans quelques Mémoires que j'ai lus depuis 1880 devant la Société royale Asiatique de Londres. En 1868, le Rév. J. Chalmers a publié une brochure sur *The Origin of the Chinese ; an attempt to trace the connection of the Chinese with Western Nations in their Religion, Superstitions, Arts, Language and Literature* (London, 1868, 78 pp.), dans laquelle on trouve des comparaisons à bâtons rompus à travers toute l'Asie et l'Europe, mais sans aucun esprit de critique et sans avoir consulté les sources convenables ; ces comparaisons sont à la fois trop générales et trop décousues pour avoir aucune valeur scientifique. En 1871, le Rév. J. Edkins a publié son *China's Place in Philology : an attempt to show that the languages of Europe and Asia have a commun origin* (London, 403 pp.) : cet ouvrage contient quelques idées et suggestions dignes d'attention ; mais, comme le précédent, il est écrit avec le plus parfait dédain de toute méthode scientifique. L'auteur part de l'hypothèse (insoutenable) que la population de Babylone et les anciens Chinois appartenaient à *une seule et même race Hamitique*, ayant la même tournure d'esprit et les même instincts, ce qui expliquerait les traits identiques des deux civilisations. Des points de similitude tels que 16, 17, 34, 39, 40, 45, 49, 57, et d'autres qui ne figurent pas sur notre liste, ont été rapportés à l'appui de cette manière de voir ; mais, en même temps, l'auteur exprime l'opinion que les Chinois primitifs, dans leur migration vers l'est, 3.000 ans av. J.-Ch., emportèrent avec eux de la Mésopotamie, comme une tradition de famille qui leur était commune avec les Babyloniens, les rudiments de leurs arts et de leurs sciences. Depuis mes découvertes, publiées en 1880 et plus tard, le même auteur a écrit divers articles intéressants sur l'introduction en Chine, vers le huitième siècle av. J.-Ch., de la mythologie, des images, de l'astrologie, etc., toutes choses dérivées directement ou indirectement de l'Assyro-Babylonie.

(2) Mr. T. G. Pinches et moi, nous comptons publier dans le *Babylonian and Oriental Record* le texte cunéiforme et la version chinoise de ce Canon.

le foyer plus ancien de culture du S.-O. de l'Asie, c'est que ce sont évidemment des imitations et des emprunts. Ces traits ne sont point originaux par eux-mêmes et excluent toute idée d'une commune origine. Ils présentent toutes les imperfections qui, à côté d'identités absolues, accompagnent toujours les acquisitions provenant d'un contact social prolongé et non d'un enseignement accidentel obtenu par le moyen des livres ou des savants.

200. Le nom *Bak* (aujourd'hui *Peh*), des premiers immigrants chinois, signifiait « florissant, beaucoup, tous », et aussi « cent. » Mais il n'a pas cette dernière signification dans les expressions telles que *Peh sing* « tous les surnoms », *Peh kuan* « tous les fonctionnaires », *Peh Liao*, même signification, *Peh Yueh* « toutes les frontières extérieures », etc., dans lesquelles on ne se réfère à aucun nombre précis, puisque les trois premières se rapportent à plusieurs centaines et la quatrième à un nombre de beaucoup inférieur à cent. Dans tout le cours du *Shu-King*, ou Livre-Canonique d'histoire, ce mot est employé comme se rapportant à un tout indéterminé en nombre. En réalité, l'expression bien connue *Peh sing*, que nous venons de citer, qui apparait dès les commencements de l'histoire de la Chine, et à propos de laquelle on a émis tant de théories hasardées, n'a jamais signifié « les cent surnoms », et cela pour plusieurs raisons. La supposition que *Peh sing* signifiait « les cent surnoms » (de famille) était basée sur le fait que le *Peh kia sing* ou « les cent (?) noms de famille », qui comprend 460 noms, ne fut compilé que sous la dynastie Sung, c.-à-d. après 960 de notre ère, alors que le nombre des familles avait augmenté de beaucoup au-delà du chiffre primitif. Mais, ceci constaté, l'usage régulier des noms de famille ne remonte guère au-delà du temps de Confucius (551-479 av. J.-Ch.), et, lorsqu'on épluche à fond cette liste de surnoms, on ne peut pas en trouver plus de seize qui datent des débuts des Chinois en Chine ; et encore on ne peut atteindre ce nombre infime qu'en y comprenant plusieurs noms qui sont cités dans les premières traditions, mais qui disparaissent ensuite. Donc, comme le terme *Peh sing* (1), c.-à.-d. les « Surnoms Bak », existait dès

(1) *Pak* était écrit en Ku-wen avec les vieilles formes de *Pei*, et *Ke* (moderne *hia*) placé au-dessus, ou *Kao* placé au-dessous, et lu *P-k*. En style Ta-tchuen, *Pak sing* était quelquefois écrit comme un seul mot, avec

le principe chez les Chinois comme un appellatif pour eux-mêmes, le mot *Peh*, d'abord Bak, ne pouvait signifier « cent », mais peut-être « tous, nombreux, florissants », comme nous l'avons dit plus haut, en admettant que ce mot fût encore compris. Et la signification « cent, » qui dans le principe était vraisemblablement rendue par *bar*, n'est qu'une de ces homonymies qui n'existent que pour les Chinois, l'orthoépie phonétique limitée de leur langue les obligeant à rendre par le même symbole deux mots qui résonnent d'une manière analogue ; en un mot, c'est une homonymie par à peu près.

201. *Bak* était un ethnique, et rien d'autre. Nous pouvons en citer comme preuve le nom similaire, bien que rendu par des symboles différents, qu'ils donnèrent à plusieurs de leurs capitales primitives, Puk, Pok, Pak, tous noms qui nous sont connus à travers les âges, et dont la similitude avec *Pak*, *Bak*, ne saurait être niée. Dans la région d'où ils venaient, *Bak* était un ethnique bien connu, comme *Bakh* dans Bakhdhi (Bactres), Bagistan, Bagdad, etc., etc., et s'explique comme signifiant « fortuné, florissant. »

202. Un autre nom ethnique non moins important, c'est celui qu'on lit aujourd'hui *Hia*, aussi *sha*, dans plusieurs composés idéo-phonétiques, et qui était l'appellatif propre de l'une des principales tribus de ces immigrants, lorsqu'ils s'établirent sur « un petit morceau de territoire dans le Nord-Ouest. » Il devint le nom du peuple chinois. Les syllabiques Ku-wen nous apprennent que sa forme pleine originale était quelque chose comme *Ketchi*, *Ketsü*, *Ketsi*, *Kütche*, *Kotchi*, etc., lesquels noms ne sont que des essais graphiques pour rendre exactement le nom malgré l'insuffisance du système acrologique et syllabique de l'époque. Nous pouvons prendre Kütche comme la moyenne de ces variantes. Ce dernier mot ressemble tellement à celui de Kashshi, au N.-E. de la Mésopotamie, que, sans vouloir suggérer aucune idée de parenté entre les deux peuples, on peut tout au moins admettre une affinité de noms provenant d'une signification commune convenant également aux deux.

203. L'analyse du Livre des surnoms de famille, le *Peh kia*

sing au-dessus, et au-dessous *Buk* (pour *Muk*) ou une ancienne forme de *Pak*. En écriture moderne *Peh sing*.

sing, montrent que, outre les noms originaux, cette liste comprend des noms indigènes provenant de tribus qui entrèrent dans la communauté chinoise, mais surtout des noms indigènes de régions donnés à des sujets chinois comme noms de fiefs et d'apanages territoriaux. Même les noms princiers pris par les premiers chefs chinois dans le Pays des Fleurs furent empruntés aux régions indigènes qu'ils avaient conquises. Mais un examen de tous ces noms propres, noms de tribus ou noms géographiques, nous entraînerait bien au-delà des limites du présent travail.

201. Nous n'avons que peu de chose à dire ici du langage primitif des tribus chinoises Bak, ainsi que de son évolution ultérieure et de son développement en plusieurs dialectes : cela n'entre pas dans notre cadre actuel. Nous avons fait allusion ailleurs à quelques-unes de ses caractéristiques et à la formation de son idéologie (§§ 20-26) et des tons (§§ 117, 230). L'explication des différences profondes qui existent entre la langue des livres (1) et les diverses langues parlées demanderait des développements dans lesquels nous ne pouvons entrer ici (2). Le tableau ci-joint donne les noms des langues, dialectes et sous-dialectes les plus importants, avec l'indication de la date probable de leur bifurcation. C'est la première tentative de classification qui ait été faite jusqu'ici, et par conséquent les

(1) Une conception erronée en ce qui concerne le caractère réel de la langue chinoise, d'abord connue sous la forme fictive de la langue des livres, écrite avec des symboles idéographiques, aujourdhui syllabiques, et qu'on supposait être la langue réelle et parlée : combinée avec une autre conception erronée en ce qui concerne la valeur mnémonique et non historique des 1720 pseudo-racines des Brahmes indous analysant leur sanscrit : deux erreurs qui semblaient justifier la théorie d'une période primitive de racines monosyllabiques, alors que, en réalité, ces racines se présentent généralement assez tard dans l'histoire des langues. Ces deux conceptions erronées ont induit en erreur la plupart des philologues jusqu'à l'époque actuelle, et ont nui pendant longtemps aux progrès de la science du langage. Nos prédécesseurs se sont gravement trompés en concluant à un monosyllabisme logique, qu'ils déduisaient des monosyllabismes d'écriture, de dépérissement et d'élocution, les seuls qui aient jamais existé.

(2) La mort prématurée de A. Bazin l'a empêché de résoudre ce problème, auquel il s'intéressait beaucoup, comme on en trouve la preuve dans son *Mémoire sur les principes généraux du chinois vulgaire*, Paris, 1845, et dans l'importante Introduction de sa *Grammaire mandarine*, Paris, 1856. Je crois avoir été le premier à tenter l'explication de ce phénomène, dans mes *Beginnings of Writing*, I. §§ 49-55.

positions relatives de plusieurs dialectes et sous-dialectes doivent être regardées comme provisoires. Il reste encore beaucoup à faire avant que cette classification puisse être complétée. Le nombre total des dialectes et sous-dialectes, *hiang t'an* ou patois locaux, a été évalué approximativement égal à celui des jours de l'année (360), et, bien que ce nombre n'affecte pas les traits généraux de la classification ci-après, il ne faut pas oublier que nous ne donnons qu'un dixième des noms.

205. Le tableau suivant donne le Tableau général historique de la famille des langues chinoises, avec les restrictions des remarques de la section précédente.

206. La grandeur des premiers chefs chinois, appelés bien à tort empereurs, ainsi que la grande extension de leur domaine, sont de simples mythes, ainsi que nous avons eu occasion de le montrer à plusieurs reprises. C'étaient de simples chefs de tribus, civilisés, et luttant pour le plus grand bien de ceux qui les suivaient. Même dans les derniers temps de la dynastie Tchou, pendant la courte période de splendeur (1050-770 av. J.-Ch.) qui suivit son établissement, la puissance des Chinois était en fait bien faible. Il est vrai que les fondateurs de la dynastie avaient reconnu, dans l'étendue de leur domaine et au-dehors, quelque huit cents barons ; mais la plupart de ceux-ci étaient des rois indigènes ou des chefs locaux. A la dernière date, les Yungs, que nous avons mentionnés plusieurs fois, étaient assez puissants pour tuer le chef des Chinois et obliger ceux-ci à retirer leur capitale de Tchang-ngan (moderne Si-ngan fu dans le Shensi), pour la ramener à Loh (près de Ho-nan fu, dans le Honan). Les agglomérations chinoises, qui formaient de nombreux états sous la domination, d'abord absolue, plus tard nominale, des rois de Tchou, étaient beaucoup plus petites qu'on ne le suppose généralement. Quatorze de ces agglomérations, mentionnées à satiété dans le *Tchun tsiu* de Confucius et dans l'inestimable chronique de son disciple Tso Kiuming, étaient les plus importantes. Et on peut juger de leur faiblesse relative par le fait que l'une d'entre elles, l'état de Wei, qui peut être prise comme représentant la moyenne de leur force, et dont le territoire couvrait à peu près la trente-sixième partie du domaine entier des Chinois, ne comptait pas plus de 5,000 âmes, tout compris, en 660 av. J.-Ch. Confucius,

TABLEAU GÉNÉRAL HISTORIQUE DE LA FAMILLE DES LANGUES CHINOISES.

LANGUES. — *Mortes.* DIALECTES. — *Vivantes.* SOUS-DIALECTES.

Branche chinoise de la souche KÜENLUNIC (§ 231).

Langue des tribus Bak immigrées en Chine †
M. *Ku-wen (dans sa grossière éppellation phonétique)* † *Shu hwa,* ou langue des livres et ses ramifications. — Ancien.
Hd. *Dialectes de l'Est et du Milieu* †
H. *Dialecte général de la dynastie Tchou* †
H. *Dialectes de la période des guerres civiles* †
. . . . Sinico-Annamite.
H. *Dialectes des dynasties Ts'in et Han* †
. . . . . . Canton (Punti ou Kung). — Sining, etc. — et s.-dl. — Canton.
H. . . Amoy. — Tungan. — Fu-an, etc.
H. . . . . Tchangtchiu. — Tchangpu.
. . . . Tchentchiü. — et s.-dl.
. . . . Tietchiü ou Swatow. — Tchao-an, etc. — Fokien.
. . . . Ile Haïnan. — et s.-dl.
. . . . Hinghwa. — et s.-dl.
. . . . Nankangfu. — et s.-dl.
Fuhtchou . . . . et s.-dl.
Hd. Hakka . . . . et s.-dl. — Sanghaï.
Shanghaï . . . . et s.-dl.

Ancien Mandarin . . . . — Mandarin.

- Nanking . . . .
  - Hokienfu (Tchihli).
  - Kiangning (Kiangsu).
  - Sutchoufu (Kiangsu), etc.
- Centre . . . .
  - Hankou (Hupeh).
  - Ningpo (Tchehkiang).
  - Kinhwa (Tchehkiang).
  - Wentchou (Tchehkiang).
  - Yenping (Fuhkien).
  - Kinkiang (Kiangsu).
  - Yangtchou (Kiangsu).
  - Tchenkiang (Kiangsu).
  - Tchefu (Shantung).
  - Singanfu (Shensi), etc.
  - Tchengtu, Szetchuen Or.
  - Szetchuen Occ. ou Gyami, etc.
- Peking . . . .
  - Shuntienfu (Tchihli).
  - Tientsin (Tchihli).
  - Shensi Sept., etc.

vers 2200 2000 1500 1000 500 200 *av. n. è.* 200 600 1300 1600 *de notre ère.*

dont la bravoure n'était pas la vertu dominante, ne pouvait parler sans effroi, en 500 av. J.-Ch., sur la frontière N.-O. du Shantung actuel, des barbares *lointains*, qui n'étaient autres que les tribus Lai de la péninsule du Shantung (1).

207. La liste des États indigènes et pré-chinois, ou agglomérations politiques, suffirait seule (2) à démontrer qu'il a fallu quarante siècles de travail pénible et ininterrompu pour arriver à élever l'édifice de la grandeur chinoise actuelle. Shé Hwang-ti, de l'État de Ts'in, au N.-O. de la Chine, fondateur de l'Empire chinois, fut le premier qui commença réellement la tâche, en 221 av. J.-Ch. ; les résultats de ses efforts et de ses conquêtes, compromis par la faiblesse de son successeur incapable, furent repris par les dynasties Han qui suivirent (206 av. — 220 ap. J.-C.). Les fractionnements de succession du gouvernement chinois qui se répétèrent plusieurs fois dans son histoire et eurent pour résultat le partage du domaine entier entre plusieurs dynasties contemporaines, aidèrent beaucoup, ainsi que les guerres intestines et les conquêtes Tartares, au maintien de la puissance et de l'indépendance des tribus pré-chinoises. Il y eut des partages de ce genre en 220-280 de notre ère, entre les dynasties Han orientale et Tsin occidentale ; en 420-580, entre les dynasties Tsin orientale et Sui ; en 907-960, entre les dynasties T'ang et Sung ; en 1127-1280, entre les dynasties Sung et Yuen mongole. Des provinces déjà conquises furent abandonnées, et ne purent être reprises que longtemps après ; d'autres ne furent conquises, soit pour la première fois, soit définitivement, que dans les temps modernes.

208. L'empire chinois de Shé Kwang-ti avait des frontières mal définies, et ne couvrait guère que les deux tiers de la Chine actuelle. Le Fuhkien, occupé en partie pendant quelques années, fut abandonné en 105 av. J.-Ch. et repris aux cinquième et sixième siècles ; il devint le siège d'une dynastie indépendante au neuvième siècle, et ne fut conquis définitivement qu'en 939. Également au neuvième siècle, la partie méridionale du Tchihli moderne fut abandonnée à l'anarchie par plusieurs Empereurs successivement, et on se demanda même si le Shansi actuel

(1) *Tso tchuen*, Ting kung, dixième année, 2.
(2) Cf. plus haut, §§ 191-195.

valait la peine d'être reconquis. Kuangtung, qui était devenu une dépendance chinoise vers la fin du troisième siècle av. J.-Ch., et avait ensuite reconquis pour longtemps sa liberté, ne redevint chinois que beaucoup plus tard. « Encore au neuvième siècle, et même longtemps après, » dit feu Wells Williams, « Canton était relativement un petit endroit, et les gens de cette partie du pays étaient à peine sortis de la plus grossière barbarie. » Si nous nous tournons vers le nord, nous voyons que le Kiangsi fut conquis seulement au dixième siècle. Le Kueitchou, le Hunan, le Szetchuen occidental, le sud-ouest du Szetchuen, le Kiangsi et le Yünnan n'étaient pas encore soumis au treizième siècle. La grande dynastie T'ang (618-906) fit beaucoup pour l'unification de l'Empire ; mais cette tâche aurait réclamé des mains plus fortes. Ce fut l'œuvre de l'énergique dynastie mongole Yuen (1260-1367), œuvre continuée par les Mings (1368-1640), et dont l'achèvement complet est poursuivi par la dynastie Mantchoue actuelle, depuis son avènement au pouvoir, qui date de 1644.

XXIII. Autres envahisseurs.

209. De nombreuses races et tribus, pour les mêmes raisons que les tribus chinoises Bak, ou attirées par la prospérité et la civilisation de ces dernières, pénétrèrent de force en Chine, mettant en péril l'existence de son gouvernement, le renversant quelquefois dans le pays tout entier ou dans une partie seulement, et disparaissant ensuite, non sans laisser des traces de leur influence sur la civilisation, la langue et la population.

Les Jungs, qui avaient en partie précédé les Chinois, les Teks, les Kiangs, etc., ont déjà été mentionnés dans le cours du présent travail comme ayant contribué à grossir, dans les pays pré-chinois, les rangs des familllles chinoises mécontentes et bannies (1), aussi bien que ceux des tribus aborigènes. Nous

(1) Quelques tribus, entremêlées avec les aborigènes et les pré-Chinois, et prétendant descendre de Chinois, émigrèrent, soit de leur plein gré par suite de mécontentement, soit de force comme prisonniers de guerre ou exilés. Tels sont les *Ts'ai kia*, les *Li min tze*, les *Peh-erh tze*, les *Tch'e tch'ai Miao*, les *Ta Lang* et les *Sung kia*, tous en général dans le Kueitchou.

devons maintenant nous occuper spécialement de ceux des envahisseurs qui ont exercé une influence de quelque importance sur la politique ou la civilisation.

210. Les plus anciens envahisseurs de cette catégorie furent les *Shang*, dont le nom semblerait indiquer qu'ils étaient commerçants, tandis que leurs traditions indiquent une origine occidentale, près des montagnes Kuen-lun, et peut-être une parenté avec les Jungs (1). Ils apparurent au N.-O. des établissements chinois au commencement et au cours du seizième siècle ; ils renversèrent la dynastie Hia et s'emparèrent des parties du Shensi, du Shansi et du Honan alors occupées par les Chinois, repoussant les Hia vers la côte.

Les *Tchou*, autrefois Tjok, qui chassèrent la dynastie Shang-Yn, établirent brillamment leur domination sur l'Empire du Milieu en 1050 av. J.-Ch. (2) ; une partie d'entre eux avaient rôdé pendant des siècles sur les frontières chinoises du Shensi. C'étaient apparemment des Kirghizes à cheveux rouges, et il est probable qu'il y avait du sang aryen parmi eux. C'est, du moins, ce qui semble résulter du fait qu'ils possédaient certaines notions dérivées du foyer de culture aryen du Kwarism, notions qu'ils introduisirent en Chine ; de plus, quelques-unes des explications ajoutées aux anciens

(1) Leur plus ancien ancêtre femme, *Kien-tik*, qui eut un enfant surnaturel *Sieh*, appartenait au grand Etat de Sung, lequel, d'après le *Shan haï King*, liv. xvi, était situé dans l'occident lointain et inconnu. Le caractère d'écriture pour *Sung* est le même que celui pour *Jung*, avec l'addition du déterminatif pour « femme ». L'épellation était cependant différente en Kuwen. Il était écrit avec les deux signes *TCHung* et *Man*, donc *Tcho-*$^{-m}$ ou *Tchom*, lu en remontant. Cf. les diverses formes ku-wen dans Min tsi kih, *Luh shu t'ung*, liv. I. f. 11, où les variantes portent seulement sur le caractère de dessous, *tchung*, qui est échangé avec *tchung*, *ts'e*, *shi*, tous indiquant comme initiale une chuintante ou une sifflante. Le nom *Kien-tik* a une grande similitude avec celui des ancêtres des Turcs Hiung-nu, diversement écrit *Küen-tuk*, *Kuntik*, etc. *Sieh* ou *Sie(t*, le nom écrit de l'ancêtre des Shang, signifie « écriture grande ou importante », et, bien que ce nom (écrit) en ait remplacé un plus ancien, qui représentait une sorte d'oiseau, il a donné l'occasion au Rév. J. Chalmers de conclure d'une manière injustifiable que l'art de l'écriture n'avait été introduit en Chine que par les Shang. Le personnage qui s'appelait ainsi était, d'après la tradition, un officier de Shun.

(2) Cf. plus haut, § 193 n.

textes du Yh-King par leur chef Wen-wang ont certainement été suggérées par l'homophonie des mots aryens (1).

Les *Ts'in*, ou mieux Tan, comme on prononçait d'abord, formaient un État important à l'ouest de l'agglomération chinoise. Cet État grandit du dixième au troisième siècle av. J.-Ch. ; puis, ayant subjugué les six autres principaux États de la confédération, son chef fonda l'Empire chinois et se déclara lui-même Empereur en 221 av. J.-Ch. (2) Leur noyau n'était pas Chinois ; il était formé de tribus Jung qui absorbèrent peu à peu beaucoup de familles chinoises de l'intérieur, et aussi de tribus Turco-Tatares des frontières extérieures, dont les limites ne sont pas bien connues. Cet État était le canal par lequel passaient les relations de l'Ouest avec l'Empire du Milieu ; il joua aussi le rôle de tampon en empêchant toutes relations directes.

211. Après la fondation de l'Empire, il n'y eut plus de barrière pour arrêter les relations avec l'étranger, au moins au N.-O., et le gouvernement central put lui-même correspondre directement avec l'extérieur. Le résultat se traduisit par la mission de Tchang Kien dans l'Asie centrale, et, dès 115 av. J.-Ch., par des relations régulières avec trente-six États du Turkestan. Cela signifiait l'entrée en Chine de beaucoup de nouveaux points de civilisation, de beaucoup de nouvelles idées et de nouveaux mots.

Les Juifs entrèrent comme colons en Chine au deuxième

(1) C'est l'explication scientifique la plus vraie qui puisse être fournie au sujet des mots aryens qu'on trouve en chinois. Nous devons cependant déclarer que les affinités de cette espèce, qui ont été passionnément signalées en Chine, avec plus de zèle que de discrétion, par plusieurs sinologues sont pour la plupart fausses ou accidentelles. Le champ étroit de la phonétique chinoise, et aussi le mépris de toute méthode scientifique, expliquent la quantité de similitudes apparentes qui ont été indiquées, sans bases, par plusieurs d'entre eux. Une autre source d'introduction de mots aryens en chinois est celle des dialectes indigènes, qui, après avoir reçu beaucoup de mots indiens (cf. plus loin, §§ 212, 213), ont fourni de nombreuses expressions au vocabulaire chinois.

(2) Quelques fugitifs de *Ts'in* étaient allés jusqu'en Corée, dans le pays de Han, où ils furent appelés *Shin-Han*. Leur langue, d'après le *Hou Han shu*, liv. 115, ressemblait assez à celle de la dynastie Ts'in ; ils disaient : *pang* « royaume », *hu* « arc », *kou* « vol », *heng shang* « passer du vin », *tu* pour s'appeler l'un l'autre, tous mots déjà archaïques pendant la période Han.

siècle de notre ère ; les Nestoriens, les Persans, les Mahométans, suivirent au septième siècle. Les Persans eurent des relations importantes avec la Chine de 723 à 747, époque à laquelle dix envoyés atteignirent l'Empire du Milieu. Chacune de ces races apporta quelque chose de sa propre civilisation, et fut en même temps le canal par lequel une certaine dose de culture occidentale fut introduite dans le Pays des Fleurs.

212. Nous connaissons peu de chose des immigrations qui eurent lieu, à une époque reculée, dans les régions non-chinoises de l'ouest et du sud-ouest. Au quatrième siècle av. J.-Ch., une dynastie indigène s'éleva dans le pays de Shuh, c.-à-d. le Szetchuen, et son quatrième chef, qui fut le premier à prendre le titre de Roi, passe pour être venu de l'Inde. Cet important évènement fut sans nul doute le résultat des relations commerciales qui avaient existé pendant plus de huit siècles entre les commerçants de Shuh et ceux de l'Inde (1). Beaucoup d'idées hindoues pénétrèrent par ce canal dans la Chine non-chinoise, et de là dans la Chine chinoise. C'est à la même époque et aux mêmes raisons qu'on doit assigner une série de similitudes mythologiques. Beaucoup de notions d'ethnologie fabuleuse et d'histoire naturelle, que nous savons, par Ctésias, Mégasthène et d'autres, être hindoues, et que l'on retrouve semblables, quelquefois identiques, dans l'ancienne littérature chinoise de la même période, notamment dans le *Shan haï King*, furent dues, je pense, aux rapports merveilleux faits dans les deux pays par les marchands voyageurs au sujet des régions intermédiaires, inconnues et par conséquent presque diaboliques qu'ils avaient à traverser à l'aller et au retour (2).

213. La tradition incomplète et embellie de l'arrivée du missionnaire bouddhiste Li-fang avec ses dix-sept compagnons, sous le règne du premier Empereur, vers 227 av. J.-Ch., laquelle servit ensuite de modèle (3) pour les expéditions envoyées dans l'Inde par Han-Ming-ti (65 ap. J.-Ch.) et par le tibétain Srong btsan sgam po (632), se rapporte très-probablement à une introduction du bouddhisme de l'Inde dans le Szetchuen et de là dans le Shensi.

(1) Sur ce commerce, cf. mes *Beginnings of Writing*, § 156 *b*.
(2) *Ibid.*, § 156 c n.
(3) *Ibid.*, § 91.

Des restes archéologiques d'un grand intérêt, sous la forme de statues et de cavernes sculptées avec des emblêmes indiens, qu'on rencontre dans le Szetchuen, le Hunan, le Kiangsi et le Tchehkiang, sur une sorte de coin tourné vers l'est, montrent un autre courant d'influence, sinon d'immigration, venu du sud-ouest (1). Le taoisme, au moins dans ses traits principaux, fut introduit en Chine par la même voie : mais on ne sait si les deux choses proviennent du même courant, et la question n'a pas encore été élucidée.

Le bouddhisme fut introduit d'une manière effective, sous le patronage impérial, en 67 de notre ère. Son grand développement et son évolution comme religion dans le pays n'ont rien à voir ici : son influence sur l'écriture fut assez importante, mais elle fut très faible sur la langue parlée.

214. Vers l'est, autrement dit du côté de la côte, il était difficile qu'aucune immigration fût assez importante pour exercer une influence durable quelconque.

Dans le sud-est du Shantung, la ville de Lang-nga, fondée vers 500 av. J.-Ch., qui rappelle si bien à l'esprit le Lanka, Lankapura du vieux Ceylan, le Lang-nga de la côte septentrionale de Java, et qui semble avoir été un établissement de colons commerçants de l'Asianésie, dans une région qui n'était pas encore chinoise, fut le canal par lequel des notions étrangères pénétrèrent en Chine en telle quantité qu'elle mérite d'attirer spécialement l'attention des chercheurs de l'avenir.

Au moyen-âge, les Japonais firent plusieurs descentes sur la côte, ne laissant que ruines derrière eux. On doit en dire autant des Bisayas des Philippines, qui firent une descente sur la côte de Tsiuan tchou, dans le Fuhkien, pendant la période de 1174 à 1189, sous la dynastie Sung.

Les marchands arabes qui, au neuvième siècle, fréquentaient le vieux port de Kanfu, aujourd'hui ensablé, près de Hangtchou, introduisirent plusieurs points de civilisation. Mais, quelque nombreux qu'ils fussent, ils n'eurent aucune influence sur la

(1) Mr. E. Colborne Baber a décrit avec soin plusieurs de ces grottes artificielles, qu'il a visitées dans le Szetchuen (*Travels and Researches in Western China*, pp 129-141). Tout ce que je connais des autres, je l'ai appris des descriptions chinoises. La forme curieuse en fer à cheval des tombes chinoises nous rappelle les *yoni* de l'Inde, et doit, selon toute probabilité, être attribuée à la même influence brahmanique.

langue : au témoignage personnel de Wahab et Abu zaïd, aucun Chinois ne pouvait parler arabe de leur temps. Le même phénomène, assurément digne de fixer l'attention des philologues, se présente encore aujourd'hui, les Chinois ne parlant jamais l'arabe.

La dernière influence et la plus importante, pour l'avenir de la Chine, qui ait pénétré par les côtes orientales, est celle des Européens, qui promet d'être le plus grand stimulant et le plus grand appui de développement qu'ait jamais reçu l'Empire du Milieu.

215. L'influence des races turco-tatares a été considérable. Plusieurs de ces races, dont il est question dans les pages précédentes, appartiennent aux temps antiques. Pendant plusieurs siècles après la période des Han, d'ignorantes dynasties tatares ont gouverné des parties de la Chine septentrionale. Les Sien-pi, parents Coréens, ont donné les dynasties des Yen antérieurs (303-352), des Yen postérieurs (383-408), des Yen occidentaux (385-391), des Yen méridionaux (398-410), des Liang méridionaux (397-414), des Tsin occidentaux (385-412).

Les Turcs Hiung-nu ont donné les dynasties des Liang septentrionaux (379-439), des Hia (407-431) (dans le Shensi occidental, et à distinguer des Si-Hia, qui sont postérieurs), et, plus tard, des Han septentrionaux (951-799).

Les Turcs Tchao ont donné les dynasties des Tchao antérieurs (304-329) et des Tchao postérieurs (319-352).

Les Si-fan ont donné les dynasties des Tcheng dans le Szetchuen (301-346), des Tsin antérieurs (390-395) et des Tsin postérieurs (384-417), ces deux dernières dans le Shensi. Les Tatars Tobat, qui donnèrent la dynastie des Wei septentrionaux (386-532), appartenaient au même groupe. Ils connaissaient selon toute apparence l'écriture syriaque, du moins vers 476-500, et ils avaient une langue de cour à eux, dans laquelle leur chef Wan-ti (486) ordonna de traduire le *Hiao King*, ou « Livre de la piété filiale » (1). L'usage de cette langue continua jusqu'en 517.

216. La domination des Wei septentrionaux s'étendait sur toute la Chine septentrionale, sauf quelques régions près du

(1) Cf. mes *Beginnings of Writing*, § 164 et n.

Yang-tze Kiang. Plus tard, la domination de la dynastie Mongole des *Kitan* ou *Liao* (907-1202) était restreinte au nord-est. Dans le nord-ouest, la dynastie *Si-Hia* ou *Tangut* gouverna de 982 à 1227, époque à laquelle elle fut chassée par les Mongols. Les Meniak (§ 173) sont ses descendants. Les *Kin* ou *Jutchih*, ancêtres de la dynastie mandchoue actuelle, gouvernèrent une plus large étendue que les Wei septentrionaux, de 1115 à 1234. La dynastie mongole *Yuen*, établie en 1271 par Kubilaï-Khan, et qui dura jusqu'en 1367, fut la première à régner sur la Chine entière ; sa grande puissance fit plus pour l'homogénéité de l'Empire du Milieu que tous les efforts qui avaient précédé son avènement. Enfin, en 1644, la dynastie mandchoue *Ta Tsing* établit son autorité sur tout l'Empire, et son règne continue brillamment, sans qu'on puisse en prévoir la fin (1).

217. Chaque dynastie apportait avec elle sa langue, comme le montrent leurs noms, et, cette langue n'étant que celle de la cour et de l'armée, son influence était assez limitée, bien qu'encore effective, ainsi qu'on peut le voir par le changement de prononciation et l'introduction de certains mots dans le dialecte officiel. En ce qui concerne les Mandchoux qui règnent actuellement, leur présence a hâté le délabrement phonétique du dialecte mandarin de Peking, devenu langue officielle, en y introduisant de plus en plus les sifflantes et les chuintantes, qui avaient déjà commencé à l'envahir au temps des Yuen mongols. Le petit nombre de ceux qui appartiennent à l'armée, ainsi que leur habitude de se tenir un peu à part de la population, restreignent leur influence, qui n'est guère sentie dans l'empire qu'à proximité des villes fortifiées, par l'introduction de quelques termes particuliers dans les dialectes locaux.

---

(1) Toutes ces dynasties avaient des modes d'écriture spéciaux à chacune d'elles, ainsi que je l'ai expliqué tout au long dans mes *Beginnings of Writing*, §§ 101-110, 127-129.

VIIe Partie. Résultats et Conclusions.

XXIV. Généralités et Histoire.

218. Les résultats de notre examen, quelque concis qu'ils soient dans beaucoup de parties, sont sérieux et complexes, à la fois pour la science du langage et pour l'histoire. L'importance, sur le territoire chinois, dans les temps anciens et modernes, de langues indigènes et intrusives, dont il a été question dans les pages qui précèdent, se comprend aisément si l'on considère combien nombreux et grands étaient les divers États pré-chinois ou agglomérations politiques de tribus, qui existaient concurremment ou se renversant les uns les autres, d'abord dans toute la Chine, puis sur des fractions plus ou moins étendues. Le développement lent des Chinois, depuis leurs humbles origines jusqu'à leur état actuel, et la décadence graduelle correspondante des États et territoires non-chinois, tout contribue à répandre la lumière sur la question entière.

219. Nous devons examiner sous plusieurs aspects les résultats auxquels nous sommes arrivés en ce qui concerne la science du langage : accroissement dans le nombre des langues classées, altération dans les arrangements précédents et formation d'un nouveau groupe linguistique, celui des langues Taï-Shan ; enseignements très sérieux relatifs à l'hybridologie des langues, au caractère non mécanique de la prononciation et à la formation naturelle des tons.

XXV. Additions aux langues classées.

220. En ce qui concerne le classement général des langues des souches Indo-Pacifique et Tourano-Scythique, les résultats obtenus dans les pages précédentes amènent l'addition de plusieurs subdivisions et groupes, et l'agrandissement de certains autres : le tout peut se résumer dans les listes qui vont suivre. Nous ajoutons à chaque nom les indices idéologiques, lorsqu'il

est possible de les donner, ainsi que les initiales de la caractéristique générale, ainsi qu'il suit : nM. (non-mélangée), M. (mélangée), Hd. (hybridisée), H. (hybride), D. (développée), E. (évoluée, c.-à-d. transformée sans progrès), R. (rétrogradée).

221. Commençant par la souche INDO-PACIFIQUE des langues, division ou famille INDO-CHINOISE (I), nous avons trouvé une nouvelle section *a*) Mōn-Taï comprenant —

1) *Dialectes pré-chinois* (nM. et M.) : Indices Idéologiques.

			Indices Idéologiques
a.	Dial.	Pang ou Pan-hu †	2. 4. 6. 8. VI.
b.	»	Yao-jen †	
c.	»	Pan-yao	2. 4. 6. 8. VI.
d.	»	Mo-yao.	2. 4. 6. 8. VI.
e.	»	Ling Kia Miao.	

2) *Dialectes pré-chinois* (Hd. et H.).

a.	Dial.	Tung jen	1. 4. 6. 0.
b.	»	Miao-tze Ta-shui	$\frac{1}{2}$. 4. 6. 0.
c.	»	Peh Miao	2. 3. 6. 0.
d.	»	Hua Miao	2. $\frac{3}{4}$. 6. 0.
e.	»	Yao-pu Miao	2. $\frac{3}{4}$. 6. 0.
f.	»	Leng-ky Miao	0. 0. 6. 0.
g.	»	Min Kia-tze (M. Hd.)	2. 4. 0. 0.
h.	»	Liao †	$\frac{1}{2}$. $\frac{3}{4}$. 6. 0.
i.	»	Kih-lao.	1. 4. 6. 0.
j.	»	Heh Miao	$\frac{1}{2}$. $\frac{3}{4}$. 6. 0.
k.	»	Yao Min	1. 4. 6. 0.

222. De la famille Mōn-Khmer, ou section *b*), nous avons rencontré deux langues, savoir :

1) Cochinchinois ou Annamite (M.)	2. 4. 6. 8. VI.
2) Palaong (M.).	2. 4. 6. 8. VI.

223. De la famille Taï-Shan, nous avons reconnu plusieurs membres de grande importance, d'autant plus qu'ils nous ont montré d'une manière irréfutable sa formation et son développement. La première section se compose des *pré-chinois*, et se divise en trois sous-sections de dialectes :

A. *Non-développés :*

a.	Dial.	principal Ts'u †.	
b.	»	Ngai-Lao †.	
c.	»	Nan-tchao †.	2. 4. 0. 0.

B. *Non-mélangés et Mélangés.*

a. Dial. Tsing Miao. . . . . 2. 4. 6. 0.
b. » Ngan Shun Miao . . . . . . 2. 4. 6. 0.
c. » Tchung Kia tzo ou Pu-y . . 2. 4. 6. 0.
d. » Tu-jen . . . . 2. 4. 6. 8. VI.
e. » Pai-y . . . . 2. 4. 6. 0.
f. » Pah-peh-sih-fu . . . . . . 2. 4. 6. 0.

C. *Hybridisés et Hybrides.*

a. Dial. Lien-Miao.
b. » Li de Haïnan . . . . 1. 4. 6. 0.
c. » Loi de Haïnan
d. » Taï mou 2. 4. 0. 8.
e. » Hotha Shan . . . . 1. 4. 0. 8.
f. » Khamti. . . . . 2. 4. 5. 8. III.

224. Les traces de Négritos que nous avons découvertes au cours de notre investigation ne sont pas suffisantes pour nous donner une idée de leur langue, et nous ne savons pas s'ils appartenaient aux divisions des Négritos-Andaman Himalaïques, des Négritos-Aétas Indonésiens ou des Négritos-Kamuck Mōn-Khmer, bien que la probabilité soit dans l'ordre inverse où nous les avons cités.

225. Un des plus curieux résultats est la découverte de traces, sur le sol pré-chinois, d'une occupation Indonésienne qui n'a pas laissé dans le pays de langues vivantes pour représenter son état ancien. Ces langues, aujourd'hui dispersées et hybridisées furent repoussées du sol chinois vers l'ouest, le sud et l'est. Donc la division Inter-océanique de la souche Indo-Pacifique, section Indonésienne, groupe pré-chinois, hybride, renferme : —

a. Indonésien pré-chinois †. 1. 3. 6. 7. IV?
b. Gyarung ou Tchentui (Tibet or.), H. 1. 3. 5. 8. III.
c. Toungthu (Birmanie mér.), H. 1. 4. 6. 8. VI?
d. Tayal (Formose sept.), H. 1. $\frac{3}{4}$. 6. 7. V.

226. La position relative de ces diverses additions à notre connaissance de la SOUCHE INDO-PACIFIQUE DE LANGUES ressortira du tableau général de la souche complète, avec ses deux divisions :

I. INDO-CHINOIS.

a.) Mōn-Taï.

1) Dialectes pré-chinois (nM. et M.). 2. 4. 6. 8. etc.
2) » » (Hd. et H.). 1. 4. 6. 0. etc.

b.) Mōn-Khmer.

1) Cochinchinois ou Annamite (M.). 2. 4. 6. 8. VI etc.
2) Palaong (M.). 2. 4. 6. 8. VI
3) Talaing ou Péguan. 2. 4. 6. 8. VI etc.
4) Khasi (M.). 2. 4. 6. 8. VI etc.
5) Khmer et son groupe nombreux (M.). 2. 4. 6. 8. VI etc.
6) Négrito Kamucks, etc. 2. 4. 6. 8. VI etc.

c.) Taï-Shan.

1) Pré-chinois (nD., nM., M., Hd., H.). 2. 4. 6. 8. VI ?
2) groupe Ahom (M., Hd.). 2. 4. 5. 8. III ?
3) groupe Shan (D'). 2. 4. 6. 8. VI etc.
4) Laocien-Siamois (D.). 2. 4. 6. 8. VI etc.

II. INTEROCÉANIQUE.

a.) Indonésien.

1) Pré-chinois †. 1. 3. 6. 7. IV ?
2) Formosan (M., Hd.). 1. 4. 6. 7. V etc.
3) Tagalo-Malayan (D., E.). 2. 4. 6. 7. IV etc.
4) Négrito Aétas (M.). 2. 4. 6. 7. IV ?

b.) Micronésien (M.). 2. 4. 6. 8. VI etc.
c.) Polynésien (E.). 2. 4. 6. 8. VI etc.
d.) Mélanésien (M., H.). 2. 4. 6. 8. VI etc.

227. La grande famille Küenlunic de la souche TOURANO-SCYTHIQUE de langues était représentée, parmi les populations qui occupaient certaines parties de la Chine avant les Chinois, par divers groupes de tribus parlant des langues du type Tibéto-Birman et du groupe Kareng.

228. Ce dernier, le groupe Kareng, se divise en deux branches, l'une septentrionale dans l'ancienne contrée pré-chinoise, l'autre méridionale comprenant les dialectes actuellement parlés en Birmanie. C'est l'existence de la branche septentrionale, la plus ancienne qui a été révélée dans le présent travail, ainsi qu'il suit : —

KÜENLUNIC, 3) famille Kareng, *a*) branche septentrionale.

a) Kareng pré-chinois †. . . . . . (1. 4. 6. 8. VI ?)
b) Dial. T'u Man, M. . . . . . . 1. 4. 6. 0.

229. La 4) famille Tibéto-Birmane était et est encore représentée par un grand nombre de langues et dialectes ; ainsi le *f*) groupe Naga-Kakhyen comprend :

b) groupe NAGA occidental.

1. Jung pré-chinois.

c) sous-groupe NAGA oriental.

1. *Lu-tze pré-chinois, Hd.	2. 4. 5. 8. III.
2. Melam, Hd.	2. 4. 5. 8. III.
3. Pagny ou Ghian.	
4. Telu.	
5. Remapan.	

Le *j*) groupe LAKA-LOLO, qui a aussi été signalé récemment, se compose comme suit :

a.	Laka-Lolo (Szetchuen-Yunnan), E.	1. 4. 5. 8. III.
b.	Y-kia (Yunnan), H.	0. 0. 6. 0.
c.	Liso ou Leisu (Yunnan N.-O.), M.	1. 4. 5. 8. III.
d.	Moso-Nashi (Yunnan N.-O.), M.	1. 4. 5. 8. III.
	Mu-tze (Muang-lim, Indo-Chine sept.).	1. 4. 5. 8. III.
	Musur-Lahu (pays Shan).	1. 4. 5. 8. III.
e.	Kouy (Siemlap, Indo-Chine sept.).	
f.	Ka-to, Nopi et Heh Po (Yunnan mér.), M.	
g.	Honhi (Yunnan mér.), M.	
h.	Ka-kho (Paleo, Indo-Chine sept.), M.	

230. Le « *k*) groupe SIFAN » a également reçu plusieurs additions, que nous marquons d'un astérisque dans le tableau suivant :

1. Kiang pré-chinois †. *	
2. Meniak	1. 4: 5. 8. III.
3. Sung-pan Sifan. *	
4. Mantze extérieur. *	
5. Lifan Mantze. *	
6. Thotchu.	
7. Horpa, M., Hd.	
8. Takpa, M., Hd.	

Cet arrangement est d'ailleurs provisoire, attendu que nous ne connaissons que très-peu de chose sur ces langues, et qu'il faut attendre de plus amples renseignements.

231. Toutes ces additions et la position relative des groupes auxquels elles appartiennent seront mieux comprises par l'examen du tableau général de la SOUCHE TOURANO-SCYTHIQUE DE LANGUES.

I. ASIATIQUE S.-O.

† Suméro-Accadien, etc. † Hd. 1. 3. 5. 8. III etc.

II. OURALIQUE.	
1. Ougro-Finnois, D.	1. 3. 6. 8. VI etc.
2. Samoyède, E.	1. 3. 5. 8. III etc.
3. Yamato-Coréen, E.	1. 3. 5. 8. III etc.
III. ALTAÏQUE.	
Turco-Tartare, E.	1. 3. 5. 8. III
IV. KÜENLUNIC.	
1) Yénisséï Kotte, E.	1. 3. 5. 8. III etc.
2) famille Chinoise, H.	
a. Ancien Chinois †.	1. 3. 5. 8. III etc.
b. Dial. Sinico-Annamite.	1. 3. 6. 8. VI etc.
c. » de Canton.	1. 3. 6. 8. VI etc.
d. » du Fokien.	1. 3. 6. 8. VI etc.
e. » de Shanghaï.	1. 3. 6. 8. VI
f. » Mandarin.	1. 3. 6. 8. VI
g. » Hakka.	1. 3. 6. 8. VI
h. » Haïnan.	1. 3. 6. 8. VI
3) famille Kareng, H.	
a. branche septentr. ou pré-chinoise.	1. 4. 6. 8. VI ?
b. » méridionale ou Birmane.	1. 4. 6. 8. VI etc.
4) famille Tibéto-Birmane.	
a. groupe Bhot.	1. 4. 5. 8. III
b. » Népaul.	1. 3. 5. 8. III
c. » Sikkim.	1. 4. 5. 8. III
d. » Assam.	1. 4. 5. 8. III
e. » Kachari-Koch.	1. 4. 5. 8. III
f. » Naga-Kakhyen.	1. 4. 5. 8. III
g. » Kuki.	1. 4. 5. 8. III
h. » Arrakan-Chin.	1. 4. 5. 8. III
i. » Birman.	1. 4. 5. 8. III
j. » Laka-Lolo.	1. 4. 5. 8. III
k. » Sifan.	
V. HIMALAÏQUE.	
1) Dravidien, D.	1. 3. 5. 8. III
2) Gangétique, M., E.	1. 4. 5. 8. III etc.
3) Kolarien, M., E.	1. 3. 5. 8. III etc.
4) Négrito-Andaman, etc., M., E.	1. 4. 5. 8. III etc.
5) Australien, R.	1. 4. 5. 8. III etc.

VI. KOUSH-CAUCASIQUE.

1) Caucasien sept., M., E.	1. 3. 5. 8. III etc.
2) Alarodien, M., E.	1. 3. 5. 8. III etc.
3) Koushite, etc., M., E.	1. 3. 5. 8. III ?
VII. EUSKARIEN, M., E. Et autres branches.	1. 4. 5. 8. III etc.

XXVI. Autres résultats idéologiques et phonétiques.

232. Beaucoup de faits importants pour l'histoire des langues ont résulté des contacts historiques et diversement actifs, notamment dans les régions chinoises, entre des langues appartenant aux souches Tourano-Scythique et Indo-Pacifique. Ces deux souches de langues avaient des idéologies opposées, comme le montrent leurs indices respectifs lorsqu'ils n'ont pas été troublées, savoir : 1. 3. 5. 8. III pour la première, 2. 4. 6. $\frac{7}{8}$. IV, VI pour la seconde. Toute altération ou divergence de ces formules-types dans une langue de l'une ou de l'autre souche provient de ce que la langue affectée s'est trouvée engagée dans cette remarquable lutte linguistique. Comme nous savons par l'histoire qu'il en fut ainsi dans la plupart des cas, nous pouvons conclure qu'il en fut de même là où le témoignage historique nous fait défaut. La plus forte preuve, d'ailleurs négative, que nous ayons en faveur de cette manière de voir, c'est que les langues appartenant aux deux souches en question, qui ne se sont jamais trouvées dans de pareils contacts sociaux, et qui, par conséquent, n'ont pas participé à la lutte, ne présentent pas les mêmes phénomènes de divergence et d'altération. Leur évolution, n'a pas subi les mêmes influences.

233. Comme les variations d'idéologie, temporaires ou permanentes, parmi les dialectes aborigènes, ont été indiquées au cours du présent travail, nous n'avons pas besoin d'y revenir. Comme complément, rappelons les idéologies altérées des Chinois 1. 3. 6. 8. VI, des Karengs 1. 4. 6. 8. VI, et des Tibéto-Birmans 1. 4. 5. 8. III, au lieu de la formule 1. 3. 5. 8. III de la famille Küenlunic.

(1) Cf. mes *Beginnings of Writing*, i. § 76.

234. Nous avons donc constaté d'une manière irréfutable l'existence, de langues non seulement mêlées dans leur fonds de mots, mais aussi de beaucoup d'autres hybridisées dans leur grammaire, et de quelques nouvelles formations linguistiques hybrides à la fois dans leur vocabulaire et leur grammaire. Je n'insisterai pas ici sur l'importance du sujet, parce que je l'ai fait dans un autre travail sur l'idéologie comparée des langues. Il suffit d'appeler l'attention sur ce fait important, qu'on retrouve partout.

235. Un autre point, qui demande à être examiné sérieusement par les spécialistes, c'est celui de la prononciation. Les résultats scientifiques remarquables en matière de transcription auxquels sont arrivés récemment plusieurs savants anglais et allemands ont dépassé de beaucoup les limites du laisser-aller humain. Ils ont atteint le niveau élevé des idiosyncrasies respectives de celui qui parle et de celui qui transcrit, bien au-dessus de la moyenne commune du langage. Nulle part l'activité des organes de la voix, et aussi celle de l'ouïe, n'ont cette précision mécanique et permanente que comportent leurs principes et ceux de la nouvelle école de grammairiens. Nulle part les populations sans culture, pas plus que les gens sans éducation des pays civilisés, ne sont soumis, dans l'acte matériel de la parole, au joug d'une précision à laquelle on n'arrive qu'après un entrainement de plusieurs générations ayant reçu une éducation complète. Il est rare que l'audition et l'articulation du langage arrivent ensemble à une perfection effective. Nous pouvons citer comme exemple de cette vérité le fait que, chez les races qui regardent le plus à la couleur et au diapason de la voix, l'acuité de l'oreille n'existe qu'aux dépens de la précision dans l'articulation.

236. Les tribus dans un état de culture grossière ont un relâchement et une gaucherie de prononciation qui, chez les individus ou chez les masses, échappe à toute loi régulière. Les cas et les causes de variation par analogie, de relâchement relatif, de renforcement ou d'affaiblissement, symboliques, défient tout énoncé de règle. La segmentation, la dispersion et la migration des tribus provenant d'une souche linguistique homogène dans cet état de non-culture, combinées avec la complication qui résulte de la superposition fréquente, quoique,

souvent peu connue, de races et de langues dans des conditions semblables ou différentes, impliquent de grandes divergences de prononciation, qui contredisent en apparence la dérivation commune d'une seule et même souche. Tout effort tenté pour réduire la masse de ces divergences à une équivalence régulière et quelque peu mécanique ne peut conduire qu'à de nombreuses confusions et méprises.

237. Après le trouble des idéologies, le plus important des résultats pour toutes les langues engagées dans la lutte, résultat produit en même temps par le mélange de sang, concerne la phonétique. Nous avons appelé l'attention à plusieurs reprises sur ce fait. (1) La différence entre les particularités phonétiques des deux grandes souches était aussi grande que l'opposition de leurs idéologies. Les méridionaux Mōns et Indonésiens, avaient des tendances à l'ellipse, et, pardessus tout, une précision caractéristique des sons vocaliques. Les septentrionaux ou Küenlunic, d'autre part, avaient justement la tendance inverse, consistant à simplifier les variétés de sons vocaliques et à unifier ceux d'un mot, procédé conduisant tout droit à la contraction et à la syncope. Un exemple du premier cas est fourni de nos jours par les rapports des savants européens sur l'extraordinaire vivacité des Khmers à saisir les plus délicates nuances de couleur dans les sons vocaliques (2). Un exemple du second cas est donné par le remarquable phénomène de l'harmonie vocalique, qui existe dans beaucoup de langues ouralo-altaïques (3). Telles étaient les conditions de la lutte. Aucune des deux parties en présence ne pouvait adopter les

(1) Pour la première fois dans mon *Early History of the Chinese Civilization* (Londres, Mai 1880), p. 19. Cf. aussi mes *Beginnings of Writing*, i. §§ 52-53.

(2) La chose est très-difficile pour des oreilles européennes, et c'est un obstacle sérieux pour ceux qui vont là-bas. Voir G. Janneau, *Manuel pratique de la langue cambodgienne* (Saïgon, 1870), p. v.

(3) Ce fait a été révélé pour la première fois tout au long par le Dr. J. L. Otto Roehrig, dans ses *Researches in philosophical and comparative Philology chiefly with reference to the Languages of Central Asia*, en 1849, travail présenté à l'Institut de France. Cf. L. Dubeux, *Compte-rendu* (Paris, 1850), pp. 12-14. Et antérieurement dans ses *Eclaircissements sur quelques particularités des langues tartares et finnoises* (Paris, 1845), pp. 5-6. Une complète exposition de ce phénomène a été donnée par M. Lucien Adam, *De l'harmonie des voyelles dans les langues Ouralo-Altaïques* (Paris, 1874), pp. 31-76.

préférences et les caractéristiques de l'autre, préférences et caractéristiques réciproquement contraires aux possibilités et aux tendances physiologiques de chacune.

238. Un compromis devait nécessairement se produire dans les phonologies opposées des langues des populations entremêlées. Incapables de trouver, dans une différence de couleur de la voyelle, la compensation nécessitée par l'équilibre naturel de la langue pour les pertes subies par le matériel phonétique des mots par suite de contraction, ellipse ou autre cause, elles trouvèrent cette compensation, physiquement nécessaire, au moyen d'une différence dans le diapason du son vocalique, le ton ainsi obtenu étant simple ou composé suivant le caractère particulier de la perte subie. Telle est l'explication la plus simple, et que personne n'a encore donnée jusqu'à présent (1), de la formation générale des tons, si remarquable comme ayant affecté des langues appartenant aux deux grandes souches linguistiques que nous avons mentionnées ; cette formation n'appartient en propre à aucune des deux souches, et, comme nous l'avons déjà dit ici, elle n'a atteint que celles des langues opposées qui se sont trouvées en contact social. Bien que les tons d'une langue soient la partie la plus volatile de sa phonétique, ils sont arrivés à occuper une position importante dans l'économie du langage. Leur usage peut s'étendre par suite d'analogie, besoin de distinction, imitation ou symbolisme, et peut aussi se diversifier pour les mêmes raisons, en outre de la réaction phonétique entre le son vocalique et les consonnes. Comme faisant partie du matériel d'une langue, ils doivent répondre à ses diverses nécessités de la même manière que les autres parties (2). Et ils sont grandement responsables

(1) C'est un simple phénomène d'équilibre, et non le reste survivant d'une langue musicale hypothétique primitive, « le chant perpétuel de l'âme », comme le considère L. de Rosny dans *De l'origine du langage* (Paris, 1869), pp. 36-39. Cf. aussi D. Beaulieu, *Mémoire sur l'origine de la Musique* (Niort, 1859), pp. 5-8.

(2) Brian Hodgson a remarqué que les langues qui ont le plus de penchant à ajouter des syllabes à la racine font d'autant moins usage des tons, et, *vice-versâ*, là où les tons dominent, on a peu recours aux syllabes déterminatives. Cf. son travail *On the Tribes of Northern Tibet and Si-fan*, 1853. Aussi E. L. Brandreth, *On the non-Aryan languages of India*, 1878, *Journ. Roy. Asiat. Soc.*; et cf. Prof. Dr, Anton, Boller, *Die präfix mit vocalischem und gutturalem Anlaute in den einsilbigen Sprachen* (Wien, 1869).

du monosyllabisme apparent des langues qui en sont affectées, monosyllabisme au sujet duquel tous les anciens philologues ont été trompés (1).

239. Il faut remarquer que l'importance des tons dans les langues est en raison directe de la station qu'elles ont faite sous l'influence de la lutte que nous avons décrite, et aussi de la proportion de mélange que révèlent leur glossaire et leur idéologie. Les dialectes chinois ont quatre tons, quelquefois portés à huit par segmentation en haute et basse classe ; les Shan-Siamois en ont cinq ; les Annamites, les Karengs et les Kakhyens en ont six ; quelques-unes des tribus Miao en ont huit ; les Lolo et les Meniak en ont trois ; les Si-fan, les Li-so, les Mo-so et les Birmans n'en ont que deux ; les Nagas, les anciens Jungs. des Chinois, en ont deux ; le tibétain n'en a acquis jusqu'à présent que deux. Le développement graduel des tons est un fait historique que nous voyons encore avoir lieu à l'heure actuelle, comme dans le dernier exemple. Un savant chinois du siècle dernier, Twan-yu tsai, a démontré ce fait, dont l'exactitude a été reconnue (2).

Mais nous devons également indiquer ici quelques résultats importants que nos recherches linguistiques et autres nous ont fournis pour l'histoire de la civilisation. Nous voyons que l'antique grandeur chinoise est tout simplement une légende fabuleuse, qui n'a commencé qu'à une époque assez moderne à devenir vraie et à pouvoir exercer une influence importante sur l'avenir de l'humanité, bien loin d'avoir duré sans discontinuer depuis des siècles ; nous voyons qu'il ne faut pas parler de l'antiquité et de la pureté de la langue chinoise, qui n'est, au contraire que le résultat de croisements ; nous voyons

(1) Les langues du Tibet, de la Birmanie, du Pégou, de Siam, de l'Annam, de la Chine, sont généralement appelées monosyllabiques, et, comme telles, passent pour être des exemples vivants de la langue primitive imaginaire formée de racines monosyllabiques. Un pareil monosyllabisme n'existe pas et n'a jamais existé. Il n'y a en réalité que trois sortes de monosyllabismes, — un de dépérissement, un d'écriture et un d'élocution. C'est au premier et au dernier qu'appartiennent les langues du sud-est de l'Asie, avec la complication du second dans le cas du chinois moderne.

(2) Ses théories ont été exposées et soutenues par le Dr. J. Edkins dans son excellent ouvrage, *A Grammar of the Chinese colloquial Language, commonly called the Mandarin dialect*, 2e édition. Shang-haï, 1864.

encore que la civilisation des Chinois n'est point le résultat de leur développement propre, mais bien une importation, et que, par conséquent, les théories sur les langues monosyllabiques, sur la formation primitive des tons linguistiques, et aussi la théorie du progrès propre d'une population soi-disant isolée, sont désormais privées de l'appui qu'on avait toujours cherché pour elles en Chine.

240. Ce mémoire est le premier essai, nécessairement incomplet et imparfait, tenté pour embrasser dans son ensemble un sujet d'une singulière importance dans l'histoire, bien qu'il ait été négligé jusqu'à présent et que rien n'ait été fait pour élucider la matière. Privée de toutes les données historiques et ethnologiques qui l'auraient rendue moins sèche et plus facile à comprendre, en justifiant bien des dispositions de ces pages, l'information linguistique condensée ici frappera tout le monde par son caractère défectueux et insuffisant. Les matériaux manquent pour l'étude de cinquante sur cinquante-cinq des langues et dialectes mentionnés ici. Mon dernier mot sera un appel à l'aide, car personne ne sent mieux que moi les défauts et les *lapsus* de mon travail. Mais l'importance des résultats obtenus doit encourager à de nouveaux efforts, et le mépris des Chinois pour les restes disséminés de l'ancienne population de leur pays ne doit pas continuer à aveugler les Européens qui ont occasion de voyager en Chine sur l'importance scientifique de ces débris ethniques et philologiques, si délabrés et si hybridisés qu'ils soient, d'un ancien état de choses hautement intéressant pour l'élucidation de problèmes sérieux d'anthropologie, de linguistique et de philosophie de l'histoire. Espérons que cet appel sera entendu, et que nos collaborateurs en Chine tourneront leur attention vers ces restes vivants du passé et rassembleront avec soin les matériaux nécessaires pour une étude scientifique, avant le moment peu éloigné où tout aura disparu sous le niveau d'activité et de progrès de la Chine moderne.

ADDITIONS ET CORRECTIONS

(*Les numéros sont ceux des paragraphes*).

1

p. 1, § 1, l. 1, *lisez* : pas toutes, ni les descendantes de toutes, les langues qui étaient

p. 1, note, ajoutez : chaque voyelle doit être prononcée séparément.

4

p. 3, § 4, l. 3, *corrigez* : 58 *au lieu de* 38.

6

p. 4, § 6, l. 10, *après* un seul cas, *en note* : M. W. P. Groenevelt, dans ses *Notes on the Malay archipelago and Malacca*, compiled from chinese sources (Malacca, 1877, 4to, tirage à part du vol. XXXIX des Mémoires de la Société de Batavia ; réimprimé malheureusement sans les caractères chinois, par le Dr R. Rost dans sa collection de *Miscellaneous Essays on Subjects connected with the Malay peninsula and the Indian Archipelago*. London, Trübner, 1887, 2 vol.). Le savant auteur a heureusement utilisé le dialecte d'Amoy pour l'identification des noms géographiques cités dans les ouvrages chinois compilés sur les rapports provenant des marins de cette région.

p. 4, l. 24, *add.*

La *Méthode pour déchiffrer les mots sanskrits qui se trouvent dans les livres chinois* publiée en 1860 était un travail herculéen, mais absolument empirique et il ne répond plus aux exigences de la science. Le célèbre Professeur ne s'était pas mis au courant des variétés dialectales et successives de la prononciation des sons chinois, et il a négligé d'introduire ces distinctions importantes de temps et de lieu dans ses listes d'équivalences. Aussi la plupart des exceptions et des erreurs ou irrégularités supposées sont-elles explicables par ces distinctions. Par suite d'imitation et de tradition respectée, nombre de transcriptions ont contiuué à être employées après leur temps, surtout lorsqu'elles étaient l'œuvre de l'un des grands traducteurs Buddhistes. En sorte que le fait inverse étant impossible, les sinologues trouveront grand avantage dans leur restauration des mots et noms chinois, à respecter les conditions que nous avons indiquées. Cf. mes remarques sur les noms Gobharana, Shentu, etc. dans mon article *The Yueh-ti and the early Buddhists missionaries in China* (The Academy, Dec. 31, 1887). — Depuis que ces lignes ont été écrites je remarque que le Dr F. Hirth, à Shanghaï, cette année, a attiré l'attention sur l'importance des dialectes méridionaux (et par conséquent de la prononciation ancienne qu'ils ont mieux conservés que ceux du Nord) pour l'identification des noms propres cités dans le voyage de Hiuen-Tsang. Cf. son article sur les *Chinese equivalents of the letter 'R' in foreign names*, pp. 214-223 du Journal China Branch R. A. S., mars 1887, vol. XXI.

7

p. 4, dernière ligne *lisez* : bien que la plupart ne datent généralement pas.

8

p. 5, note (1) ajoutez :

Dans cet ouvrage j'ai fait mention avec détail des travaux de G. de Humboldt (1877), Henri Weil (1844), H. Steinthal (1850), H. C. Conon von der Gabelentz (1861), Georg von der Gabelentz (1868-1875), Abel Bergaigne (1873), E. Trumpp (1876), James Byrne (1885), Heinrich Winkler (1887) et autres, sur la syntaxe comparée examinée en partie ou dans son ensemble.

11

p. 6, ajoutez à la fin du § :

Il est important de ne pas perdre de vue que nombre de langues ne connaissent pas ces parties du discours, soit parce qu'elles ne se sont pas développées ou qu'elles se sont développées différemment ; de sorte que nous ne devons employer les termes grammaticaux nécessaires à notre système de notation idéologique, qu'à titre d'alternatives faute de termes plus précis indiquant le rôle respectif joué par les éléments de leurs phrases, à l'égal des nôtres.

12

p. 7, ajoutez :

Les signes diacritiques et les lettres additionnelles permettent d'indiquer si un pronom sujet ou objet est dépendant ou indépendant et s'il est réitératif, s'il précède, suit, ou est incorporé, s'il y a réitération par incorporation du nom sujet ou objet, s'il y a accord de l'adjectif, si le génitive est exprimé par flexion ou particule, préfixe ou suffixe, etc.

13

p. 7, § 13, l. 4, *lisez :* partie de sa surface au N. O.

ll. 7-8, *corrigez :* en à peu près seize *au lieu de :* en une douzaine.

14

p. 8, l. 5, *après* Fleuve Jaune. *En note :*

Cette fameuse tournée d'inspection vers le Sud qui ne dépassa pas les rives du Fleuve Jaune et pendant laquelle Shun mourut a été l'occasion dans les compilations historiques chinoises d'un intéressant exemple de déplacement légendaire d'horizon géographique. D'après l'assertion du *Shu-king* (Shun-tien, 28) complétée par les Annales des Livres de Bambou

(II, 15-16), Mencius (IV (2) 1) Szema Tsien (*Sheki* I, 20) et autres auteurs, Shun mourut à Ming-tiao et fut enterré à Tsang-wu. Or Ming-tiao, qui devint résidence royale sous le règne de Yü-le-grand successeur de Shun, était à l'est du Fleuve Jaune, à proximité de la ville de An-yh capitale du royaume, dans le Sud-Ouest du Shansi (Cf. G. Playfair, *The cities and towns of China*, n° 4953). Et *Tsang Wu* qui signifie tout simplement « les arbres *Wu* verdoyants et touffus » était le nom d'une colline dans le parc de Ming-tiao (Annal. Bamb. loc. cit. glose). Notons en passant que l'arbre appelé *Wu*, et aussi *Wu-tung* est l'arbre national en Chine. Lorsque au IIe siecle av. n. è. Huai-nan tze et autres auteurs de traités de géographie fabuleuse dont plusieurs ont trouvé place dans le *Shan Haï king*, ils étaient pénétrés de la grandeur des premiers souverains chinois et ne pouvaient concevoir que l'Empire de Shun ne se fût pas étendu sur toute la superficie de ce qu'ils connaissaient alors de la Chine proprement dite. Le nom de Tsang-wu se trouva être celui donné à cause de sa végétation à une localité alors récemment connue des Chinois dans le sud du Hunan. Huai-nan tze en conclut immédiatement que là devait vraiment se trouver le tombeau de Shun et une tradition locale sans autre base que cette opinion sans critique a été créée à cet effet. Malheureusement pour cette dernière, le même fait s'est produit dans le Tchehkiang et aussi dans le Sud-Est du Shantung, de sorte que Shun a été attribué trois tombeaux dont aucun n'était le véritable. J'ai insisté sur le déplacement le plus méridional parce que les historiens chinois l'ont répété plus que les autres dans l'idée qu'il trouvait une confirmation dans un autre phénomène du même genre qui concerne les Annamites. Vid. add. 89.

15

p. 9, note, l. 11, ajoutez : *Babylonia and China. Western Origin of the Early chinese civilization* (Réimpr. du *Babylonian and Oriental Record* de Juin, 1887). *From. Elam to china : the shifted cardinal points* (*Bab. Or. Record*, Janvier, 1888). *The Babylonian Origin of the chinese characters*, in *Journal of the Royal Asiatic Society*, vol. XX, Avril 1888. *The Old Babylonian characters and their chinese derivates*, in-8. 27 pp. (Réimpr. du *Bab. Or. Record*, Mars, 1888); *Chips of Babylonian and chinese palæography* ibid. Octobre 1888 ; *The Tree of life and the Calendar plant in Babylonia and China*, Réimpr. de *dito*, Juin, 1888 ; *Wheat carried from Mesopotamia to early china*, Réimpr. de *dito*. Juillet 1888 ; *The legendary fishmen of Babylonia in the early chinese traditions*, Réimpr. de *dito*. Septembre 1888. Voyez aussi : *Shennung and Sargon* par M. W. St Chad Boscawen, (*Bab. Orient. Record*, Août 1888) apportant de nouvelles preuves à l'appui de l'identité que j'avais signalée entre les légendes de ces deux noms. Et *Babylonian and chinese characters* par le Professeur A. H. Sayce (*Nature*, 7 Juin, et *Bab. Or. Rec.* Août 1888) acceptant pour l'assyriologie ma découverte de la dérivation de l'écriture archaïque chinoise, de celle de Babylone alors que celle-ci était déjà altérée.

19

p. 11, l. 9, *lisez :* conserver un territoire à eux propre *au lieu de* conserver leur propre territoire.

l. 20, *après* Burma ; *ajoutez* ces affinités remarquables sont aussi complètes que le permettent les documents restreints sur lesquels porte la comparaison, et......

23

p. 13, n. 4, l. 2, *lisez :* Douglas *et non* Dauglas.

24

p. 14, l. 7, *lisez :* mentionnés plus haut.

28

p. 15, l. 6, *lisez :* y parlaient des langues spéciales. (Cf. l'addition au § 31). Cette constatation concerne principalement les Jung etc.

29

p. 16, l. 14, *lisez :* Siamoises et Tagalo-Malaises.

30

p. 17, ajoutez :

D'après le *Tcheou-li* ou Rituel de la dynastie des Tchöu (liv. XXXIV, fol. 26) le service des interprètes ou *Siang-siu* comprenait pour chacune des quatre divisions de l'empire et ses peuples étrangers : 1 gradué de 1re classe, 2 de 2me, 8 de 3me et 20 suivants. Leurs devoirs sont détaillés au liv. XXXIX, ff. 27-30 ; ainsi par exemple « Ils s'occupent des délégués envoyés par les royaumes étrangers, du midi et de l'est, du sud-est et du nord, ainsi que de l'ouest. Ils sont chargés de leur transmettre les paroles de l'empereur et de les leur expliquer pour les unir, les affectionner. » Cf. Le *Tcheou-Li*, trad. Édouard Biot, vol. II, pp. 303, 435.

p. 17, l. 17, *Ti tis :* note :

L'expression *Ti ti* est fort curieuse : le premier *Ti* est simplement le nom des Tih, anciennement *Tek* les Barbares Turko-Tartares du nord dont nous avons parlé à plusieurs reprises dans le présent ouvrage, notamment § 167. Le second mot *ti* (n° 12104 Dict. Hokienfou, 1877) signifie simplement, chaussures en cuir, et spécialement une espèce de chaussure portée par les danseurs chez les peuples barbares.

31

p. 17, *ajoutez :*

Dans le *Tso-tchuen*, 29e année du Duc Tchwang (665 av. J. C.), nous voyons que dans l'état de *Tch'ing* qui couvrait environ la moitié de la province actuelle du Honan il y avait des gens qui parlaient la langue de Tsu.

134

p. 18, l. 31, *add.*

Cinq ans plus tard (Cf. *Tchuh shu k'i nien*, Tching Ting wang, ann. 1) le roi de Yueh, Kou Tsien transfera sa capitale à Lang-nga (cf. plus bas § 214) et ce fut alors seulement qu'il reconnut la suzeraineté nominale du roi de Tchŏu. (Cf. Szema Tsien *She ki*, Yueh she kia, liv. 41, f. 7).

37

p. 20, l. 20, *add.*

Les caractères de l'écriture ont été simplifiés de forme et une importance de plus en plus grande a été attribuée aux clefs, autrement dit aux déterminatifs idéographiques et aphones lors de la formation des petits caractères des sceaux et de celle de l'écriture administrative des Ts'in faite au pinceau et de forme plutôt carrée que ronde. Ces deux écritures ont servi de base à l'écriture actuelle qui est principalement l'œuvre d'un calligraphe fameux du IVe siècle de notre ère Wang hi-tchi (321-379.)

39

p. 21, l. 5, *après* perdus ajoutez :

D'après le *Tchcou Li* ou Rituel de la dynastie des Tchŏu (trad. Biot, II, 407) liv. XXXVIII, fol. 26 : « *Tous les sept ans*, on réunit les interprètes. Ils comparent les langages ; ils font concorder les formules de conversation. »

40

p. 21, *ajoutez après* dynastie, établie par son père Wen Wang et son frère aîné le conquérant Wu Wang en 1050 avant notre ère,

41

p. 22, n. 1, fin de l. 10 : Le *Ta hioh* et le *Tchung yung* ne sont pas compris dans la liste des treize classiques parce qu'ils forment les livres XXXIX et XXVIII du *Li-ki*.

51

p. 27, l. 30, *corr* : et en dedans du Ho, *au lieu de* et de l'intérieur du Ho.
p. 28, l. 6, *lisez* : *Tien* et non *Tieu*.

57

p. 31, l. 28, en note :

Vers la fin du VIe siècle Wang Ts'i-nan introduisit un système qui ne devint jamais populaire mais qui mérite attention. Il est connu sous le nom de *tze-tsieh* c'est-à-dire « s'épelant soi-même » et chez les écrivains Buddhistes sous celui de *tsieh-shên* « épelant le corps. » Cet expédient a été peu employé sauf pour la translitération de mots étrangers dans les livres Buddhistes. Cf. *Kuan tchu tsih* f. 30, in T. Watters, *Essays an the chinese language*, chap. III.

58

p. 33, l. 9, *après* : *hsi*, etc.

C'est pourquoi l'emploi de cette prononciation corrompue de Peking par les savants et fonctionnaires en Chine, qui traitent de questions concernant l'histoire et la géographie ancienne ne saurait être trop fortement regretté.

58

p. 33, l. 14 *en note :*

Le Rév. J. Edkins, docteur en théologie, à Péking, s'est complètement mépris sur ce fait historique de phonétisme qu'il a méconnu ; il a attribué systématiquement un caractère primitif aux labiales en Chine et dans le monde entier, sans apporter à l'appui aucune preuve réelle. Bien que le fait relaté ici n'ait rien à faire avec l'état le plus ancien de la langue chinoise où les diverses classes organiques de consonnes étaient en existence, je crois devoir citer et contester afin d'éviter toute méprise la théorie du missionnaire de Péking qu'il a mise en avant dans les travaux suivants : *All roots labial China Review*, vol. XVI, pp. 48-49 ; *Priority of Labial letters in Chinese phonetico illustrated in chinese phoneties in Journal of the Royal Aziatic Society* vol. XIX, pp. 207-227 (Avril 1887). *The Evolution of the chinese language as exemplifying the origin and grouth of human speech* ; Peking, 1887, 95 pp., qui appartiennent à la période précritique et sont pure fantaisie. Les exemples cités à l'appui de la théorie sont en partie controuvés et ceux qui sont exacts se trouvent fournir des preuves diamétralement opposées aux vues de l'auteur.

60

p. 34, *ajoutez :*

Hü shen mourut en l'an 69 de notre ère.

60

p. 35, note 1 :

There is also a *Eang yen tchu* in the collection *Wu yng t'ien tsiu tchin pan shu.*

64

p. 35, dernière ligne *lisez :*

..... du groupe de langues Kuenlunic qui est le quatrième de la SOUCHE TOURANO SCYTHIQUE.

67

p. 39, *ajoutez :*

M. G. Devéria *La frontère sino-annamite*, p. 92, suggère que ce nom *Tu-pei* « est peut-être une altération du Tibétain *t'ub-pa*, synonyme de Mouni, servant à désigner Bouddha, *Sa-kya Tŭb-pa* » ; ce qui est extrêmement improbable pour ne pas dire impossible.

p. 39, note 7, ajoutez :

En voici la traduction :

Il y a quelques mois une nouvelle écriture nous fut révelée du Sud-Ouest de la Chine. M. Bourne consul Britannique à Tchung-king, dans le Szetchuen, présenta au British Museum (octobre 1886) un manuscrit in-quarto en papier de treize folios, venant des Shui-kia ou Pŭ-shui, tribu Shan de la province de Kueitchou : « Les caractères dit le Professeur R. K. Douglas, sont évidemment des adaptations et des formes contractées des anciens symboles chinois, mêlés de signes hiéroglyphiques non chinois. Ce paraît être un ouvrage de divination ou de prognostics du temps, les phrases étant terminées pour la plupart par des mots indiquant la bonne ou la mauvaise fortune. Les signes des mois et les caractères cycliques sont suffisamment semblables à ceux des anciens chinois pour être lisibles. »

Les *Shui-kia* en Famille Aquatique, sont ainsi appelés parce qu'ils sont établis sur les bords des rivières ; *Pu shui* est évidemment une autre forme du même nom, mais en langue Shan, et signifie le « Peuple de l'eau », car *Pu* est le préfixe ségrégatif pour les êtres humains communément employé parmi les tribus de race Taï-Shan en Chine.

Une tribu de *Shui-kia Miao* apparait au nombre des 82 tribus du Kueitchou, dont de courtes descriptions accompagnant des dessins plus ou moins grossiers, forment les albums illustrés que les Chinois ont l'habitude de faire concernant ces débris de l'ancienne population de leur pays. Leur fabrication est l'objet d'un commerce spécial d'une rue de Peking, et les plus communs de ces albums sont ceux qui se rapportent à ces quatre vingt deux tribus. Les dessins sont plus au moins élaborés et les descriptions plus ou moins longues selon le prix de vente. J'ai vu une quinzaine d'albums de ce genre. Un Album relatif à 108 (nombre sacré pour les Bouddhistes) tribus du Yunnan est assez rare, car je n'en cônnais qu'un seul exemplaire lequel appartient au Dr W. Lockhart le fondateur de l'hopital de Peking. Le même ami possède également un grand album du même genre sur les tribus de Tai-wan ou Formose, dont je ne connais pas d'autre exemplaire.

Le peuple *Shui* appartient à la fameuse race (célèbre depuis le commencement des Annales chinoises) de Pang ou Pan-hu qui occupait la Chine centrale. Repoussés graduellement vers le Sud, ceux de ses descendants qui avaient refusé de se laisser absorber par les Chinois, ou qui n'avaient pas émigré, se réfugièrent dans les montagnes, telles que les Mei-ling, Wuki, etc. Les Shui-kia, étaient une des tribus qui s'étaient établies à l'Angle nord-ouest de la province de Kuangtung, dont elles furent chassées en 1732, et rejetées dans la province de Kueitchou, préfecture de Tu-yün, district de Li-po, avec plusieurs autres. Dans les divers documents chinois que j'ai consultés à leur sujet, il n'est pas fait mention qu'ils aient une écriture qui leur fût propre. Bien au contraire, car une tribu sœur, celle des *Tung kia Miao,* ainsi appelée parce qu'elle s'était réfugiée principalement dans les cavernes, ignorait l'art d'écrire, bien que capable de lire les caractères chinois, et il leur fallait faire des entailles sur baguettes lorsqu'ils avaient à prendre note de quelque chose. Mais la découverte de manuscrits en caractères apparentés à ceux de l'écriture chinoise, est d'accord avec les descriptions d'autres tribus parentes qui formaient autrefois un peuple important celui des *Yao-jen*. Il est clairement expliqué par Min Siü, un fonctionnaire de haut rang dans le Kwangsi, vers 1655, et qui par conséquent était à même d'être bien informé, que les *Shui* formaient une de leurs sous-tribus. Ce peuple fut chassé en 1732 du nord du Kuangsi à leur pays actuel dans le Kueitchou. Ils avaient dit-on en leur possession, des livres qu'ils conservaient de père en fils et qu'ils appelaient *Pang-pu* « livres modèles », et aussi des sceaux de forme ronde écrits en caractères *tchuen* (le style d'écriture des anciens sceaux chinois) qu'ils ne peuvent comprendre mais qu'ils conservent avec le plus grand respect. C'est sans aucun doute un spécimen de ces livres et de ces caractères qui est maintenant au British Museum.

70

p. 40, n. 5, dernière ligne, *corrigez :* § 85, *au lieu de :* 68.

72

p. 41, l. 14. *corrigez :* Szetchuen Oriental, *au lieu de :* occidental.

p. 42, l. 5 :

Dans le nº de 16 Janvier 1885 des *Missions Catholiques*, le P. Chanzy, racontant son voyage, parle de ce peuple :.... « La race Tchouang-Kou, s'identifie, ou, tout au moins, a des liens de bien proche parenté avec les Ki[illegible]ng-pien (ripuaires), avec les Pou-la-tsé et surtout avec les [illegible]ty (indigènes des frontières du Kouei-tcheou.

.... Si les Tchouang-kou ne sont pas des aborigènes, ils sont du moins les premiers colons du Kouang-si. Par la langue ils se rattacheraient aux Siamois. »

La notice du *H'oang Tsing* (ou *tchao*) *tcheh-kong t'u* traduite par M. G. Deveria, *La frontière Sino Annamite*, p. 96, dit que c'est sous la dynastie Mongole des Yuen (1280-1368) que les Tchuang du Kuangsi sont venus du Hu-nan et du Kueitchou. Toutefois ainsi que nous l'avons relaté plus haut, Fan Tch'eng-ta en 1172 en décrit déjà une tribu dans de Kuangsi.

73

p. 42, n. 8, *ajoutez :* Cf. *mei niang* chez les Heh Miao, § 85, p. 50.

85

p. 50, n. 1 : Cf. le même mot chez les T'ung jen, § 73.

89

p. 52, *en note ajoutez :*

On trouve communément répétée, dans les ouvrages Chinois, Annamites et Européens, l'assertion que les *Kiao-tchi*, nom des Tungkinois dans la littérature géographique de la Chine dès le IIIme siècle av. n. è., avaient été connus des anciens Chinois dès l'époque de Yao plus de 2000 ans avant J.-C. L'orgueil des descendants des Kiao-tchi y trouve sa satisfaction, mais aux dépens de la vérité historique. Le seul passage sur lequel s'appuie cette assertion est celui du *Shu-king* (yao tien, 5) où il est dit à propos de l'envoi des quatre astronomes aux quatre points cardinaux pour l'observation astronomique des saisons, que Yao envoya le troisième, pour le midi, résider à Nan kiao, c'est-à-dire tout simplement à la frontière du midi. *Kiao* signifie croisement, intercourse, et de là frontière c'est-à-dire la limite où avait lieu l'intercourse avec les étrangers. Aussi, y avait-il les kiao du Nord, de l'Est, du Midi, etc. Dans ce dernier sens en écriture moderne le déterminatif aphone 163 a été ajouté, et nous savons par le *Tchuen tze wei* qu'il n'en était pas ainsi dans le style d'écriture le plus ancien, le *ku wen*, l'écriture du Shu-king, et que *kiao* s'employait sans déterminatif idéographique. Lorsque les *kiao-tchi* furent connus des Chinois au IIIe siècle av. n. è., on employa pour la transcription de ce nom étranger, le même signe *kiao* à cause de sa valeur phonétique et aussi de sa signification qualifiant *tchi* seconde partie du même nom. Et en ce cas le signe *kiao* au gré des scribes s'adjoignait ou non le déterminatif idéographique des pieds (157). Aussi arriva-t-il pour ce mot géographique *kiao* du Shu king le même phénomène de déplacement que pour le tombeau de Shun au Tsang-wu, ainsi que nous l'avons expliqué aux additions du § 14. Ce *kiao* fut supposé à tort être le même que celui du nom des Tungkinois. D'où la légende de l'origine et l'existence des Annamites dès la haute antiquité chinoise.

90

p. 53, l. 5, *corrigez :* et dans le Hunan septentrional, *au lieu de :* et le Hunan méridional.

93

p. 54, n. 2, *ajoutez :*

M. le Professeur Abel des Michels a lu devant l'Académie des Inscriptions un « *Mémoire sur les Origines et le Caractère de la langue Annamite* et sur l'influence que la littérature chinoise a exercée sur le mouvement intellectuel en Cochinchine et au Tonkin, » (31 pp.) qui a paru dans les *Mémoires présentés par divers savants*, t. X, Paris 1887. Traitant principalement de la littérature, ce mémoire ne contient presque rien de linguistique. Nous n'y relevons qu'une seule remarque intéressante : le chinois aurait fourni à l'Annamite vulgaire environ 3 mots sur 10 (p. 7). Dans la liste ci-dessus j'ai omis le dictionnaire suivant : J. M. J. *Tu Vi Annam-pha-lang-sa*, Dictionnaire Annamite français ; Tan Dinh, 1877, in-8. M. Bartet : *Documents pour servir à l'histoire de la langue et des mœurs de l'Annam* dans le Bulletin de la société de géographie de Rochefort, t. I, pp. 219 230. Les articles de M. E. H. Parker, *Annamese and chinese*). (China-Review, Mars-Avril, 1887, pp. 270-273) et *Chinese and Annamese* (Transaction of the Asiatic society of Japan, July, 1888, vol. XVI, pp. 170-191) sont écrits sans préparation suffisante.

94

p. 54, l. 7, *lisez :* neuf cent vingt cinq *au lieu de :* neuf cents.

99

p. 56, *ajoutez :*

M. G. Doveria (*O. C.* pp. 117-121) a reproduit d'après le *Huang*

Tsing tcheh-kung t'u, la même légende considérablement embellie et augmentée sous l'influence Buddhiste et localisée entièrement dans le Sud-Ouest du Yunnan, sous l'influence Shan, en dépit de la vérité historique encore visible dans le premier récit que j'ai reproduit d'après les Annales des Han Orientaux. (25-220 de n. è.) compilées au commencement du Ve siècle d'après des documents de l'époque. La version du *Huang Tsing tcheh-kung t'u* est de beaucoup postérieure, puisqu'elle serait extraite de l'histoire du Nantchao, lequel exista jusqu'en 860 et parconséquent composée beaucoup plus tard. Et elle appartient au même genre de légendes historiques volontairement falsifiées que celles existant dans les divers états shans et rapportées par M. N. Elias dans son *Introductory sketch of the History of the shans in Upper Burma and Western Yunnan*; Calcutta, 1876, in-8.

100

p. 58, notes, l. 1, *corrigez* : Les souverains Annamites, *au lieu de* : Les Anmites.

101

p. 58, note 6, *ajoutez* :

Une géographie annamite nous dit que ce pays de Aï-lao est ou était à l'ouest du territoire de Tran-minh, avec les *Homang* du Laos au nord-est. Ce serait de l'Aï-lao que sortirait le fleuve Songma. G. Devéria. *La frontière Sino-Annamite*, p. 117, n. 1.

105

p. 61, ll. 8-9, *corrigez* : aux groupes Môn et Taï-Shan *au lieu de* : au groupe Taï-Shan.

114

p. 66, l. 15, *add.* note.

Sur ce Bureau des Traductions, ou Collège des Interprètes, cf. les articles de M. C. Imbault-Huart dans le *Journal Asiatique*, VII sér., vol. XVII, pp. 256-285 ; du Dr. F. Hirth. *The chinese Oriental College*. pp. 202-223 du *J. China Branch R. O. S.* 1887, vol. XXII. Et aussi les renseignements fournis par M. G. Devéria dans les nombreuses notes de son mémoire : *Examen de la stèle de Yen-t'aï*, pp. 173 183 de *Revue de l'Extrême Orient*, 1882, vol. I.

p. 66, n. 3, *add.*

Il y a quelques erreurs dans ces indications extraites du mémoire de Rémusat. L'enseignement du Siamois ne commença qu'en 1579, tandis que le Paï-y était compris dans le programme original (cf. F. Hirth, *The Chinese Oriental College*, p. 204 du *J. China Br. R. O. S.* 1887, vol. XXII). Le Wupeichih, ch. 227, f. 1 sq. cité par le même auteur donne une liste beaucoup plus longue des langues qui furent enseignées au même établissement. En outre des langues ci-dessus, elle comprend l'Annamite, Cambodjien, Javânais, Coréen, Lutchuan, un dialecte de Sumatra, un de Malacca, et plusieurs autres.

p. 67, l. 1, *add.*

L'enseignement du Jutchich et du Mongol en Tartare avait cessé depuis 1658 (cf. F. Hirth, *ibid.* p. 205).

p. 67, l. 7, *add.*

Depuis que ces lignes ont été écrites, M. G. Devéria ancien secrétaire de la Légation française à Peking, qui prépare depuis longtemps une histoire complète du Collège des Interprètes à Peking, a donné dans son ouvrage sur *La frontière Sino-Annamite*, pp. 103-104. les renseignements plus précis qui suivent : Dès le règne de Yung-loh (1403-1425) on voit figurer au collège des interprètes de Péking un cours de langue et d'écriture Pa-y. Il y avait en 1469 à la cour de Chine six interprètes tant pour le Pa-y que pour les autres dialectes du Yunnan. L'Empereur Kien-lung décréta en 1748 la suppression du cours de Pa-y en donnant pour motif que les Pa-y (demeurant) sur le territoire chinois et) relevant de la Chine, leurs affaires ne devaient plus regarder que les gouvernements des provinces chinoises qu'ils habitent (*Ta Tsing hoei tien*, liv. 401). Antérieurement à l'année 1580, le collège des interprètes de Péking possédait déjà parmi ses recueils lexicographiques un vocabulaire Pa-y Chinois. Ces recueils qui avaient été imprimés, ont été envoyés en 1748 par l'ordre de K'ien-lung aux gouverneurs Chinois des provinces où l'on était le plus à même d'en contrôler le contenu ; ces fonctionnaires furent chargés de les faire corriger. Le Père Amiot qui vint à Peking en 1751, fit parvenir à Paris une copie de la collection de ces vocabulaires, c'est celle que possède notre Bibliothèque nationale (relevé Stanislas Julien N° 986). Ce missionnaire faisait en même temps parvenir en France une série de documents parmi lesquels figurent des suppliques en langue Pa-y datent de la dynastie des Ming. » (G. Devéria). — Il est regrettable que le savant M. G. D. n'ait pas indiqué les noms des autres dialectes du Yunnan, au nombre de cinq pour lesquels il existait, nous dit-il, des interprètes en même temps que pour le Pa-y, en 1469.

Il me paraît probable que l'ouvrage manuscrit envoyé autrefois par le P. Amiot, n'est qu'une copie incomplète du *Hwa Y yh yü* dont le Dr Hirth a pu heureusement se procurer en Chine un exemplaire probablement complet, mais également manuscrit Ce dernier comprend 24 volumes et contient des vocabulaires : 1) Mongol ; 2) Birmam ; 3) Jutchih ; 4) Sifan ou Tibetain ; 5) Uigur ; 6) Arabo-Persan ; 7) Pai-y ; 8) Pa-pai ; 9) Siamois ; 10) Sanskrit, et 14 volumes de documents en ces diverses langues selon la description qu'il en a faite dans son article déjà cité sur *The Chinese Oriental College*. (J. C. B. R. Q. S. Avril 1888). L'exemplaire sans titre en Ms. de la Bibliothèque nationale contient tous ces vocabulaires à l'exception du Jutchih et du Mongol, plus plusieurs volumes de documents. Le British-Museum contient un exemplaire *imprimé* et souvent difficile à lire, mais très incomplet du *Hwa Y yh yü*, trouvé au Japon, et mis depuis peu à la disposition du public. Il contient les six vocabulaires suivants : Peh-y, Mien-tien ou Birman, Si-fan, Hoei-hoei, Arab-Persan, Pa-pai, et Kaotchang ou Uigur.

Note 2, *ajoutez :*

Dr F. Hirth dans son intéressant article sur *The Chinese Oriental College* a extrait des mots suivants du *Hua Yyh yü* (sur lequel ouvrage cf. le § précédant) : bouton de fleur, *dum ;* melon, *diëng ;* bambou, *maignung ;* arbre, *d'nmai ;* femme, *lugyong ;* un, *ning ;* deux, *song ;* trois, *sam ;* quatre, *si ;* cinq, *ha ;* six, *lug ;* sept, *chil ;* huit, *piel ;* neuf, *kwa ;* dix, *sob ;* cent, *lai.*

115

p. 67, l. 22, *add.*

M. G. Devéria a reproduit (*O. C.* p. 105) en fac-simile le texte d'une des suppliques Pai-y envoyées en France par le Père Amiot. Un examen de cette écriture ainsi que de celle du *Pe-y-koan touen chou*, l'un des vocabulaires mentionnés plus haut de la Bibliothèque Nationale, m'a de nouveau confirmé dans mon opinion qu'elle est dérivée des anciens caractères de l'Assam, et non du Tibétain. Le manuscrit sur bois du British Museum est encore plus remarquable sous ce rapport. Aussi est-il curieux de noter que le *Yuen she luy pien* (liv. 42, f. 68 cité par M. Devéria, *O. C.* p. 103) parlant des Pai-y au XIIIe siècle dit qu'ils se servaient de caractères *Birmans* et ceci pour leurs affaires sérieuses seulement, car ils faisaient des entailles sur bambou pour leurs transactions journalières.

Le fait est relaté sans date ni commentaires et sans source d'information, suivant le procédé ordinaire de composition littéraire ou mosaïque des auteurs Chinois dans le *Huang tchao* (ou *Tsing*) *tcheh kung t'u* du siècle dernier. Dans le *Yun-nan t'ung tchi*, liv. 183, division des Barbares méridionaux *Nan Man tchi*, liv. 32, fol. 5-13 consacrés aux Pai-y, on trouve en outre quelques autres citations relatives à leur écriture et empruntées aux Topographies de Mien-ning (fol. 11) Tsu-hiung fu (f. 11 v.) Yung-peh fu (f. 12) Yung-tchang fu (f. 12) et de Teng-yueh-tchou (f. 13). L'auteur chinois de ce dernier ouvrage assimile à tort l'écriture en question avec l'écriture Tsuan qui est celle des Lolos (Cf. plus haut § 155). Luh Tze-yun dans son ouvrage *T'ung k'i sien tchi* écrit vers 1050, que nous avons cité plusieurs fois, rapporte que les Lo-kuei (ou Lolos) et les Kih-Lao ne pouvant pas se comprendre, c'étaient des Pai-y qui leur servaient d'interprètes. (Coll. *Shwoh ling*, liv. 20, f. 4). Ce dire a été répété dans toutes les compilations à bon marché et sans critique faites au sujet de ces tribus, et le nom des Tchung-kia a été ajouté aux deux autres, probablement par ignorance car le dialecte du Tchung kia est du siamois presque pur et diffère à peine du Pai-y. Cf. plus haut (§§ 107-110).

117

p 69, n. 2. — On peut consulter aussi mais avec réserve *Ueber die siamesischen Laut — und Tonaccente* par A. Bastian dans les *Monatsberichten der Königl. Akademie du Wissenschaften* de Berlin, 1867, pp. 357 ff.

120

p. 71, fin du § 120, *corrigez :* 1, 4, 0, 8, *au lieu de :* 1, 4, 6.

126

p. 74, après § 126, *en note :* A No-tai (Hainan) il y a pas moins de six ou sept dialectes parlés : Hakka, Cantonais, Hainan-Chinois, Lam-ko, Loi, Mandarin de Tamtchou et le Li. Cf. B. A. Henry, *The Chinese Recorder and Missionary Journal,* vol. XIV, n. 4 (Shang-haï, 1883); et du même auteur : *Ling-nam* (Londres, 1886), p. 373.

129

p. 76, n. 1. — M. Holt, S. Hallett a depuis publié son vocabulaire *Kamuk* ainsi que les autres qu'il avait recueillis pendant son voyage dans les États Shans. Voy. pp. 227-234 de *Report on the Rail-way connexion of Burmah and China,* par Archibald R. Colquhoun et Holt S. Hallett, *with Account of Exploration-Survey* par H. S. H. Quelques mots et courtes sentences Kamuk recueillis par le Dr Cushing qui faisait partie de l'expédition ont été publiés dans le même ouvrage, pp. 236-239.

137

p. 81, n. 3, *ajoutez :*

Et aussi : *The land of Sinim not China,* ibid. Septembre 1887, pp. 183-191.

143

p. 84, l. 23 : *lisez :* Miao Bleu ou Tsing Miao.

p. 84, § 143, *en note :*

Je reproduis ici les §§ 101, 102, et partie de 103 de mes *Formosa notes :* Le vocabulaire Gyarung possède de nombreuses affinités avec ceux, des tribus Tsing Miao (ou Miao bleus) et T'u Man du Kueitcheou, des Toungthus de Birmanie (25 %) avec le Tayal de Formose et le Tagala des Philippines. Cette parenté remarquable eût été incompréhensible il y a quelques années, tandis qu'aujourd'hui on pouvait presque dire qu'il fallait s'y attendre. J'ai soigneusement comparé le vocabulaire Tayal avec les listes de mots que nous possédons des tribus aborigènes et non-chinoises de l'Empire du Milieu et j'ai trouvé des affinités dans la proportion suivante :

Tayal et Tchung-Miao	33 %	
» » T'u Man	25 »	
» » K'ih Lao	25 »	
» » Loi de Haïnan	25 »	
» » Ngan Shun Man	20 »	
» » Tsing-Miao	20 »	
» » Heh-Miao	15 »	
» » Peh Miao	10 »	etc...

Ces chiffres à l'exception de ceux qui concernent les deux dernières langues qui appartiennent à un groupe plus éloigné, montrent une parenté indéniable et une affinité plus étroite que celle avec les groupes Malais qui n'est que 8 à 13 %.

147

p. 87, n. 3, dernières lignes, *corrigez :*
J. Wade *au lieu de :* J. Wada, et Mrs J. P. Binney *au lieu de :* J. P. Binney, et 1883 *au lieu de* : 1884.

156

p. 92, l. 10, *corrigez :* Dans 3, 4 et 9 *au lieu de :* 2, 3 et 9.

162

p. 94. — M. Holt S. Hallett a publié ces mots et phrases dans le *Report* cité plus haut § 129 *addit.*, ainsi que 36 mots et 21 courtes sentences collectées par le Dr Cushing. Voy. *Report*, pp. 221-227, 233-234.

172

p. 99, n. 1, *ajoutez :*
L'orthographe du nom Tibet a été l'objet du plusieurs articles qui méritent d'être lus. Le Père A. Desgodins écrivit à la *Indo-European Correspondence de Calcutta* (29 Décembre 1880) une lettre *Thibet or Tibet* dans laquelle il opine pour Thibet. Cette lettre traduite en français par son frère M. C. H. Desgodins de Nancy fut reproduite dans le *Compte Rendu de la société de Géographie*, 18 mars 1887, pp. 174-176. M. Léon Féer, qui avait fait au Congrès International des Orientalistes à Vienne en Septembre 1886 une communication sur *L'étymologie l'histoire et l'orthographe du mot Tibet*, répondit à cette lettre dans la même publication le 6 Mai 1887, pp. 267-271, en faveur de l'orthographe *Tibet*. Le 3 Juin, *ibid.*, p. 320. M. Romanet du Caillaud a cité quelques autorités anciennes en faveur de la même orthographe. Le numéro de 4 Novembre de la même année contient une lettre du Père Desgodins datée de Phédong 3 Juillet 1887 *Thibet ou Tibet* donnant de nouvelles raisons pour son choix de la forme *Thibet*, raisons toutefois qui ne paraissent nullement convaincantes à Mr. Léon Féer (*ibid.*, p. 435). In the *Encyclopedia Britannica*, art. *Tibet*, p. 338, nous avons donné nos raisons pour avoir préféré cette orthographe et nous les avons résumées dans *Le Muséon*, Août 1887, pp. 500-501. La question peut être considérée comme tranchée en faveur de *Tibet*.

173

p. 99, l. 1, *lisez :* Menia aussi appelées Tchentui.

180

p. 108, l. 9, *lisez :* le Fuhkien *au lieu de :* la Fukhien.
p. 108, n. 1, l. 11, *lisez :* des petits caractères des sceaux *au lieu de :* du Petit sceau. C'est l'expression anglaise 'small seal character' par laquelle on rend habituellement le terme chinois *siao-tchuen*, et que le traducteur français n'a pas comprise.
p. 108, n. 1, *ajoutez :* Les chats sont mentionnés dans le Shi-king. Part. III, liv. III, Ode VII, stance 5.

198

p. 118, l. 24, *lisez* : Accado-Sumerienne *et non* Accado-Sudmerienne.
p. 119, n. 1, l. 6 *après* de Londres *ajoutez :*

Pour ce qui concerne l'écriture, cfr. T. de L. : *The Old Babylonian characters and their chinese derivates*, 27 pp. (réimpr. du *Babylonian and Oriental Record*, Mars 1888) ; et aussi les remarques très favorables du Professeur A. H. Sayce sur ce mémoire, dans *Nature*, 7 June, et *Bab. Or. Record*, Août 1888. Pour les autres n^os de la liste cfr. T. de L., *The shifted Cardinal points, from Elam to early China*, art. I. *B. and O. R.* Janvier 1881 ; *The Tree of life and the Calendar plant of Babylonia of and China* ; ibid. Juin 1888 ; *Wheat Carried from Mesopotamia to Early China*, ibid. Juillet, 1888 ; *The fabulous fishmen of Babylonia and China*, ibid. Septembre 1888 ; *Chips of Babylonian and chinese palæography*, ibid. Octobre 1888. Et aussi : W. St. Chad. Boscawen, *Shennung and Sargon*, ibid. Août, 1888.

l. 13, *après* scientifique. *Ajoutez :*

Cet ouvrage à été déclaré par le Dr Gustave Schlegel être « a total failure ». (Cfr. *Sinico-Aryaca*, p. xj).

n. 1, à la fin, *ajoutez :*

Voici les titres de quelques-uns de ces articles auxquels il ne faut toutefois se référer qu'avec une grande réserve : *Late origin of the chinese primitive myths* (The Academy, Nov. 1883); *Chinese Mythology after Confucius* (ibid. Février 1884) ; *Chinese Mythology and Art* (ibid. 12 Juillet 1884) ; *Chinese early mythology* (China Review, May 1885, vol. XIII, pp. 406-418) ; *Ancient navigation in the Indian Ocean* (Journ. Royal Asiatic Soc., Janv. 1886, vol. XVIII, pp. 1-27) ; *When did Babylonian Astrology enter China* (Proc. soc. Bibl. Archæol., 7 Déc. 1887, pp. 32-39) ; *Eastern spread of chaldean thought* (The Academy, 1 Janv. 1887).

201

p. 121, l. 19, *après* « florissant » *ajoutez :*

Les sinologues peuvent comparer le chinois *Bak sing* (Peh Sing) 'familles Bak' aux expressions composées du même genre, tels que *Li min* 'peuple Li', *Yao jen* 'hommes Yao', Tchung kia 'familles Lung', etc. M. W. St. Chad. Boscawen (note ms.) a remarqué que le nom d'un prince Elamite était *Khumba Bak mes nagi*, signifiant « Khumba du pays des *tribus* Bak ». Je trouve que tel était le nom du père de Undas-Arman, roi de la Susiane, dont le Dr J. Oppert a traduit une inscription (pp. 191-192 de son mémoire *Les inscriptions en langue Susienne. Essai d'interprétation*, dans Act. Congrès Intern. Oriental. Paris, 1873, vol. II). Dans la légende de Gisdhubar qui est probablement celle de Nemrod, le dieu fait la guerre à un chef nommé Humba qui régnait dans une région montagneuse couverte d'arbres pins, le vainct, et annexe son pays à la Babylonie (Cfr. G. Smith, *Babylonia*, edit. Sayce, p. 56). On sait que Gudéa se vante dans une de ses inscriptions (statue B.) d'avoir battu la ville d'Ansan, du pays d'Elam. (Cfr. A. Amiaud, *Sirpourla, d'après les inscriptions de la collection de Sarzec*, p. 13; Revue Archéologique 1888). D'un autre côté la tradition portée en Chine par les chefs des tribus Bak dit que c'est Dungi (en chinois moderne Tsanghieh) qui leur enseigna l'écriture. (Cfr. T. de L. *The old Babylonian characters and their chinese derivates*, note 47; *Early history of the chinese civilisation*, pp. 27-28). On voit que l'histoire muette jusqu'ici se complète de plus en plus. Rappelons aussi que les expressions 'têtes noires' pour la population, et 'royaume du milieu' pour le pays, qui ont été en usage en Assyro-Babylonie, ont été également portés ou plutôt transferrés par imitation en Chine par ses civilisateurs. (Cfr. T. de L. *The shifted Cardinal points, from Elam to early China*, p. 25 du *Babylonian and Oriental Record*, Janvier, 1888).

203

p. 122, *ajoutez* en note :

Le *Peh kia sing* a été l'objet d'une analyse par E. C. Bridgman, dans le *Chinese Repository* d'août 1835. Puis traduit assez indifféremment par Paul Perny dans l'Appendice du Dictionaire Français-Latin-Chinois (Paris, 1872, 4to) pp. 156-216. Une traduction exacte a été faite récemment par Herbert A. Giles dans de *Journal of the China Branch of the Royal Asiatic Society*, 1886, vol. XXI, pp. 255-288. L'ouvrage qui comprend 440 noms simples et 20 doubles, a été compilé sous la dynastie des Sung. Le Dr Wells Williams a ajouté à son grand dictionnaire une liste de 1678 noms de famille tant doubles que simples. Dr J. Eitel dans le supplément à son *Chinese dictionary in the Cantonese dialect* a donné une liste de 1952 noms dont 180 doubles et 10 triples. Des listes plus complètes en chinois atteignent un total de 2300 noms.

205

p. 124, au tableau, *lisez* : Shanghaï *au lieu de* Sanghaï.

205

p. 124. Ce tableau des langues Tourano-Scythiques, celui des langues chinoises (§ 205 p. 124) et mes indices idéologiques ont été reproduits et accompagnés de commentaires favorables sur mes vues linguistiques par M. Herbert Baynes dans son article spécial *Die indonesische Philologie* publié par le *Zeitschrift für Volkerpsychologie und sprachwissenschaft*, de Lazarus et Steinthal, pp. 284-299, vol. XVIII, Leipzig, 1888.

210

p. 128, l. 2, *ajoutez* :

L'arrivée des Tchou et leur établissement dans le Shensi fait l'objet de deux Odes du *Shi King*, Part. III, livr. II, Ode 6 *Kung Liu*, et aussi Part. I, liv. XV, Ode 1, *Ts'ih yueh*. Meng-ko le philosophe bien connu en Europe comme Mencius (pour *Meng-tze*) a conservé la tradition que le célèbre Roi Wan, père du fondateur de la dynastie des Tchou, était un Barbare de l'Ouest (*Si Y tchi jen*) au livr. IV, part. II, 1.

Mais comme il dit quelque chose du même genre de Shun « un barbare de l'est, » *Tung Y tchi jen*, qui, nous le savons par sa généalogie, n'était pas de naissance chinoise, il se pourrait que cette assertion ne prouvât rien par rapport à l'origine chinoise ou non-chinoise de ses partisans. Cette origine non-chinoise est positivement affirmée dans les traditions chinoises, (cfr. J. Legge, *Chinese Classics*, vol. IV, p. 484) d'après lesquels les ancêtres des Tchöu, auxquels une origine chinoise a été plus tard fabuleusement attribuée, avaient dû se réfugier pendant quelque 500 ans parmi les barbares de l'Ouest. Et lorsqu'ils commencèrent leur campagne contre la dynastie chinoise des Yn, ce fut avec l'appui des autres populations non-chinoises de l'Ouest, lesquelles sont énumérées dans le *Shu-King* Part. V, liv. II.

210

p. 128, note 1, l. 11, *après* vocabulaire chinois *ajoutez* :

Les additions et embellissements fabuleux dont les souvenirs historiques relatifs à l'établissement de cette dynastie ont été l'objet ne justifient cependant pas l'interprétation entièrement mythologique que, en dépit de leur réalité historique, M. T. W. Kingsmill de Shanghaï a sans succès d'ailleurs, essayé d'en donner en les expliquant par la mythologie indo-européenne, dans divers articles publiés en Chine et qu'il est inutile de citer autrement. Voici quelques-uns des travaux publiés sur une affinité théorique de racines aryennes et chinoises : S. S. Haldeman, *on the relations between chinese and the indo-european languages*, Cambridge, U. S., 1857. — P. E. Chase, *Chinese and Indo-European roots and analogues*, Part. I., A-Hal (tout ce qui a paru), Philadelphie, 1861. — Ossian, *connexion between the Gaelic and chinese languages*, pp. 179-182, 242-245 du *Chinese Recorder and Missionnary Journal*, Foochow, 1871. — J. Edkins, *China's place in Philology : an attempt to show that the languages of Europe and Asia have a common origin* (London, 1871) ; on y trouve une comparaison du chinois au sanskrit et aux langues européennes ainsi qu'une liste de mots communs à l'Anglais et au Chinois ! ! ! Le même auteur a publié : *Identity of Chinese and Indo-European roots* (The Phœnix, 1872, t. III, pp. 68-69). — R. Turpin, *Comparative chinese Philology* (China Review, vol. XI, pp. 259-260). — R. H. Graves, *Aryan roots in Chinese* (ibid. vol. XIII, pp. 5-10). — E. H. Parker, *Chinese and sanskrit*, ibid. vol. XV. — Le travail le plus important est celui du Dr G. Schlegel, *Sinico-Aryaca, ou Recherches sur les racines primitives dans les langues chinoises et Aryennes, Etude philologique* (Batavia, 1872, XVI-181 pp.), qui est vraiment digne d'une meilleure cause, car ces recherches et comparaisons ne sauraient aboutir à une démonstration de parenté, pas plus que les rapprochements tentés avec l'hébreu par le Rev. J. Edkins en 1869-1870 dans le

Chinese Recorder and Missionary Journal de Futhchöu, et dans son ouvrage précité. Les mots que l'on trouve peut-être communs au chinois et au stock fondamental des vocabulaires Indo-européens, qui doivent être distingués de ceux entrés dans le vocabulaire chinois pendant la période historique, ne sauraient indiquer une communauté d'origine. Les deux formations linguistiques sont absolument distinctes, mais il se peut que certains éléments lexicologiques du stock Turano-scythique auquel appartiennent les langues chinoises, soient entrés dans la formation du noyau Aryaque. En tout cas avant de se livrer à des comparaisons de racines chinoises, il faudrait les connaître un peu mieux que nous le faisons, car ces soi disant racines ne sont que des formes contractées et écourtées qui n'ont de primitif que l'apparence; et toute théorie basée sur ces racines telles que celles que l'on trouve dans les ouvrages de l'auteur de *China's place in philology* est en réalité bâtie sur le sable.

215

p. 131, l. 11 : lisez Tartares comme ailleurs. La véritable forme de ce nom est Tartar et non Tatar, ainsi que l'a démontré amplement Dr S. W. Koelle dans son intéressant mémoire *On Tartar and Turk* publié pp. 125-159 du *Journal of the Royal Asiatic Society*, n. s. 1882, vol. XV. En chinois ce nom était écrit *Tat-tan* ou *Tat-tat*, dans lesquels *n* ou *t* remplacent *r* ainsi qu'il est arrivé fréquemment dans les transcriptions chinoises de noms propres. Le Dr F. Hirth a écrit une notice sur ces transcriptions : *Chinese equivalents of the R in foreign names*, pp. 214-223 du *Journal of the china Branch of the Royal Asiatic Society* of Shanghaï, Mars 1887, vol. XXI. La forme *Tatar* maintenant fort employée en Allemagne et dans l'Est de l'Europe, est fautive, n'étant qu'une simplification de *Tattar*, corruption de *Tartar* par assimilation du premier *r*. Dans l'orthographe des historiens Arabes, le *t* medial est accentué d'un *teshdid* en signe de redoublement qui ne laisse aucun doute. Cf. les exemples dans *On the Turks, Tattars, and Mughals* du Major H. G. Raverty, p. 82, des travaux de la IIIme session du congrès International des Orientalistes à Saint-Pétersbourg, 1876, vol. II.

216

p. 132. l. 2, *ajoutez* en note :

Nous ne connaissons presque rien de la langue des *Kitan* ou *Liao*, apparemment de race Tunguse. Une liste de 55 mots est tout ce que M. H. H. Howorth a pu réunir dans son mémoire : *The Northern Frontagiers of China*. Part. V. — *The Khitai or Khitans*, pp. 4-5. Elle comprend 37 mots provenant d'un appendice de l'Histoire des Liao ou *Liao she* et extraits par A. Wylie, plus 14 mots fournis par Klaproth *Asia Polyglotta* pp. 194-195 et *Nouv. Journ. Asiat.*, VI, 23-24. Ces mots présentent une grande affinité avec les termes correspondant de la langue des Tunguses. Les Kitan ou Liao eurent deux systèmes d'écritures spécialement faits pour leur langue, un grand et un moins grand. Le premier, le plus ancien fut fait par ordre en l'an 920. Cf. mes *Beginnings of writing*, §§ 101-102.

216

p. 132, l. 6, *ajoutez* en note :

La langue des *Kin* ou *Djurtchen* ancêtres supposés des Mandshus n'est connue qu'à l'état de vocabulaires fort restreints qui nous ont été transmis par les chinois et qui cependant ont permis depuis longtemps au Père Visdelou, à Landresse et Abel de Rémusat de reconnaitre, d'accord avec l'histoire, son identité avec celle des Mandshus. A Wylie en appendice à l'introduction de sa *Translation of the Ts'ing wan k'e mung*, pp. 76-80 a reproduit 116 mots *kin* qu'il a extraits des annales de cette dynastie (*kin she*) et auxquels il a comparé les mots Mandshu modernes correspondant, tout et autant que l'orthoépie insuffisante des transcriptions chinoises le lui a permis. Dr F. Hirth *The chinese oriental collège* pp. 207-212, 222-223 du *Journal of the china Branch of the Royal Asiatic Society of Shangaï*, vol. XXII, avril 1888, a cité quelques mots extraits du *Hua y yh yü* dont il a eu l'heureuse chance de se procurer un exemplaire pendant son séjour en Chine. Cet ouvrage entr'autres vocabulaires contient 881 mots Djurtchen en transcription chinoise et caractère Djurtchen avec leur signification, que le Dr Hirth, maintenant à Berlin, me dit avoir l'intention de publier sous peu en fac-simile. Ces mots ainsi que quelques autres que le même savant a eu l'obligeance de me communiquer (7 sept. 88) trouvent pour la plupart leurs correspondants en Mandshu. Il y a cependant des différences qui méritent l'attention que le Prof. De Harlez a attirée récemment sur ce sujet par son intéressant mémoire *Niutchis et Mandchous, Rapports d'origine et de langage*, publié dans le *Journal Asiatique* (1888). Le savant éraniste et sinologue de Louvain, avec l'autorité qui lui donnent sa traduction du mandshu de l'histoire des Djurtchen (*Histoire de l'Empire de Kin ou Empire d'Or, Aisin-gurun-i suduri bithe, Louvain*, 1887) et la publication préalable de son *Manuel de la langue Mandchoue*, a examiné avec soin non seulement les mots publiés par Wylie mais aussi 75 noms propres. « Notre conclusion dit-il, est donc que les Mandchous appartiennent à la même famille de peuple que les Niutchis mais qu'ils n'en sont point les descendants et ne les continuent point. Leur langue est étroitement apparentée à celle des Niutchis, l'une et l'autre constituent deux dialectes d'un même idiôme, mais dialectes bien distincts et présentant de grandes différences à côté de leurs similitudes ». La publication par le Dr Hirth du vocabulaire Djurtchen-chinois, qu'il a en sa possession, permettra la compilation d'une liste des caractères Djurtchen, et le déchiffrement des inscriptions qui subsistent de cette écriture. La comparaison des formes grammaticales et de la syntaxe de leur langue sera alors possible avec celle du Mandshu.

Dans un mémoire spécial sur *Les Djurtchen de Mandchourie, leur nom, leur langue et leur littérature*, j'ai fait remarquer que dans l'inscription hexaglotte de keu-yung kwan publiée par Alex. Wylie (*J. R. A. S.* 1871, vol. V) l'écriture qu'il regarde comme Neuchih, ou Djurtchen est en réalitée celle du Tangut ou Si-hia ; et que l'inscriptión de la stèle de Yen-t'aï, publiée par G. Devéria (*Revue de l'Extrême Orient*, 1882, vol. I) sur laquelle il restait des doutes, est décidément Djurtchen.

216

p. 132. *ajoutez en note :*

La langue *Mandshu*, qui pour beaucoup de sinologues y compris Stanislas Julien a été la clef du chinois à cause du grand nombre d'ouvrages classiques et historiques traduits en cette langue, peut être facilement étudiée à l'aide du grand nombre d'ouvrages grammaticaux et autres et des dictionnaires dont elle a été l'objet. En voici une courte liste : Deshauteraye, *Dissertation* dans Petity, *Encyclopédie élémentaire*. Père Amiot : *Grammaire tartare mantchou*, Paris, 1787, in-4 que Wylie dit n'être qu'une traduction des *Elementa linguæ Tartaricæ* par le P. Gerbillon en omettant les 44 derniers paragraphes sur les particularités du Mandshu. Ces *Elementa* avaient paru dans le second volume de Thévenot, *Relations de divers voiages*, etc. 1696. La grammaire du P. Amiot a été traduite en anglais et publiée par l'Imprimerie de la London Missionary society à Shangaï en 1854. — L. Langlès : *Alphabet mantchou*, Paris, 1807, 8vo, 3e édit. — Abel de Rémusat : *Recherches sur les langues tartares*. Paris, 1820, 4to. — H. C. v. d. Gabelentz : *Beiträge zur mandschuischen Conjugationslehre ; Eléments de la grammaire mandschou*, Altenburg, 1832, 8vo. — A. Wylie : *Translation of the Ts'ing wan K'e mung*, a chinese grammar of the manchu Tartar language mith introductory notes on Manchu literature ; Shanghae, 1855, 8vo. — F. Kaulen : *Linguæ Mandshuricæ Institutiones ;* Ratisbonæ, 1856, 8vo. — L. Adam : *Grammaire de la langue Mandchou ;* Paris, 1873, 8vo. — Orlovieff : Grammaire Mandshu (en russe) St Petersburg, 1873. — J. Zacharow : Grammaire Mandshu (en russe) St Petersburg, 1879. — G. Hoffmann : *Grammatica Mancese* compendiata dall'o c. zing wen ki mung, 1883. — Ch. de Harlez : *Manuel de la langue Mandchoue*, Grammaire, Antologie et lexique ; Paris, 1884, 8vo. — J. Klaproth : *Chrestomathie mandchou ;* Paris, 1828, 8vo. — Th. T. Meadows : *Translation from the Manchu*, prefaced by an *Essay on the language ;* Canton, 1849, 8vo. — W. Wassiljev : *Chrestomathie Mandshu* (en russe) St. Petersbourg, 1863, 8vo. — L. Rochet : *Maximes et proverbes Mongols et Mandchoux*, traduction et vocabulaire ; Paris, 1875, 8vo. — P. Amiot : *Dictionnaire tartare-mantchou-françois*, publ. p. L. Langlès ; Paris, 1789-1790, 3 vol. 4to. — C. v. d. Gabelentz : *Mantshu-Deutsches Wörterbuch*. — Leipzig, 1861, 8vo. — W. Wassiljev : Dictionnaire Mandshu-Russe (Autogr.) ; St Petersburg, 1866, 8vo. — Iwan Zacharow : Dictionnaire complet Mandshu et

Russe ; St Petersbourg, 1875. grand 8vo. — Les ouvrages de lexicographie Mandshu-chinoise sont nombreux et importants. On en trouvera la liste dans l'ouvrage cité de A. Wylie, *Translation* etc. introduction pp. 47-49. Dr C. de Harlez a publié une notice sur *Le Manju gisun-i buleku bithe*, 8 pp. dans le Z. f. D. M. G. Et pour les traductions européennes du Mandshu on pourra consulter la bibliographie placée par le même savant en tête de son *Manuel*. A propos de l'utilité des traductions mandshus pour l'intelligence des textes antiques, il convient de n'en pas exagérer l'importance. Elles sont simplement l'expression de la manière dont les chinois modernes comprennent ces anciens textes.

216

p. 132, *ajoutez à la fin du* § :

Entr'autres éléments étrangers qui ont contribué au mélange ethnique des tribus non-chinoises, il convient de ne pas oublier que vers 1140, alors que la dynastie des Kin entra définitivement en possession du Honan, elle fit passer dans le pays quantité de colons de nationalité tartare, tant Kitan que Djurtchen. Cfr. De Mailla, *Histoire générale de la Chine*, vol. VIII.

238

p. 143, n. 1. Pour l'étude comparative des tons chinois on pourrait consulter avec profit : J. H. Plath : *die Tonsprache der alten chinesen*, Munich. 1862, in-8, 50 pp. — J. Edkins : *On ancient chinese prononciation*, dans *Transactions of the china Branch of the Royal Asiatic Society*, Part. IV, 1853-1854, pp. 51-55. Hongkong, 1855. — Du même auteur, *Grammar of the Mandarin dialect*, pp. 10-71, 267-269 ; *Grammar of the Shanghaï dialect*, 1853, pp. 8-46, 238-245. — Et les sections concernant les tons dans les divers ouvrages concernant les dialectes. — Abel des Michels : *du système des intonations chinoises et de ses rapports avec les intonations annamites*, dans *Journal Asiatique* 1869, vol. XIV, pp. 96-110 ; *Les six intonations du discours chez des Annamites*, dans *Revue de Linguistique*, 1869, vol. III, pp. 36-48. — Voyez aussi : E. H. Parker : *Tone tables* dans *China Review* Janv. — Fevr. 1880. — L. C. H(opkins) *The ju sheng considend in its relation to the remaining tones*, in *China Review*, vol. IX. — J. Edkins : *Poem of the Emperor* HAN *Wu Ti B. C.* 109, *and the history of the shang-sheng and ch'ü sheng ; ibid.* vol. XV, pp. 285-288. — Et les différents mémoires sur les tons des langues Taï-shan cités § 117, p. 69 n. 2 et 117 addit. Puis le développement des tons en Tibetain sur lequel cf. les travaux de Jaeschke et mon article *Tibet-Philology* dans *Encyclopédia Britannica*, vol. XXIII. — Il faut aussi tenir compte des phénomènes du même genre que présentent certaines autres langues notamment dans l'Afrique Australe et Occidentale.

APPENDICE I.

Liste supplémentaire

d'ouvrages à consulter sur l'ethnographie et l'histoire des populations non-chinoises de la Chine.

La liste suivante ne contient que quelques uns des noms des ouvrages les plus importants cités dans les pages de ce livre avec lesquelles elle ferait autrement double emploi. Elle se réfère principalement aux sources à consulter pour les informations ethnographiques que le cadre restreint de notre travail nous a forcé à laisser de côté. Pour la rendre plus complète il faut y ajouter la liste de celles des sections complémentaires des Annales Dynastiques, qui ont trait à ces populations. Et aussi les notices dont elles sont l'objet dans les anciennes compilations encyclopédiques telles que le *Tung tien* de Tu-yu du IXe siècle, le *Tai ping yü lan* du Xe siècle, etc. à cause des nombreuses citations qui s'y rencontrent d'ouvrages, disparus depuis et, inaccessibles en Europe. Le *Wen hien t'ung K'ao* de Ma Tuanlin qui a pour base le *Tung tien* contient plusieurs chapitres sur ces tribus dont le Marquis d'Hervey de saint Denys a traduit partie, mais les sources ne sont que rarement indiquées par l'auteur chinois qui les a souvent entremêlées sans tenir compte suffisamment de leur chronologie. Une autre série d'ouvrages des plus utiles à consulter est celle des descriptions géographiques des provinces ou des préfectures, et des topographies locales dont la liste est considérable.

Nombre des ouvrages cités ici ont été republiés en Chine dans l'une ou l'autre des grandes collections de réimpressions qui ont été imprimées sous les Mings et la dynastie actuelle. Lorsqu'il y a lieu nous y référons après le titre de l'ouvrage par les initiales suivantes :

W. Y. T. pour *Wu king t'ien tsiu tchin pan shu* décrite dans A. Wylie, Notes on chinese literature, p. 207.

H. W. pour *Han Wei ts'ung shu*. (cfr. Wylie, ibid. p. 209, et Dr J. H. Plath, Ueber die sammlung chinesischer Werke der staatsbibliothek ; München, 1868).

K. K. pour *Ku Kin yh shi* (cf. Wylie, *ibid.* p. 210).

P. M. pour *Peh Ming kia shu*. (cf. Wylie, ibid. p. 211).

T. S. pour *T'ang Sung ts'ung shu*. (cp. Wylie, ibid. p. 212).

S. L. pour *Shuoh ling*. (cf. Wylie, ibid. p. 213).
T. P. T. pour *Tchi puh tsuh tch'ai ts'ung shu*. (cf. Wylie, ibid. p. 214).
Y. H. pour *Y. Hai tchu tch'in*. (cf Wylie, ibid. p. 218).
Nous avons cru devoir donner à part la liste des albums illustrés et sources du même genre, parce qu'ils sont nécessairement moins dignes de foi, bien que les notices fort écourtées qu'on y trouve, soient généralement citées verbatim ou abrégées des ouvrages historiques.

A. Ouvrages Originaux.

(1) *Indigènes.*

Tcheng nan luh, par Tang Yuen-fah. Mémoire by Sun Mien, officier engagé à calmer une insurrection chez les Miao en 1053.
Tch'ih ya, par Kwang Lu. Compte rendu détaillé du pays habité par les tribus Miao, au sud-ouest de la Chine, avec des détails sur les coutumes, antiquités, etc. de ces peuples. D'après informations reçues pendant plusieurs années de séjour de l'auteur au service d'une de leurs Reines, vers la fin de la dynastie des Ming.
Tung k'i sien tchi, par Luh Tze-yun, vers 1650. Description des diverses tribus Miao, avec des recherches sur les assertions à leur égard contenues dans les publications antérieures. Coll. S. L., k. 19, ff. 1-22.
Miao fang pei lan. Tableau des tribus Miao et de leur territoire, avec des vocabulaires, utilisés par Dr J. Edkins, *The Miautsï*.
Miao Man hoh tchi. « Description complète des tribus Miao et Man » par Tsao Shu Kiao.
Hwa yang kwoh tchi; description des aborigènes de la Chine, par T'an Ts'ui.
Y süh tchi; description des vulgarités des barbares; vers la dynastie des Tang. Coll. T. S.
Pen-ki si-nan y tchuen; histoire traditionnelle primitive des barbares du sud-ouest. (E. Rocher, Le Yunnan).
Pen-ki Ngai-Lao tchuen; histoire traditionnelle primitive des Ngai-Lao. (E. Rocher, Le Yunnan).
Wai kwoh tchuh tchi tze, par Yü-tung (XVIIe siècle). Coll. Y.-H. vol. 27.
Man Shu; en 10 livres. Description historique des Luh tchao ou six royaumes, région du Sud-Ouest de la Chine propre, occupée par les non Chinois; écrite par Fan tch'oh, sous la dynastie

des T'ang alors qu'il était au service d'un chef militaire dans cette région, (*circà* 800 de n. è). Col. W. Y. T.

Luh tchao she tsih ; vestiges des six tchao. Coll. K. K..

Nan Man t'u tchi ; Description illustrée des Barbares méridionaux « formant les sections 31-36 du *Yun-nan t'ung tchi* » Topographie du Yun-nan ».

Tien heng ki tcheng, par Hiu Tsuan-tsang. Notes écrites par l'auteur pendant son voyage de Peng-tsih sur le Yang-tze-kiang au Yun-nan, où il avait été nommé juge-criminel, vers 1670. Coll. S. L. k. 17, ff. 22-47.

Tung hwan ki tcheng, par le même auteur, écrit en revenant du Yun-nan. Les deux ouvrages contiennent de nombreuses notes sur les tribus indigènes et leur coutumes. Coll. S. L., k. 17, ff. 48-68.

T'ien k'ien ki yu, par Tchin-ting, du XVIIe siècle. Collection de mémoires sur les hommes et les choses du Yun-nan et du Kweitchöu, avec des notes sur les aborigènes, pendant un séjour dans ces régions. Coll. S. L , k. 22, ff. 1-34.

Hwa Yang kwoh tchi ; ancienne description de Pa et Shuh (le Szetchuen actuel), par Tch'ang-kü, sous la dynastie des Tsin. Coll. K. K.

Yh tchoü ki ; histoire du Szetchuen par Jen-yü, sons la même dynastie.

Hing-y fu tchi ; topographie de la préfecture d'Hing-y, (Kueitchöu S. O.)

Kwang-si tung tchi ; description statistique du Kwangsi.

Nan Man ki ; histoire des Man méridionaux ; sous la dynastie des Sung.

K'i man ts'ung siao, par Tchu-fu, sous la même dynastie. Choses extraordinaires des montagnards Yao de Ki tchöu (Lien-tchöu province de Canton). Coll. P. M.

Yueh shuh, par Min-siü ; description de la topographie, des coutumes et des tribus indigènes, du Kwangsi, par un haut fonctionnaire en cette province vers 1665. Coll. S. L., k. 20, ff. 1-41.

Yueh si ngöu ki, par Luh Tsu-fan. Notices écrites par un fonctionnaire dirigeant les examens littéraires au Kwangsi, sous le règne de K'ang-hi. Nombreux renseignements sur les coutumes indigènes. Coll. S. L., k. 21, ff. 1-14.

Kwei hai yu hang tchi, par Fan Tching-ta, qui était préfet de Kweilin en 1172. Traité sur la géographie, l'histoire naturelle, etc. des provinces méridionales. Coll. K. K.

Ling wai tai tah, en 10 livres par Tchöu kiu-fei, fonctionnaire à

Kwei-lin au XIIe siècle. Contient un grand nombre de détails sur la géographie et les habitants des deux provinces Kwang-si et Kwang-tung.

Wu ling ki par Hwang min, sous la dynastie des Sung. Histoire de la région des Wu-ling (Hunan).

King tchw'en tsi, par T'ang Shun-tchi, sous la même dynastie.

Wu k'i ki ; description des cinq *K'i*. Avant le Xe siècle.

Tsu kwoh sien hien tchuen, ancienne vue du royaume de Tsu, par Tchang Tang-hien, sous la dynastie des Tsin.

Tsu shè t'ao wuh ; collection de mémoires concernant l'état de Tsu après le VIIe siècle av. J. C. ; compilée au XIVe siècle. Coll. K. K.

King tchöu ki ; histoire de la région de King (Hupeh) par Tch'eng Hung-tchi (Ve siècle).

King-hu kin shi. Ouvrage écrit sous la dynastie des Sung.

King Tsu sui shi'ki ; calendrier des coutumes populaires dans les régions de King et de Tsu (Hu-kwang) pendant l'année, par Tsung-lin, (VIe siècle). Coll. H. W.

Kiang Han ts'ung t'an, par Tch'en Sze-yuen en 1741. Consiste en vingt articles de moyenne longueur sur les antiquités historiques chinoises. (Coll. Y. H.)

Wu yueh tch'un tsiu, par Tchao-J, un réclus Taoiste du Ier siècle. Histoire ancienne des États de Wu et de Yueh, du XIIe au Ve siècles av. n. è. Coll. W. ; Coll. K. K.

Yueh tsiueh shu ; histoire de l'ancien état de Yueh, composée sous la seconde dynastie des Han. Coll. K. K.

Wu tchuen luh ; journal d'un voyage du Sze-tchuen à Hangtchöu en 1177, par Fan Tching-ta.

Nan yueh heng ki ; voyage dans le Yueh méridional par Lu-kia, en 200 av. J. C.

Yueh she lioh ; courte description historique de l'Annam, par un annamite, sous la dynastie des Ming ; contient un résumé des annales annamites depuis l'époque des Han.

An nam tchi lioh, en 19 livres par Li Tsih qui vivait sous la dynastie des Yuen. C'est une description de l'Annam par un indigène.

An-nam tsah ki ; variétés sur l'Annam, par Li sien Kan tze (XVIIIe siècle). Coll. S. L. K. 3.

An-nam ki yu ; courte description de l'Annam par Pang Ting-wei, en 1688.

Hoang Viet dia du tchi ; géographie historique du Hoang Viet ou Annam, compilée en 1834.

T'ien k'ien tu-sze hwan li ki ; Rites matrimoniaux des communes indigènes (non-chinoises) des provinces de Yunnan et de Kweitchöu.

Huang Ts'ing tchih kung tu, Album des tributaires de l'empire des Ts'ing. Le nom de Ts'ing est quelquefois remplacé par *Tchao* la dynastie. C'est un ouvrage magnifique terminé ou 1773 et comprenant neuf volumes. Il contient 600 figures ou portraits-types ; chaque peuple ou tribu étant représenté par deux portraits. En voici la liste d'après le catalogue de G. Pauthier, laquelle nous ajoutons quelques explications entre parenthèses : 1) Corée, îles Liu-Kiu, Ngan-an (Annam) Sienlo (Siam), Su-lu (dans Bornéo), Ta-si-yang (colonie Portugaise), Sumatra, 74 figures. — 2) Tibet occidental, I-li, etc. 44 figures. — 3) Ningkuta (Kirin) Fuhkien, Formose, Hunan, (Fung-shan hien, Tchang-hua, Tamsui, etc.) 54 fig. — 4) Provinces de Kuangtung, et de Kuangsi, 66 fig. — 5) Province de Kansuh, 74 fig. — 6) Province de Szetchuen, 114 fig. — 7) Prov. du Yunnan, 72 fig. — 8) Province de Kueitchou (Miao-tse et autres tribus) 84 fig. — 9) Tribus musulmanes de l'Asie, dans le Badakshan, etc. 18 figures. Ces portraits faits avec soin ne sont pas sans valeur. Malheureusement il n'en est pas de même des descriptions et notices ethnographiques. C'est le genre ordinaire de composition bigarrée et sans critique à laquelle nous sommes habituées dans les compilations de ce genre, et l'on ne saurait les utiliser sans grandes réserves, à moins de les vérifier dans les ouvrages originaux.

L'ouvrage fut décrété en 1751 par l'empereur K'ienlung qui ordonna à ses vice-rois et gouverneurs provinciaux d'envoyer au Conseil Privé les documents nécessaires à sa composition. Dans un grand nombre de cas, ceux-ci ne crurent sans doute pouvoir faire mieux que de copier verbatim des notices faites antérieurement sans prendre soin de les vérifier.

C'est l'ouvrage dont s'est servi M. G. Devéria pour la seconde partie (Notes ethnographiques) de son ouvrage *La frontière Sino-Annamite*.

A. 2) *Européens*.

C. F. Neumann : Asiatische studien. Leipzig, 1867, pp. 35-120.

James Legge : The rude tribes in China and around it (à l'époque du Tchun-tsiu) ; pp. 122-135, Introd. *The chinese classics*, vol. V Hongkong, 1872.

J. H. Plath : Die fremden barbarischen stämme in Alten China ;

pp. 457-471. Sitzungsber. d. philos. philol. cl. der Akad. d. Wiss. Munich, 1874.

D'Hervey de St-Denys : Ethnographie des Miao-tse, pp. 354-363 des *Mémoires du Congrès des Orientalistes de Paris*, 1873, vol. I. Réimprimé avec additions dans les Mémoires de la Société d'Ethnographie, 1873, vol. XII, pp. 109-133, sous le titre : Mémoire sur l'ethnographie de la Chine centrale et méridionale d'après un ensemble de documents inédits, tirés des anciens écrivains chinois.

W. P. Martin : The Northern Barbarians in Ancient China. (*Journal of the American Oriental Society*, 1885, t. XI, n° 2).

J. Deniker : Les populations Turques en Chine et plus spécialement les Daldes (*Bullet. Société d'Anthropologie*, 1887, pp. 206-210).

Geo. Minchin : A race of men and women living at Peiling. (In *Notes and Queries on China and Japan*, 1870, vol. IV, pp. 121-122).

R. N. Lion : Notes of a tour south Chekiang (in *The chinese Recorder and missionary Journal*, 1875).

F. Ohlinger : A visit to the « Dog-eared Barbarians » or Hill people near Foochow. (ibid. 1886, vol. XVII).

A. Krolczyk : The Manners and customs of the Jutze. (*Notes and Queries on China and Japan*, vol. IV, pp. 65-69).

Lettre du P. Amiot, sur la réduction des Miao-tsze, en 1775. (*Mémoires concernant les Chinois*, III, pp. 387-412).

Observations on the Miau-tsze mountaineers. (*Canton miscellan.*, 1831, pp. 198-206).

J. Macgowan : Note on the Chihkiang Miau tsz (*Journal North China branch Royal Asiatic Society*, VI, n. s. 1869, pp. 123. sq.).

R. H. Graves ; The Miau Tsze. (*The chinese Recorder*, t. II, pp. 265-267).

Mountaineers of China. (*Canton Registr. Asiatic Journal*, II, p. 233).

F. Romanet du Caillaud : Ethnographie du Tong-king. (*Bullet. société de géographie*, Sept. 1881).

J. Harmand : Origine des Annamites (ibid.)

Père Pinapel, des missions étrangères : Notes sur quelques peuples sauvages dépendant du Tongking. *Bullet. soc. géogr.*, 1884, Octobre.

Romanet du Caillaud : Note sur les populations de race Thaï du Quangsi (*Compte rendu soc. géogr.* 23 Janvier 1885).

M. Bartet : Documents pour servir à l'histoire de la langue et des mœurs de l'Annam. (*Bullet. soc. géogr. de Rochefort*, t. I, pp. 219-230).

Père A. Desgodins : Annales de l'Extrême Orient, t. III, pp. 42 sq.
E. Rocher : La province chinoise du Yun-nan. Paris, 1879, 2 vol.
T. de Lacouperie : The Cradle of the Shan race. London, 1885.
G. Devéria : La frontière Sino-Annamite ; description géographique et ethnographique d'après des documents officiels chinois, traduits pour la première fois. Paris, 1886.
S. W. Bushell : The early history of Tibet. From chinese sources. (*Journal of the Royal Asiatic society*, vol. XII, 1880, pp. 435-541).
T. de L. : Ethnology, history, language and literature of Tibet. (Encyclopedia Britannica, 1887, vol. XXIII, pp. 343-348).
T. T. Cooper : Travels of a pioneer of commerce. An overland Journey from China towards India. London, 1871.
Voyage d'Exploration en Indo-Chine, en 1866, 1867 et 1868 par une commission française, publié par Francis Garnier, Delaporte, Jaubert et Thorel. Paris 1873, 2 vol. et atl.
P. Crabouillet : Les Iolos du Se tchouen. *Missions catholiques*, V, 1873, pp. 71-72, 94-95, 105-107).
John Anderson : A Report on the Expedition to Western Yunan, via Bhamô. Calcutta, 1871 ; xii-458 pp.
E. Baber : Travels and Researches in Western China. (*Royal geographical society. Supplementary papers*, vol. I. Part. I. London, 1882).
Archibald R. Colquhonn : Across Chrysê ; being the narrative of a Journey of Exploration through the south China border lands, from Canton to Mandalay. [London, 1883, 2 vol.)
Alex. Hosie : Report of a Journey through the provinces of Ssŭ-ch'uan, Yünnan and Kwei-chou. (*Parliamentary papers*. China 2. 1884).

B. 1. Albums et Descriptions.

a) Ouvrages chinois.

Les albums d'aquarelles représentant les Miao-tze et autres tribus indigènes des provinces du Sud-Ouest, forment une série distincte des précédentes. Ils sont bien connus de ceux des Européens qui se sont promenés dans la Lin-li-tch'ang, la fameuse rue de Peking, pour les livres, dessins etc. On en trouve aussi dans les ports, et un certain nombre ont été apportés en Europe. J'en ai examiné moi-même une quinzaine. Ces albums contiennent des descriptions destinées à accompagner les esquisses coloriées représentant plus ou moins exactement certaines scènes de la vie de ces tribus dont les coutumes et occupations sont regardées par les Chinois comme amusantes et curieuses. Les descriptions varient de longueur et de style, les dessins sont plus ou moins soignés et de dimensions plus ou moins grandes selon le prix de vente.

Et comme les textes sont empruntés à des ouvrages plus sérieux dont les descriptions sont plus complètes et plus longues, il en résulte que les notices de certains albums contiennent des détails qui manquent dans les autres, et *vice-versa*. Il n'y a pas à douter que des esquisses coloriées aient été faites jadis par des voyageurs artistes, ainsi que c'est le cas encore aujourd'hui, mais par suite des nombreuses copies successives, les dessins ont perdu presque toujours leur valeur ethnolographique, et leur ressemblance n'est conservée que tout et autant que le permettent les descriptions. Mentionnons à cet effet, que les esquisses des tribus du Yunnan (N° 6 de la liste suivante) sont apparemment tracées sur celles contenues dans le *Nan Man t'u tchi* (N° 12 de la liste A).

LISTE.

Miao ts'eh pah-shih-erh ti. Catalogue des tribus Miao en 82 sections. (N° 3 liste suivante).

Kweitchöu sheng tchu Miao pah-shih-erh tchung shwoh. Description des 82 tribus Miao de la province de Kweitchöu. (N° 9 l. s.)

Lo-tien y fung. Coutumes du Lo-tien (Kueitchöu).

Nung sang ya hwa. Coutumes des tribus cultivant le mûrier (Kueitchöu).

Li-kiang fu shih tchung y jen t'u. Illustrations des dix tribus aborigènes habitant la préfecture de Li-kiang (Yun-nan). N° 8 l. s.

Les 108 tribus barbares du Yunnan. (Je n'en connais qu'un exemplaire, sans titre.)

B. 2. DESCRIPTIONS EUROPÉENNES

d'après les Albums.

E. C. Bridgman : Sketches of the Miau-tze, with notes by the translator. (*Journal of the North China Branch, Royal Asiatic society*, Décemb. 1859, pp. 257-286).

G. Tradescant Lay : Aboriginal inhabitants, or the Miau tsze, pp. 316-331 de *The chinese as thy are*, ch. XXXV. (London, 1841).

William Lockhart : On the Miau-tze, or Aborigines of China, in *Transactions of the Ethnological Society* of London, vol. I, 1861, pp. 177-185.

Vivien de St-Martin : Les Miao-tze. (*Année géographique*, t. I, pp. 297-306).

S. W. Williams : Notices of the Miau-tsz, or Aboriginal tribes inhabiting various highlands in the Southern and Western provinces of China proper. (*Chinese. Repositosy*, 1845, vol. XIV, pp. 105-115. Réimprimé avec altérations in *Chinese and Japanese Repository*, 1863, pp. 139-147).

R. K. Douglas : Quaint customs in Kuei-chow. *Cornhill Magazine*, 1872, vol. XXV, pp. 92-97.

J. H. Gray : Aboriginal tribes, formant ch. XXXI, pp. 302-313 de *China*, vol. II. (London, 1878).

G. M. H. Playfair : The Miaotzŭ of Kweichou and Yunnan. *China Review*, vol. V, pp. 92-108, avec deux cartes).

George W. Clark : Translation of a manuscript Account of the Kwei-chau Miao-tzŭ, written (lisez : complété) after the subjugation of the Miao-tzŭ, about 1730. (Appendice, pp. 363-394 de A. R. Colquhoun, *Across Chrysé*, vol. II, London, 1883).

APPENDICE II.

LE NON-MONOSYLLABISME DU CHINOIS ANTIQUE, L'ÉCART ENTRE LES LANGUES ÉCRITE ET PARLÉE D'AUJOURDHUI ET L'HISTOIRE DE LA LANGUE ÉCRITE.

I.

1. La langue des plus anciens classiques de la Chine, autant que nous pouvons en juger au travers pour ainsi dire de l'écriture antique est bien substantiellement la même que la langue parlée d'aujourd'hui. Pour reconnaître cette identité, difficile d'ailleurs à admettre au premier coup d'œil, il faut tenir compte de la concision recherchée avec laquelle la langue archaïque était écrite, ainsi que de certaines transformations de phonétisme et d'idéologie qu'elle a subies dans le cours de son évolution historique, lesquelles ont été brièvement indiquées par nous aux chapitres V et VII (§ 58) de *Les Langues de la chine avant les Chinois.*

2. Un grand nombre de mots d'un usage courant il y a plusieurs milliers d'années sont encore employés dans la conversation journalière. D'autres mots qui ont vieilli et ont fait place à de nouveaux termes sont conservés souvent dans les expressions composées. La prononciation en se modifiant n'a fait que changer l'apparence de beaucoup d'autres, qui semblent par cela même, mais à tort, être différents de ce qu'ils étaient jadis. En outre des mots usés, contractés ou raccourcis d'une syllabe ou consonne initiale, médiale, ou finale, semblent être devenus des mots doubles ou composés, par l'adjonction d'une nouvelle syllabe ou autre mot monosyllabique qui n'a d'indépendent que l'apparence. La notation idéographique dont cette syllabe adventice à été forcément l'objet, avec le système monosyllabique moderne de l'écriture, a contribué à développer à tort en elle une signification indépendante en lui créant une étymologie populaire et graphique. Les mêmes phénomènes se sont produits pour les mots à trois syllabes.

Or nombre de mots primitifs à deux ou trois syllabes se confondent aujourd'hui, par faute de la double incommodité de l'écriture, avec les mots réellement composés de deux ou trois mots monosyllabiques, et ne peuvent généralement plus être retrouvés que par l'analyse paléographique et la lecture des anciens caractères *Ku-wen* complexes.

3. Nous avons été le premier à attirer, tout d'abord en 1882, et à maintes reprises depuis lors (1), l'attention des philologues sur cette particularité de l'écriture Chinoise primitive, qui avait jusqu'alors échappé à l'investigation des sinologues, d'après laquelle les mots y sont souvent transcrits phonétiquement, d'une manière imparfaite et pour ainsi dire enfantine, par à peu près et sans règles absolues, à l'aide d'acrologie et de syllabisme. Le procédé de déchiffrement de cette transcription grossière, auquel nous nous référons comme propre à révéler bien des mots polysyllabiques du Chinois archaïque, consiste simplement à lire les signes complexes du style d'écriture Ku-wen d'après les sons propres aux caractères dont ils sont composés (2).

(1) *The oldest book of the chinese*, §§ 23-24 et notes (*Journal Royal Asiatic Society*, 1882, vol. XIV, pp. 798-801); *On the history of the archaic chinese writing and texts*, pp. 3. 5; *Beginnings of writing around Tibet*, § 50. — R. K. Douglas, *Further progress in chinese studies* (The Times, 26 Aug. 1884). — Et aussi mes Langues pré-chinoises, § 57.

(2) Les caractères *Ku-wen* proprement dits sont ceux avec lesquels ont été composés les plus anciens des livres canoniques; les caractères de même style et des mêmes époques qui ne se rencontrent pas dans les mêmes textes et proviennent d'autres ouvrages d'importance moindre sont appelés *Ku-wen Ki-tze* pour les distinguer des premiers. Tous ceux connus aujourd'hui, *Ku-wen* et *Ki-tze* ont été conservés d'après les monuments et les copies traditionnelles des ouvrages originaux, par les paléographes chinois dont les travaux, recueils d'inscriptions ou lexiques comparatifs et autres, sont presque tous faits avec un soin et une exactitude qui feraient honneur à la science européenne. Je donnerai ailleurs la liste de ces ouvrages, trop longue pour être citée ici. Il suffira d'indiquer le *Luh shu t'ung* de Min Tsikih, recueil lexicographique en 10 livres de la plus haute valeur publié en 1661 et le *Luh shu fun luy* de Fu Lwan-siang publié en 1751 en 12 livres; tous deux indiquant la source des chacune de formes citées; puis le *Tchuen tze wei* publié en 1691 par Tung Weifu où les mêmes formes et beaucoup d'autres sont données mais sans références aux sources. Aussi le *Ku wen Ki-tze* par Tchu Mou-wei publié en 1612 en 12 livres. Les exemples que nous citons dans le texte sont empruntés aux deux premiers de ces ouvrages. La tâche des paléographes a eté rendue plus facile et plus sure par la préservation d'un certain nombre d'inscriptions antiques qui permettent de contrôler l'exactitude calligraphique des caractères transmis par la tradition manuscrite. En outre les classiques ont été gravés sur pierre à plusieurs reprises, notamment sous les danasties des Han, des Tang, des Sung et la dynastie actuelle. (Cfr. le *Shih King K'ao wen ti yao* par P'ang Yun-mei). En l'an 175, Tsai-yung sur les ordres de l'empereur Ling-Ti des Han orientaux, grava sur tablettes de marbre hautes de huit pieds, sur les deux faces, les cinq Classiques, le *Yh King*, le *She King*, le *Shu King*, le *Li Ki* et le *Tchun tziu*, en trois corps d'écriture *Ku-wen*, *Li shu* et *Ta tchuen*. Cfr. Biographie de *Tsai-Yung Hön Han Shu*; *Tai*

4. L'ordre dans lequel ces caractères composants doivent être lus n'est pas absolu parce qu'il dépend souvent de leur forme respective pour l'agencement du groupe ; mais généralement dans l'écriture primitive quand les composants sont côte-à-côte, la direction de la lecture est de gauche à droite, et de bas en haut quand ils sont l'un sous l'autre ; la direction de droite à gauche, et celle de haut en bas ne se rencontrent guère que dans les signes complexes les moins anciens du Ku-wen.

Quant aux sons de ces caractères composants, il faut nécessairement prendre les plus anciens (1), tels que les indiquent les dialectes les plus archaïques ; les plus sûrs sont ceux du sino-annamite légèrement atténuées, ce que permet de faire leur comparaison avec ceux des dialectes de Canton et du Fuhkien, les prononciations indiquées dans les anciens dictionnaires toniques, et les formes correspondantes des mêmes mots dans les langues apparentées (2).

5. Quelques exemples sont la meilleure démonstration de ces explications.

Le mot *lao-hu*, à Canton *lao-fu* « tigre » de la langue parlée est maintenant transcrit idéographiquement « vénérable tigre » ; le symbole *hu* « tigre » de la langue écrite était en ku-wen tantôt un idéogramme, tantôt un composé phonétique suggérant *lofu* (3).

ping yü lan, liv. 589, f. 2. Pendant les années 240-249, Ti Wang-fang des Wei les fit restaurer. En 518, les 46 tablettes qui subsistaient encore furent employées à la construction d'un temple Buddhiste, mais par ordre de l'empereur on les en retira pour relever toutes celles qui n'étaient pas brisées, et on les plaça au nombre de 35 dans le *Kwoh tze tang* ou Université. Celles-ci contenaient le *Shu King* et le *Tchun tziu*. Du temps de l'auteur du *Si tcheng Ki* (dont l'ouvrage est cité dans le Taï ping yü lan de 983, liv. 589, f. 7) il ne restait plus que 18 tablettes debout. Vers 1050 sons les Sung, Sü wang put prendre une empreinte de ces inscriptions et regraver 819 caractères que Sun Sing-yen a publiés en 1806 en fac-simile dans son ouvrage intitulé *Wei san ti shih king y tze k'ao*. On peut aussi consulter pour ces détails le *Li süh* par Hung Kwoh publié en 1188. Nous savons positivement que le texte *Ku-wen* du *Yh King* et le texte *tchuen* du Shi King existent encore au complet.

(1) Cfr. sur ce sujet, le remarquable mémoire du Dr J. Edkins : *Ancient chinese pronunciation* (Trans. china Branch R. A. S. 1853, Hongkong, pp. 53-85). L'ouvrage ultérieur du même auteur *Introduction to the study of the chinese characters*. (London, 1876) est rempli d'hypothèses gratuites et d'assertions injustifiables.

(2) Cfr. mes remarques dans *Early history of the chinese civilisation* (London, 1880) p. 11 ; et surtout *The Babylonian and Oriental Record*, 1887, vol. I, pp. 187-190.

(3) Voici les formes de ce mot dans les différents dialectes chinois : Shanghaï

Le mot *Tao-lu* « route » de la langue parlée est transcrit idéographiquement chemin-voie ; en langue écrite le symbole *lu* qui a la même signification était en ku-wen un caractère phonétique complexe suggérant *ta-lo.*

En langue parlée *ping-tiao* « sauter » est transcrit « rôder — sauter » ; le symbole *ping* de la langue écrite était en ku-wen un complexe phonétique « *pingto* ».

Kien-suen « humble » en langue parlée est transcrit « respectueux — complaisant » ; en langue écrite le symbole *kien* « humble » était en ku-wen un complexe phonétique *gentsun* (= *yen-shun*).

Sze-fu, un « maître » est maintenant transcrit par deux caractères variables, et signifiant idéographiquement « juge-instructeur, juge-occupation, maître-occupation, maître-instructeur, maître-colline ». En ku-wen un seul symbole complexe exprimait *tsifu*, ou *tchifu.* Et en ce cas comme dans la plupart des autres, les éléments composant du symbole complexe ku-wen n'avaient aucune de ces valeurs idéographiques.

6. Des mots véritablement composés d'autres mots à valeur indépendante, étaient aussi écrits en ku-wen, en un seul signe complexe, par concision graphique.

Ainsi « toujours » *tchang-kiu*, de la langue parlée, transcrit « long-ancien » était autrefois exprimé en ku-wen par un symbole complexe *tchang-kiu*, ainsi que le montrent les anciennes formes du signe moderne *kiu.*

Fu-ts'in « père » en langue parlée, est transcrit « père-parent » ; en ku-wen le symbole transcrit *fu* en écriture moderne, était chaque fois que besoin un complexe phonétique *fu-ting.*

Dans les inscriptions des vases réservés au culte des ancêtres, et dans certains textes, nous pouvons remarquer par exemple que le signe transcrit *jeh* « soleil » ou « jour » contient souvent à

lau-hu, Fuhtchöu *lau-hu*, Canton *lo-fu*, Hakka *low-fu*. Dans la langue vulgaire ds Fuhtchöu c'est *la-hu* ; or *la* n'est nullement la forme vulgaire du mot pour « vénérable » qui est *lau* dans la même langue. Avant l'ère chrétienne selon le *Fang-Yen* (Cfr. *Langues Pré-chinoises*, § 51), dans la région couvrant l'est du Honan, le N. O. du Nganhwui, et le N. du Hupeh d'ajourd'hui, le « tigre » se disait *li-fu* laquelle expression est transcrite en chinois « premier-père », n'ayant par conséquent rien de commun avec la transcription étymologique populaire « vénérable tigre ». Le même mot se retrouve dans diverses langues non-chinoises : Mandshu *lefu*, Mongol *irbiss*, Menyak *lephe ;* en Indo-chine : Samreh *raweih*, Xong *luway*, Khmous *revai*, Lemet *revai ;* et aussi Malay *arimau*, si ce dernier n'est pas une coïncidence. En tous cas les exemples précédents sont suffisants pour dissiper toute illusion à l'égard de *lao-fu*, et justifier l'explication que nous en donnons plus haut.

l'intérieur, un autre caractère, dont les scribes en style d'écriture moderne n'ont pas tenu compte. Le signe indiquait le jour du calendrier, et était l'un des caractères du cycle dénaire ; ainsi nous pouvons lire « premier jour, second jour, quatrième jour, sixième jour », dans autant de textes différents. Il y a également d'autres caractères qui se remontrent parfois enfermés dans le caractère *jeh* dans le style ku-wen. Nous en reparlerons ailleurs. Citons seulement l'exemple suivant.

7. Dans le *Tao teh king* de Lao-tze, le symbole *jeh* est employé seulement quatre fois (23, 14 ; 26, 14 ; 48, 3 et 7). Le contexte montre clairement que la signification voulue dans chaque cas est celle de « jour » *jeh-tze*, et jamais celle de « soleil » *jeh-töu*. Or le texte *ku-wen* de cet ouvrage ne donnait contrairement à d'autres cas, qu'une seule forme (Min Tsikih, 9, 14 v.) pour ces quatre exemples, ce qui est d'accord avec ce que l'unité de signification nous donne droit d'attendre. Cette forme unique est celle d'un caractère complexe, composé de *jeh* « soleil » et de *se* « particulier » (clef 28) indiquant *nit-se*, en prononciation moderne *jeh-se* qui correspond évidemment au mot actuel *jeh-tze* « jour ».

8. Des mots originairement à trois syllabes peuvent aussi se retrouver dans les mêmes procédés d'orthographe ku-wen. Ainsi le symbole *yh* « douter » lu encore *ngai* et *ngat* dans certains dialectes archaïques était en ku-wen un signe complexe qui devait se lire *togate* ou *togat*. Je ne retrouve pas il est vrai la forme correspondante bien conservée dans la langue parlée ; *to-y* et *se-y* sont évidemment fort usées, mais le mot *otagai* avec la même signification existe dans des langues congénères, en Japonais par exemple. Le fait ne saurait nous étonner à cause de l'état d'émasciation du phonétisme chinois. Les langues de la même souche qui n'ont pas subi les mêmes mélanges ethniques causes de la dégradation phonétique des langues chinoises peuvent avoir conservé des formes parallèles des mots, plus pures et moins éloignées des formes originelles. En voici un autre exemple. Le mot *y* « convenable » encore lu *ngia* et *ngi* dans certains dialectes, était écrit en ku-wen par un signe complexe *motang*, dont l'expression *hotung* ou *hotang* de la langue parlée moderne est peut-être une altération. En Japonais nous trouvons *mattang* et en Coréen *motto* appliqués à la lecture du même signe. Passons à une autre catégorie de phénomènes.

9. D'autres mots doubles à l'origine se sont fondus en un seul mot monosyllabique. Ainsi par exemple *tsao wan* « matin et soir » a produit *tsan*, « temps, durée ». *Tsa-men* et *ngo-men* (maintenant

wo-men) « nous » ont fait *tsan* et *ngan*, « nous ». *Ni-men* a fait *nin* « vous ». *Mo-kang* « pas oser » est devenu « mang ». *Shou yuen* est devenu *suen* « nuire ». A Shanghaï par exemple *shui-niu* se dit *s'niu* « buffle ». Le procédé de raccourcissement par fusion est sans nul doute en constante activité dans l'histoire de la langue depuis l'antiquité. On a déjà remarqué (1) à cet effet que les mots auxiliaires classiques *jen*, *tchu*, *hi* sont simplement des contractions de *ju-yen*, *tchi-hu*, *ho-y*.

Ces listes peuvent être continuées chacune pour des centaines de mots. Nous reviendrons plus longuement sur ce sujet dans un autre mémoire.

II.

10. Il est par conséquent évident que les mots indiqués par les signes de l'écriture dans les anciens livres, lorsque nous savons les lire, constituaient la phraséologie de la langue parlée dans l'antiquité. Mais avant de tirer aucune inférence d'une phrase quelconque des anciens classiques comme représentant exactement la même phrase de la langue parlée de l'époque, il faut de toute nécessité rétablir l'intégrité originale de la susdite phrase (2). Il est évident, par exemple que la langue à cette époque lointaine n'était pas aussi concise en parlant que par écrit, telle que cette écriture est lue généralement. Ceci pour deux raisons.

11. Avec la prononciation actuelle de la lecture, il est impossible

(1) Dr Wilhelm Grube, *Die sprachgeschichtliche Stellung des Chinesischen* (Leipzig, 1881, 20 pp.) p. 17. Selon les conclusions de l'auteur dont les vues se rapprochent de celles que je soutiens depuis longtemps, le chinois moderne n'est pas une langue isolante, et si le chinois classique et anti-classique est monosyllabique, son monosyllabisme est secondaire, non primitif et ne représente pas un état original.

(2) Les monographies de certains mots spéciaux de la langue Antique, particules ou pronoms, sont au moins prématurées dans l'état actuel des textes et tant que ceux-ci n'auront pas été vérifiées sur les originaux Ku-wen, puisque les caractères modernes ne correspondent pas toujours aux signes originaux et que de nombreuses substitutions de symboles ont eu lieu dans les transferts successifs d'un style d'écriture à un autre. (Cfr. à ce sujet mes observations dans *The oldest book of the Chinese*, §§ 23, 24, 27, 38, 39, 40, 41). En fait de monographies déjà publiées : Dr Max Uhle : *Beiträge zur Grammatik des vorklassischen chinesisch. Die Partikel « Wêi » im Schu-King und Schi-King*. (Leipzig, 1881, 106 pp. et 18 p. chin.). Aussi Dr Merz : *De pronominibus primæ personæ in libris sinicis*. Vindob. 1882.

de concevoir que la langue des livres ait jamais pu servir de moyen de conversation. Une extension de beaucoup des mots simples, c'est-à-dire de ceux exprimés par un seul caractère du style Ku-Wen, en mots composés, c'est à-dire exprimés par deux ou trois caractères en style moderne, à l'aide de synonymes, d'antithèses, etc. apparents, tels que dans la langue parlée d'aujourd'hui, est indispensable pour mettre le style des livres à même de satisfaire aux exigences de la communication verbale. Or nous avons vu par des exemples évidents que les signes complexes de l'ancien Ku-wen étaient à l'origine vraiment destinés à être lus par des bissyllabes ou trissyllabes.

12. D'un autre côté n'oublions pas que, déjà rien qu'en tenant compte des grands changements qui ont eu lieu dans la prononciation il y aurait lieu de supposer qu'une plus grande ressemblance qu'aujourd'hui existait dans l'antiquité entre la langue écrite et la langue parlée, non seulement par l'emploi des mêmes mots mais aussi en briéveté et dans la construction des phrases. Ceux des dialectes modernes, par exemple, qui ont conservé, jusqu'à un certain point d'archaïsme, les anciennes finales des mots, et par conséquent possèdent une plus grande variété de sons, emploient chacun en proportion de sa richesse phonétique, un nombre moins grand de mots que de Kwan-hoa, pour l'expression des mêmes phrases. Ainsi certaine fraction du *Sheng yu* qui contient 475 mots caractères dans le dialecte de Peking, n'en contient que 325 dans celui de Canton et 290 dans celui de Fuhtchou contre 219 en langue écrite imitée du Ku-wen antique. Ces chiffres que j'extrais de l'exemple en neuf dialectes donné par S. Wells Williams dans l'introduction de son grand dictionnaire méritent d'attirer l'attention. Ils montrent que l'abîme qui sépare la langue écrite de l'antiquité en caractères modernes et la langue parlée d'aujourd'hui ne se trouverait comblé qu'en partie, même en supposant à la langue antique une égale richesse laquelle est douteuse, par le phonétisme le plus riche des dialectes archaïques, puisqu'il leur faut un tiers au moins de mots-syllabes en plus pour obtenir le même résultat. Cette explication seule serait donc insuffisante pour faire comprendre l'écart des deux langues. Elle doit être complétée par le polysyllabisme de lecture des caractères complexes du Ku-wen ancien que nous avons rapidement démontré plus haut, et par l'extrême concision recherchée et voulue dont il nous reste à parler.

13. Il ne saurait y avoir de doute en effet que dès la plus haute antiquité chinoise, la langue était écrite d'une manière très ellip-

tique. Avec la complication graphique des caractères, la grande dimension qu'il était d'usage de leur donner, et la difficulté matérielle de les graver sur planchettes de bambou, l'épargne d'écriture et l'art déployé dans cette économie, ont dû avoir une influence plus considérable qu'on serait disposé à le reconnaître au premier abord, sur la concision des textes écrits, concision obtenue quelque fois sans doute avec toute l'élégance possible mais non pas sans nuire à la clarté du texte (1). Tout ce qui n'était pas strictement indispensable était souvent supprimé.

14. Et comme le génie de la langue ne s'oppose pas à la non-expression par des mots spéciaux de certaines relations telles que celles de nombre, de temps et d'espace, la tache des scribes en était d'autant moins pénible. Les complements des mots tels que *shu*, *yü*, *töu*, *tze*, etc. dans *sang-shu* « mûrier », *li-yü* « carpe », *fu-töu* « hache », *kwo-tze* « fruits », etc., qui, même en parlant, sont supprimés dansla formation des phrases, sauf en de rares circonstances indispensables, n'étaient pas exprimés en *Ku-wen* écrit, sauf également certains cas spéciaux nécessaires à l'intelligence de la phrase.

15. J'ai expliqué ailleurs comment l'altération phonétique et la variation dialectale d'une part, et de l'autre l'oubli graduel des anciens procédés de composition phonétique des signes Ku-wen complexes, ainsi que le développement de l'idéographie destinée à être comprise partout, aux dépens du phonétisme nécessairement plus régional, différencièrent progressivementla langue écrite de la langue parlée. L'emploi des signes complexes à lecture polysyllabique fixe, diminuant de plus en plus, l'écriture devint au fur et à mesure plus idéographique ; et tout en n'exprimant que les mots de relation les plus indispensables, il fallut en même temps pour rendre l'écriture intelligible multiplier quelque peu les symboles de signification.

16. Les signesde l'écriture n'ayant plus qu'une valeur syllabique, l'expression des idées ne se fit plus que par à peu près ; la langue écrite devint tout à fait factice et en même temps plus copieuse en caractères. C'est ainsi que le style archaïque appelé *Shang Ku-wen* est devenu le style classique proprement dit ou *tchung Ku-wen* de Confucius et de son école (2), lequel à son tour est devenu

(1) Le célèbre Hü-Shen, le lexicographe chinois qui mourut en 89 de n. è., a des observations fort remarquables sur l'exagération de cette concision de la langue écrite, dans l'introduction (sect. 2c) de son dictionnaire le *shwoh wen* dont nous avons parlé (Langues pré chinoises, §§ 60-61).

(2) Dans son mémoire sur les *Principles of composition in Chinese, as deduced*

le style post classique ou *hia ku-wen* chez les écrivains postérieurs à la première dynastie des Han. La transformation artificielle progressive de cette langue, avant d'arriver à un état de fixité relative fut l'œuvre de ces auteurs dont le génie individuel put ainsi se donner libre cours dans les limites tracées par les lois de position et de rhytme qu'il leur fallut respecter forcément pour être intelligibles. Aussi une bonne grammaire de l'antique langue écrite peut-elle être très courte ou indéfiniment longue ; très courte si elle se borne aux principes généraux que l'idéologie et le rhythme de la langue ne permettent pas de négliger sous peine d'obscurité ; ou très longue si l'on vise à expliquer toutes les nuances de signification et les procédés ou idiotismes pour les exprimer, souvent à l'état de cas uniques, qui se rencontrent chez les écrivains de la période de formation (1).

17. Le style archaïque ou ancien ku-wen et le style classique ou moyen ku-wen se voient dans le Shu-king le Shiking et le Yhking, et dans quelques autres ouvrages, d'après la succession des âges auxquels appartiennent les fragments dont ils sont composés. Il arrive même quelquefois que les deux styles se rencontrent dans un même chapitre ; les parties en moyen ku-wen étant le cadre dans lequel ont été arrangés des fragments préservés de l'antiquité. Il ne serait pas impossible ainsi en étudiant les parties les plus anciennes des classiques sus-nommés de distinguer des fragments originaux, les additions et interpolations des éditeurs à une époque moins reculée, si nous pouvions étudier les textes ku-wen même de ces ouvrages. Ils doivent exister encore en Chine ; nous savons même positivement que celui du Yhking existe complet, bien que nous n'ayons pu encore nous le procurer pour terminer notre interprétation commencée de

from the Written characters (pp. 238-277, J. R. A. S. 1879, vol. XI) qui n'explique en rien ni le problème ni ses causes, le Dr James Legge fait une comparaison heureuse de ce style avec le style télégraphique.

(1) L'ouvrage le plus remarquable en ce genre, vrai monument d'érudition et de patiente analyse est la *Chinesische Grammatik, mit Ausschluss des Niederen stiles und der heutigen umgangsprache* du Prof. Georg von der Gabelentz, (Leipzig, 1881, gr. 8vo, 552 pp. avec 3 pl.). Le savant sinologue continuant ses recherches, a depuis étudié spécialement les textes de Tchwang tze qui lui ont fourni l'occasion d'un mémoire considérable en supplément à sa grammaire. *Beiträge zur Chinesischen Grammatik. Die Sprache des Cuangtsï* Leipzig, 1888, 58 pp. (Abhandl. Philolog. — histor. Classe d. Königl. Sächsisch. G. d. W. VIII, des B. X. En 1885, il avait déjà publié *Some additions to my Chinese Grammar*, pp. 227-234 du *Journal China Br. R. A. S.*, vol. XX, à Shanghaï.

ce livre mystérieux ; et il est hautement désirable que les Européens en Chine qui s'intéressent aux études de sinologie ou s'en occupent eux-mêmes, cherchent à obtenir pour nos grandes bibliothèques ces débris de l'antiquité chinoise si importants sous tous rapports.

18. Outre les trois sortes de ku-wen, s'éloignant de plus en plus de la langue parlée, il y a plusieurs variétés de la langue écrite, littéraire, ou des livres. L'énumération des principales de ces variétés ne sera pas inutile à l'intelligence des remarques contenues dans ces pages.

Il y a le *she-wen*, style recherché et élégant de la haute littérature en usage depuis Wang ngan sih passé maître en cet art, au XIe siècle sous la dynastie des Sung, et employé depuis lors. Le *wen-tchang* est un autre style littéraire, très forcé, abondant en idiotismes et allusions empruntées à l'ancienne langue écrite ; c'est le style des essayistes. Ensuite vient le *tung-wen*, style clair exempt des idiotismes et citations inutiles ; c'est le style documentaire qui vise principalement à la netteté d'exposition et à la clarté. Le style épistolaire *siao fah* diffère des précédents par sa variété d'expression et une grande facilité de phraséologie. En outre il y a le *siao shwoh*, style courant des romans et pièces de théâtres, depuis le XIIe siècle, se rapprochant beaucoup de la langue vulgaire. Le *pan wen pan siuh* est maintenant le style ordinaire de la littérature moyenne ; c'est une simplification du *wen-tchang* et du *wen-li* mélangée de *siao shwoh*. Enfin dans leur effort prolongé pour arriver à la clarté dans le style écrit, les lettrés ont fini dans leur conversation pour arriver au *wen-li*, style dont ils se servent entre eux et qui est largement emprunté à la langue écrite.

19. En résumé, l'examen rapide auquel nous venons de nous livrer, démontre amplement que la langue des livres et surtout celle en écriture moderne, est absolument artificielle et le résultat de circonstances diverses et de l'effort successif des anciens écrivains avant et après Confucius ; tandis que la langue archaïque plus ancienne, écrite et parlée, était, à part quelques particularités d'écriture, la même que la langue parlée d'aujourd'hui, sauf les différences d'importance secondaire bien que réelles, que trois à quatre mille années d'évolution y ont apportées. Le phonétisme de la langue a été largement altéré, mais sa morphologie n'a que peu chargé. La langue archaïque, comme la langue moderne avait ses mots bissyllabiques et trisyllabiques aussi bien que des monosyllabes ; elle était agglutinante d'une manière plus sensible peut-être que les dialectes d'aujourd'hui, parce que

son système phonétique était moins altéré. Les causes inexpliquées jusqu'ici, des variétés et particularités phonétiques des lieux et des races, qui ont modifié la prononciation chinoise, n'avaient encore agi que modérément à l'époque lointaine dont nous parlons. Parmi ces causes, l'extension géographique, et le mélange avec les races non chinoises, qui ont caractérisé de plus en plus le développement des Chinois, ont joué certainement un rôle dominant dans cette altération progressive.

2o Le développement des tons, nécessaire à l'origine comme compensation des pertes phonétiques, a été parallèle dans les dialectes modernes au développement du monosyllabisme d'élocution ou de prononciation lequel toutefois n'a lui-même rien d'absolu, puisque, tout en objectant à l'arrêt consonnantique, il permet le glissement de syllabe vocalique à syllabe vocalique.

L'énergie organique a cessé d'être suffisante pour maintenir la durée du souffle à travers plus d'une seule syllabe consonnantique. Or ce monosyllabisme d'élocution et le système des tons se sont développés ou se développent encore dans des langues appartenant à des groupes de diverses origines du Sud-Est de l'Asie, telles que le Tibetain (1), le Birman, le Khasia (2), le Siamois, l'Annamite (3), etc. Ils ne sauraient donc etre considérés comme des particularités propres à une période primitive de l'histoire du langage et des langues. C'est simplement un fait de physiologie qui doit être considéré à part de la morphologie, de l'idéologie, ou de la grammaire. C'est aux anthropologistes que la question doit être renvoyée ; c'est à eux qu'il appartient de nous expliquer ce curieux phénomène de mollesse musculaire des organes de la parole dont sont affectées la plupart des populations du Sud-Est du continent Asiatique.

Notons aussi que, bien que chaque émission de voix doive être faite isolément, car c'est en cela seulement que consiste le monosyllabisme chinois joint au monosyllabisme de l'écriture moderne, l'agglutination ne perd pas ses droits ; les enclitiques dont la

(1) Nous avons essayé de démontrer ce phénomène d'évolution linguistique, du passage de l'agglutination au monosyllabisme en Tibétain, dans l'*Encyclopedia Britannica* vol. XXIII, 1888, art. TIBET, Philology, pp. 347-348.

(2) M. Abel Hovelacque, *La langue Khasia étudiée sous le rapport de l'évolution des formes* (Paris, 1880, 40 pp. ; réimpr. de la *Revue de Linguistique*) a pris le contrepied du phénomène, et s'est mépris en prenant l'état de transition de cette langue comme passant du monosyllabisme à l'agglutination, au lieu du contraire qui est le fait historique.

(3) J'exposerai le fait de ces langues dans un mémoire spécial.

signification propre est parfois perdue puisqu'ils peuvent s'écrire diversement, sont généralement au ton égal, ce qui revient à dire qu'ils n'ont pas de ton ; puis dans la prononciation des mots polysyllabiques, l'émission du ton change souvent pour la syllabe adjointe, et l'accent n'est pas sans tenir sa place dans les composés ; toutes particularités pour le détail desquelles nous ne pouvons que renvoyer aux ouvrages didactiques.

III.

21. L'histoire de la formation de la langue chinoise écrite est un sujet extrêmement important. Cette langue écrite est purement factice et n'a jamais eu d'existence parlée. Elle se divise à présent en plusieurs styles caractérisés par l'emploi plus ou moins fréquent, mais toujours très fréquent, au point de ressembler quelquefois à une véritable mosaïque, d'expressions composées et phrases idiomatiques empruntées à l'ancienne littérature sous la forme artificielle de transcription dont les vieux textes ont été l'objet.

22. En ce qui concerne spécialement les livres canoniques dans ce qu'ils ont d'antique et les autres débris échappés aux catastrophes successives dans lesquelles ont disparu tant de trésors historiques, scientifiques et littéraires de l'antiquité chinoise, c'est une toute autre affaire. Leurs fragments ne nous sont pas parvenus tels que leurs auteurs respectifs les avaient laissés. *Leurs mots ne sont pas ceux qu'ils avaient écrits.* Ils ont passé par une série de transformations qui ont singulièrement altéré leur valeur en tant que documents linguistiques. On sait que la transcription actuelle des classiques en caractères du style *Kiai-shu* ne fait loi que depuis l'an 744 de notre ère, alors que sur les ordres de Hiao Ming Hüen Tsung de la dynastie des T'ang, un comité de savants, sous la présidence de Wei-Pao le plus distingué d'entr'eux, substitua les caractères de l'écriture courante, les mêmes qu'aujourd'hui, à ceux du style d'écriture *Li-shu* avec lesquels les livres en question étaient restés écrits depuis l'époque du déchiffrement de la plupart d'entr'eux, sous la dynastie des Han au IIe siècle avant notre ère. Or ce style *Li shu*, de forme plutôt carrée que ronde, est celui qui avait été inventé par Tch'eng Miao vers 212 av. n. è., aussitôt après l'invention du pinceau par Mungtien, le général qui construisit cette partie de la Grande Muraille qui date de la courte dynastie de Ts'in. Antérieurement ces livres et documents

écrits avaient été conservés dans le style d'écriture de leurs auteurs respectifs ou du moins dans celui de leurs derniers éditeurs. Cette écriture pour les plus antiques était en caractères *Ku-wen* aussi appelés *Ko-töu* parce qu'ils étaient formés de traits plus épais à une extrémité qu'à l'autre ; pour les moins anciens, tels que les textes de l'époque de Confucius, c'étaient aussi des caractères *ta tchuen*, anciens *Kuwen* altérés dans le sens idéographique par l'addition de déterminatifs aphones, aux dépens de l'expression phonétique imitant la langue parlée dont les scribes de la haute antiquité se préoccupaient singulièrement.

Les fragments de textes kuwen que j'ai pu comparer à leur transcription en écriture moderne, montre qu'environ un quart du nombre des caractères a été changé dans le cours des transcriptions successives.

23. J'ai déjà indiqué plus haut quelques-uns des résultats importants auxquels aboutissent les recherches paléographiques à l'égard du Kuwen. Les caractères complexes en vrai *Kuwen* exprimaient par un système, assez imparfait d'ailleurs, d'acrologie et de syllabisme, les mots bissyllabiques et trissyllabiques de la langue parlée. Nous avons maintes preuves de ce fait considérable pour l'histoire de la langue. Il y a souvent aussi des changements dans la composition de ces caractères complexes, mais c'est un échange d'homonymes seulement, car ils ne consistent qu'en une substitution de caractères de même son. Nombre de mots maintenant monosyllabiques proviennent de la fusion de deux syllabes autrefois distinctes dans la parole et l'écriture. Le même résultat a été obtenu souvent par la chute d'une syllabe finale ou initiale. Le déchiffrement des caractères complexes du *Kuwen* archaïque révèle des mots polysyllabiques que l'on retrouve encore dans la langue parlée sauf la corruption, l'usure phonétique et le renouvellement dialectal qui les ont modifiés dans l'intervalle. Il est possible, ainsi que nous le démontrerons dans un mémoire spécial, de retrouver par la lecture de ces mêmes mots-caractères complexes que l'on rencontre dans la poésie archaïque, les vers originaux de cinq, six, sept pieds et leurs rimes correspondantes, au lieu des quatre syllabes à rimes pénibles et souvent impossibles par lesquelles on lit les mêmes vers aujourd'hui. En résumé la langue archaïque chinoise n'a jamais été une langue de racines ou de monosyllabes ; nous sommes certains maintenant qu'elle ne différait pas aussi considérablement de la langue parlée d'aujourd'hui que la transcription en caractères modernes des anciens textes le fesait croire avant que leur histoire eût été étudiée.

24. Mais cet accord primitif entre la langue parlée et la langue écrite ne fut pas maintenu. Les procédés phonétiques étaient trop imparfaits en eux-mêmes et trop insuffisamment connus des scribes, esclaves de la tradition, pour se prêter sous leur stilus imitateur de l'antiquité, aux altérations successives qu'il eût fallu introduire dans l'orthographe des mots anciens et la transcription des mots nouveaux pour marcher de pair avec les changements apportés à la langue parlée par le temps et l'extension du territoire chinois. L'idéographisme au contraire évitait ces difficultés, et son rôle qui était déjà le plus important dans l'écriture ne fit que s'accroître aux dépens des complexes phonétiques. Les transformations des caractères permettent de constater comment les symboles d'une signification idéographique appropriée furent souvent substitués aux caractères complexes à lecture phonétique des temps anciens qu'on ne savait presque plus lire et qui, même lus ne répondaient quelquefois plus qu'à des mots archaïques plus ou moins altérés par l'usage ou devenus obsolètes.

25. La pluralité des dialectes parlés dans les principautés formant le Royaume des Tchöu fut par dessus tout la cause de la rupture définitive entre la langue écrite et la langue parlée. L'impossibilité pour les signes complexes à lecture phonétique d'être compris dans les différents centres dialectaux conduisit à la célèbre rénovation idéographique de l'écriture par le ministre Sze-tch'ou du roi Siuen de la dynastie des Tchöu vers 820 av. n. è. La forme des caractères fut rendue plus pictoriale et l'emploi de signes déterminatifs idéographiques et aphones devint la règle. Bien que les caractères mêmes de Sze-tch'ou ne furent pas acceptés par tout l'empire par suite de l'impotence du gouvernement central et la résistance de la tradition, le système des idéogrammes se répandit de plus en plus pendant les siècles suivants. L'écriture devint plutôt qu'autre chose la représentation de la succession des idées plutôt que celle des mots, et un signe idéographique accompagné d'un simple signe phonétique suggérant partie au tout du mot, devint l'usage pour représenter un mot de la langue parlée simple ou complexe. Ce fut ainsi que la langue écrite des Chinois se transforma successivement depuis les temps les plus anciens jusqu'à l'époque qui précéda la régularisation de l'écriture sous la dynastie des Ts'in et la fondation de l'Empire en 221 av. n. è.

26. Et lorsque à l'époque de la renaissance des lettres sous la dynastie des Han, il fallut à mesure de leur découverte, transcrire dans le style d'écriture du temps, les anciens textes sauvés

de la persécution, le travail ne put se faire sans grande difficulté principalement pour les textes archaïques. Nous en avons maintes preuves dans l'histoire du temps. Les signes complexes à lecture phonétique qui se rencontraient dans ces textes ne pouvaient plus être déchiffrés, la méthode en était perdue ! Il fallut les remplacer, par à peu près, par des signes idéographiques, et nous connaissons trop l'absence d'esprit critique en Chine, pour avoir pleine et entière confiance dans ces déchiffrements. En admettant même que cette opération si difficile ait été à l'abri de reproche autant que le permettaient l'insuffisance des connaissances paléographiques des scribes, le nombre des individus et leurs vues personnelles, il est parfaitement certain que ces textes dans leur état de transcription actuelle ne sauraient être invoqués comme représentant la langue dans son état antique. Les signes idéographiques eux mêmes employés dans les textes archaïques ne sont pas restés intacts. D'autres signes également idéographiques leur ont été souvent substitués, en vue sans doute de répondre avec plus de précision au sens que le scribe transcripteur attribuait à la phrase où ils se trouvaient.

27. Nous espérons que ces observations qui sont le résultat de nos études prolongées sur la paléographie Chinoise attireront l'attention des philologues. Elles touchent à plusieurs questions des plus importantes qui intéressent la philologie comparée dont une théorie, encore aujourd'hui favorite chez nombre de linguistes, s'y trouve privée de son appui traditionel le plus généralement cité. Ces observations montrent aussi que les travaux philologiques faits sur les textes Chinois antiques en écritures moderne sont exposés à l'inexactitude parce que les signes d'aujourd'hui ne sont pas simplement la transformation graphique des caractères antiques, mais souvent ont pris la place de signes représentant des mots absolument différents. Or donc et en résumé, le premier devoir du philologue désireux d'étudier la langue antique est de faire la critique des textes et à l'aide des documents paléographiques subsistant en partie encore aujourd'hui de rétablir les textes primitifs soit dans leur pristine correspondance avec la langue parlée du temps, soit dans l'état de transition pendant lequel une grande partie des anciens classiques ont été écrits.

APPENDICE III.

ESSAI DE BIBLIOGRAPHIE DES DIALECTES CHINOIS.

A. Anciens dialectes.

Yang Hiung, *Yeo hien she tche tsiüeh tai yu shi pieh kwoh fang yen*, vulgairement *Fang yen*. C'est un vocabulaire comparé de 12000 mots des dialectes avant notre ère. Cfr. plus haut §§ 39-53.

B. Dialectes modernes.

a) Renseignements généraux et Listes comparées.

S. Wells Williams : Range of dialects. Pp. 31-35, Introd. de son *Syllabic Dictionary*.

J. Edkins : Geographical outline of some dialects, pp. 238-245 de sa *Grammar of the Colloquial Chinese Shanghaï dialect*.

— — On the parent stem of the Mandarin and other modern dialects, pp. 84-95, 71-83, de *Grammar of the Chinese Colloquial*, Mandarin Dialect, 2e édit. Shanghai, 1864.

Carstairs Douglas : Extent of the Amoy vernacular and its subdivision into dialects (pp. 609 sq. de son *Chinese-English Dictionary of the spoken language of Amoy*.

E. H. Parker : The comparative study of Chinese dialects (pp. 19-50, *Journal of the North China branch of the Royal Asiatic Society*, 1878, vol. XII).

S. Wells Williams : A list of sounds in the Court, Ningpo, Canton, Hokkien, Tiéchiù dialects (pp. 32-51 de *An English and chinese vocabulary in the court dialect*. Macao, 1844, 8vo.)

Prononciation of an extract from the Sacred Commands in eight dialects : Mandarin, Peking, Hankow, Shanghaï, Ningpo, Fuhchau, Amoy, Swatow, and Canton (pp. 36-41. Introd. de son *Syllabic Dictionary*).

b Ouvrages spéciaux.

1. Dialecte Sino-Annamite (écrit).

J. M. J. *Quelques mots sur la langue des lettrés* formant, pp. 277-297 de *Notions pour servir à l'étude de la langue Annamite*. Tan Dinh, Imprimerie de la Mission, 1878, in-12.

P. Legrand de la Liraye : *Prononciation figurée des caractères chinois en Mandarin Annamite*, authographié par Trân Ngüön Hanh d'après le manuscrit original. Saigon, collège des stagiaires, 1875, in-fol.

Phan duc hoa, Répertoire du même genre.

2. Dialecte de Canton.

a) Vocabulaires et Dictionaires.

Fan Wan ts'üt iú hop tchik. Dictionnaire tout chinois. Principalement pour le district Nam-hoi.

J. Davis : Vocabulary containing Chinese words and phrases peculiar to Canton. Macao, 1824, in-12, 77 pp.

R. Morrison : English and chinese vocabulary ; the latter in the Canton dialect. Calcutta, 2e edit. 1840, in-12.

(James Legge) : A Lexilogus of the English Malay and Chinese languages, comprehending the vernacular idioms of the last in the Hokkeen and Canton dialects. Malacca, 1841, 4to, 111 pp.

J. Chalmers : English Cantonese pocket dictionary for the use of those who wish to learn the spoken language of Canton province. Hongkong, 1870, in-12, 150 pp. (Plusieurs éditions).

E. J. Eitel : A Chinese dictionary in the Cantonese dialect. Hongkong, 1877-1884, 8vo, xxv-1018-xcvii pp.

b) Manuels, etc.

E. C. Bridgman : Chinese Chrestomathy in the Canton dialect. Macao, 1841, 4to.

S. Wells Williams : Easy lessons in Chinese, or Progressive Exercices to facilitate the study of that language especially adapted to the Canton dialect. Macao, 1842, 8vo, ix-287 pp.

Tho. J. Devan-W. Lobscheid : The beginner's first book, or Vocabulary of the Canton dialect. Hongkong, 1858, 8vo, 123 pp.

W. Lobscheid : Select phrases and reading lessons in the Canton dialect. Hongkong, 1864, 8vo.

N. B. Dennys : Handbook of the Canton vernacular of the chinese language. Hongkong, 1867, 4+195+31 pp. 8vo.

J. Dyer Ball : Cantonese made easy. Hongkong, 1883, 8vo, xx+86 pp.

c) Philologie.

E. H. Parker : On cantonese tones (*Overland China Mail*, 27 Octob. 1874).

——: Canton syllabary (*China Review*, 1879-80, t. VIII, pp. 363-382).

——: New cantonese words (*ibid.* pp. 18-22).

Jabez : Critique du précédent article (*ibid.* pp. 255-256).

J. H. Stewart Lockhart : Canton syllabary (*ibid.* 1882-3, t. XI, pp. 312-326).

T. W. Pearce — J. H. S. Lockhart : Enigmatic parallelisms of the Canton dialect (*ibid.* 1886-87, t. XV, pp. 40-46, 119-123, 168-175, 277-284, 357-366 ; t. XVI, 1888, pass).

A. Don : The Llin-nen variation of the Cantonese (*ibid.* 1882-3, t. XI, pp. 236-247 ; 1883-4, t. XII, pp. 474-481).

3. Shanghaï.

C. Keith : *Zeng hœ t'u bak zœh mung.* Introduction au dialecte de Shanghaï, en caracteres romains. Shanghaï, 1855.

J. Edkins : Grammar of the Colloquial chinese as exhibited in the Shanghaï dialect. Shanghai, 1868, 8vo, 2e édit. 225 pp.

——: Vocabulary of the Shanghaï dialect. Shanghaï, 1869, 8vo, 151 pp.

John Macgowan : Collection of phrases in the Shanghaï dialect. Shanghaï, 1862, 8vo, 193 pp.

4. Hangtchöu.

Ang Tse T'u Wa zü. A primer of the Hangchow dialect. And key 8vo.

5. Hakka.

E. J. Eitel : The Hakka dialect compared with the dialects of the other races inhabiting the Canton province. (*Notes and Queries on China and Japan*, 29 june 1867, vol. I, pp. 64-65).

Hakka songs. (*China Rèview*, t. XIII, pp. 20-22).

E. H. Parker : Syllabary of the Hakka language, a dialect. (*China Review*, 1879, t. VIII, pp. 205-216).

Ch. Piton : Remarks on the Syllabary of the Hakka dialect by Mr. E. H. Parker, (*China Review*, 1880, t. VIII, pp. 316-318).

J. Dyer Ball : Easy sentences in the Hakka dialect. With a vocabulary. Hongkong, 1881, 8vo, v-57 pp.

Ch. Piton : The Hia-k'ah in the Chekiang province and the Hakka in the Canton province. (The Chinese Recorder etc. Jan. 1870, vol. II, pp. 218-220).

6. Fuhtchöu.

Tch'ek Ling, *Paik ing hak teng*. Dictionnaire Chinois d'environ 10000 mots du dialecte de Fuhtchou, modèle de la prononciation, par deux auteurs dont l'un, Tch'ek, était chef militaire sous la dynastie des Ming.

Nga suk tung sek ngu ing. Dictionnaire tout Chinois du dialecte du Fokien.

C. C. Baldwin : A manuel of the Foochow dialect. 8vo, VIII, 256 pp. Foochow, 1871.

R. S. Maclay-C. C. Baldwin : An Alphabetic dictionary of the Chinese language in the Foochow dialect. 8vo. XXIV, 1107 pp. Foochow, 1870.

E. H. Parker : Foochow syllabary (*China Review*, vol. IX, pp. 63-88.)

G. Lemaire-Prof. Giquel : Dictionnaire de poche français-chinois, suivi d'un dictionnaire technique des mots usités à l'arsenal de Foutcheou. Shanghai, in-32.

7. Hainan.

Robert Swinhoe : On the Chinese dialect spoken in Haïnan. (*The Phœnix*, vol. I, pp. 67-68, 85-86, 115-117 ; London 1870).

8. Amoy.

Elihu Doty : Anglo-chinese manual with Romanized colloquial in the Amoy dialect. 8vo, XII-214 pp. Canton 1853.

J. Macgowan : Manual of the Amoy colloquial, 8vo. 200 pp. Hongkong, 1869 ; 2e édit. 1880, pp. v, 206.

Carstairs Douglas : Chinese-english dictionary of the Vernacular or spoken language of Amoy with the principal variations of the Chang-chew and Chinchew dialects, 4to. 632 pp. London, 1873.

Chinese proverbs in the Amoy vernacular, romanized. (*China Review*, t. XV, pp. 298-300).

J. Macgowan : English and Chinese Dictionary of the Amoy dialect. pet. 4to., pp. vii. 611, Amoy 1883.

9. Tsiangtsiu.

Tcheng tchio tchio tche sek ngo ing, a small chinese vocabulary in the Tchang tchou dialect published in 1861.

S. Dyer : Vocabulary of the Hok-kien dialect of Tsëang-tshew, with a treatise on tones, pet. 8vo. Singapore, 1838, in-12.

G. Schlegel : Nederlandsche-Chineesch Woordenboek met de transcriptie der chineesche karakters in het Tsiang-Tsiu dialekt, hoofdzakelijk ten behoeve der Tolken voor de Chineesche Taal in Nederlandsch-Indië. Leiden, 1882-188. 4vol. 8vo. (Langue écrite).

J. J. C. Francken : Chineesch-Nederlandsch Woordenboek. (Langue parlée).

W. H. Meddhurst : Dictionary of the Hokkëen dialect of the Chinese language according to the reading and colloquial idioms, gr. 4to. lxiv-860 pp. Macao, 1832. (Prononciation du sous dialecte de Tchang-p'u).

10. Tietchiu ou Swatow.

Aussi appelé Hoklo dans la province de Kwangtung ; *Tie-tchiu hu* est la prononciation locale de la préfecture *Tchao-tchou fu* dont le port est *Swatow*.

Dean : First lessons in Tiechiw, 4 to., 48 pp. Bangkok, 1841.

Josiah Goddard : A Chinese and english vocabulary in the Tiéchiú dialect. 8vo, ix, 248 pp. Bangkok, 1847.

Dyer and Stronach : Esop's Fables rendered into Hokkien and Tiéchiú colloquial, 8vo. Singapore, 1843.

Herbert Giles : Handbook of the Swatow dialect, with a vocabulary, Shanghai, 1867, 8vo. 57 pp.

A. M. Fielde : First lessons in the Swatow dialect, Swatow, 1878, pet. 4to. 428 pp.

11. Pidgin English.

Ch. G. Leland : Pidgin-English sing-song or songs and stories in the China-English dialect, with vocabulary. London, 1876.

A. A. Hayes : Pidgin-English. (*Scribner's monthly* Jan. 1878, 4 pp.

N. B. Dennys : The Pidgin English. (*Journal of the Straits branch of the Royal Asiatic Society*. 1878. N° 2, pp. 168-174).

12. *a*) *Langue Mandarine parlée.*

Tchou teh-tsing : *Tchung yuen yn yun*, publié en 1250. C'est le premier dictionnaire qui ait donné les sons de la langue Mandarine parlée (de la province de Honan appelée Tchung yuen).

Tchang iu-tcheng : *Nan Peh kwan kwa wei pien*, Vocabulaire du kwan hwa du Nord et du Midi publié en 1820.

Tsing ting-kao : *Tcheng yn ts'o yao*, « Principes généraux de la langue commune » publié en 1834. Traduit en partie par Robert Thom : *The chinese speaker*.
Pih hwa-tchén : *Yen sü ts'ao t'ang pih ki* ; c'est un traité sur les parties du discours et la construction des phrases. Décrit par Dr J. Edkins, *Shanghai Grammar*, p. 62 sq.
Nombreux ouvrages européens, depuis la *Notitia linguæ Sinicæ* du P. Prémare, jusqu'à l'ouvrage récent de M. C. Imbault Huart.

b) Dialecte de Peking.

J. Edkins : Progressive lessons in the chinese spoken language, with lists of common words and phrases, and an Appendix containing the Laws of tones in the Peking dialect. 4e édit. 8vo, 104 pp. Shanghai, 1881.
Th. Fr. Wade et Walter Caine Hillier : Yü wen tzù erh chi. A Progressive course designed to assist the student of colloquial chinese as spoken in the capital and the metropolitan department. 2e edit. En 3 vol. fol. Shanghai, 1886.
G. C. Stent : Chinese-English vocabulary in the Pekinese dialect. 2e édit., xii-720 pp. Shanghai, 1877.
Rob. Thom : The chinese speaker, or extracts from works witten in the mandarin language, as spoken at Peking. Ningpo, 1845.
Père Isaï : Dictionnaire Russo-chinois de la langue vulgaire parlée à Peking. Peking, 1867, in-16, 535 pp.
Justus Doolittle : Vocabulary and Handbook of the chinese language. Foochow, 1870, 2 vol.

c) Hokienfu.

A. M. D. G. Dictionarium linguæ Sinicæ latinum, cum brevi interpretatione Gallica, ex radicum ordine dispositum. Ho kien fou, 1877, 8vo., xii-784 pp.

d) Hankou, Wentchou, Yangtchou.

E. H. Parker : The Hankow dialect. (*China Review*, 1882-3, t. XI, pp. 114 sq.
—— : The Wenchow dialect. (*ibid.*, 1883-4, t. XII, pp. 162-175, 377-389).
—— : The dialect of Yangchow. (*Ibid.* pp. 9-17).

e) Ningpo.

Nying-po t'u-wo. Ts'u oh. Shanghai, 1868. Dialogues tout en chinois et imprimés en lettres latines.

H. V. Rankin : A Ningpo primer.

P. Streenevassa Pelly : Manual for students of chinese vocabulary and dialogues, with an easy introduction to the Chinese Ningpo dialect, gr. 8vo. Chusan, 1856.

W. F. Morrison : An Anglo-chinese vocabulary of the Ningpo dialect. Shanghaï, 1876, 8vo., xvi-559 p.

E. H. Parker : The Ningpo dialect. (*China Review*. t. XIII, pp. 138-160).

f) Szetchuen Oriental et Occidental.

E. H. Parker : The dialect of Eastern Szetchuen. (*China Review*, 1882-3, t. XI, pp. 112-120).

Brian H. Hodgson : Gyami vocabulary. (*On the tribes* of Northern Tibet and of Sifan, 1853 ; réimprimé dans Essays on the languages, literature and Religion of Nepal and Tibet, II, pp. 65-82. London 1874).

13. *Ouvrages divers.*

John Webb : An historical essay on the probability that the language of the Empire of China is the primitive language. 1669.

J. Klaproth : Hic et Ubique : Vestiges de la langue primitive retrouvée dans le chinois.

Abel de Remusat : Utrumque lingua sinica sit vero monosyllabica ? ou Considérations sur la nature monosyllabique attribuée communément à la langue chinoise, in *Fundgruben des Orients*, t. III, pp. 283 sq. Wienn. 1814 ; et dans ses *Mélanges Asiatiques*, 1826, t. II, pp. 47-61.

Guillaume de Humboldt : Lettre à Abel Remusat sur la nature des formes grammaticales en général et sur le génie de la langue chinoise en particulier. (Paris, 1827, 93 pp.) suivie de Observations sur quelques passages de la lettre précédente, par M. A. R., pp. 97-122.

Sylvestre de Sacy : Notice de l'ouvrage intitulé *Lettre* ...... ; dans Journal des Savants, Février-Mars, 1828, 40 pp.

A. Bazin : Mémoire sur les principes généraux du chinois vulgaire. Paris, 1845.

—— : Introduction à sa Grammaire mandarine. Paris, 1856.

J. Edkins : On ancient chinese pronunciation, in Transact. China branch R. A. S. Part. IV, 1853-1854. Hougkong, 1855, pp. 51-85.

—— : China's place in philology ; an attempt to show that the languages of Europe and Asia have a common origin. London, 1871.

—— : The State of Chinese language at the time of the invention of writing (2300 B C.), pp. 98-119 des Trans. Second Congres Orientalists. London, 1874.
—— : Introduction to the study of the chinese characters. London, 1874.
—— : On the Common origin of the Chinese and Mongol language Revue Orientale, 1864, t. X, pp. 75-94.
—— : The Tartar languages compared nith Chinese. The Phoenix, t. I, 1870, pp. 5, 6, 12, 13, 14, 24 et 25.
Joh. Heinr. Plath : Die Tonsprache der alten Chinesen (Abd. a. d. Sitzungsb. d. phil.-philol. classe d. Akad. 1861. Munchen.
Léon de Rosny : Sur le monosyllabisme de la langue chinoise antique (*Congrès Intern. Orient.* 1873. Paris, vol. I, pp. 363-370).
—— : Sur la reconstitution de la langue chinoise archaïque. (*Second Congr. Intern. Orient.* 1874. London, pp. 120-131).
Georg von der Gabelentz : Sur la possibilité de prouver une affinité généalogique entre les langues dites Indo-chinoises. (IV. Congr. Orient. Florence, 1878, pp. 283 sq.)
Wilhelm Grube : Die Sprachgeschichtliche stellung des Chinesischen. (Leipzig, 1881, 20 pp.)
Hilderic Friend : Secondary Formations in chinese; notes on chinese etymology. Hongkong, Daily, Presse, April and December, 1880.
Herbert A. Giles : The Book language of china (Nineteenth Century. July, 1879). Réimpr. pp. 257-277. *Historic China and other sketches*, London, 1882.
W. A. P. Martin : Remarks on the style of chinese prose (*New Englander*, 1872). Réimpr. pp. 194-211 de *The chinese*, their education, philosophy and letters. London, 1881.
R. K. Douglas : The language and literature of China. London, 1875.
Chinese and Babylonian literature. (*Quaterly Review*, July, 1882).
Thomas Taylor Meadows : Desultory notes on the government and people of China, and on the chinese language. London, 1847.
F. Misteli : Studien über die Chinesischen Sprache. Pp. 27-91 de *Internationale Zeitschrift für allgemeine Sprachnissenschaft*, vol. III, Leipzig, 1886.
Geo. v. s. Gabelentz : Zur Chinesischen Sprache und zur allgemeine grammatik. Pp. 92-109, *ibid.*
Les ouvrages cités sur les tons chinois, § 238 et aux additions, du présent volume.

Nous ne ferons allusion que pour mémoire à quelques articles de polémique à propos de l'ancien Chinois qui ont paru depuis deux ou trois ans dans les périodiques publiés en Chine, mais auxquels manquent à la fois l'exactitude scientifique et la dignité littéraire et personnelle qui seules peuvent sauver de l'oubli les productions de ce genre.

En outre il est certaines sections d'ouvrages de philologie comparée, spécialement consacrés au Chinois qui mériteraient d'être cités ici ; entr'autres, Dr H. Steinthal, *Die Chinesische Sprache*, pp. 107-147 de Charakteristik der hauptsächlichsten typen des Sprachbanes. Berlin, 1860.

INDEX.

LES LANGUES PRÉ-CHINOISES DE LA CHINE.

1ère *Partie.*

Les données et leur emploi, §§ 1-12.

I. Données.

II. Méthodes de classification.

2ème *Partie.*

Aborigènes et Chinois, §§ 13-19.

III. Arrivée des Chinois.

IV. Chinois et Aborigènes.

3ème *Partie.*

Les dialectes aborigènes dans la langue chinoise et dans les anciens ouvrages, . §§ 20-62.

V. La langue chinoise affectée par celle des aborigènes.

VI. Les langues aborigènes dans l'histoire chinoise.

VII. Anciens ouvrages chinois sur les dialectes aborigènes.

4ème *Partie.*

Les langues et dialectes aborigènes éteints et survivants, §§ 63-144.

VIII. Familles de langues.

IX. Les dialectes aborigènes pré-chinois Mon-Taï.

a) *Non-mélangés et Mélangés.*

X. Les dialectes aborigènes pré-chinois Mon-Taï.

b) *Hybridisés et Hybrides.*

XI. LES DIALECTES ABORIGÈNES PRÉ-CHINOIS MON-KHMER.

XII. LES LANGUES ABORIGÈNES PRÉ-CHINOISES TAÏ-SHAN.

Non-développées.

XIII. LES DIALECTES ABORIGÈNES PRÉ-CHINOIS TAI-SHAN.

a) *Non-mélangés et mélangés.*

XIV. Les dialectes aborigènes pré-chinois Taï Shan.

b) *Hybridisés et Hybrides.*

XV. Les Négritos aborigènes pré-chinois.

XVI. Les Indonésiens aborigènes pré-chinois.

5ème *Partie.*

Les envahisseurs pré-chinois.
Dialectes Küenlunic éteints et survivants, §§ 145-179.

XVII. LES KARENGS DE LA BIRMANIE ET LES DIALECTES ANALOGUES PRÉ-CHINOIS.

XVIII. LES JUNGS, NAGAS ET LOLOS.

XIX. LES SI-FAN TIBÉTAINS.

6ème *Partie.*

Aborigènes et Envahisseurs, §§ 180-217.

XX. Noms propres pré-chinois.

XXI. Retraite graduelle des pré-Chinois.

XXII. Les envahisseurs chinois.

XXIII. Autres envahisseurs.

7ème *Partie.*

Résultats et Conclusions, §§ 218-240.

XXIV. Généralités et Histoire.

XXV. Additions aux langues classées.

a) *De la souche Indo-Pacifique.*

b) *De la souche Tourano-Scytique.*

XXVI. Autres résultats idéologiques et phonétiques.

ADDITIONS PRINCIPALES.

Appendice I.

Appendice II.

Première partie.

Deuxième partie.

Troisième partie.

Appendice III.

TABLE DES MATIÈRES.

www.ingramcontent.com/pod-product-compliance
Ingram Content Group UK Ltd.
Pitfield, Milton Keynes, MK11 3LW, UK
UKHW021128220726
13924UKWH00004B/1969